金融安全视域下
中国地方债与经济增长

李 娜 ◎ 著

中国财经出版传媒集团

经济科学出版社
Economic Science Press

·北 京·

图书在版编目（CIP）数据

金融安全视域下中国地方债与经济增长/李娜著
. --北京：经济科学出版社，2024.4
（新财税论丛）
ISBN 978 - 7 - 5218 - 5151 - 9

Ⅰ.①金… Ⅱ.①李… Ⅲ.①地方财政 - 债务管理 -
影响 - 中国经济 - 经济增长 - 研究 Ⅳ.①F812.7
②F124.1

中国国家版本馆 CIP 数据核字（2023）第 179196 号

责任编辑：王 娟 李艳红
责任校对：王肖楠
责任印制：张佳裕

金融安全视域下中国地方债与经济增长

李 娜 著

经济科学出版社出版、发行 新华书店经销

社址：北京市海淀区阜成路甲 28 号 邮编：100142

总编部电话：010 - 88191217 发行部电话：010 - 88191522

网址：www. esp. com. cn

电子邮箱：esp@ esp. com. cn

天猫网店：经济科学出版社旗舰店

网址：http://jjkxcbs. tmall. com

北京季蜂印刷有限公司印装

710×1000 16 开 18.5 印张 340000 字

2024 年 4 月第 1 版 2024 年 4 月第 1 次印刷

ISBN 978 - 7 - 5218 - 5151 - 9 定价：76.00 元

前　言

在供给侧结构性改革的背景下，中国经济转型降速。与此同时，复杂多变的国际形势和新冠疫情等因素，使得经济下行压力进一步加大，政策托底经济成为当前政策框架的核心。其中，以地方债为重点的财政政策持续发力，债务增速达到年均 16.7%（2015~2021 年）。[①] 地方债成为拉动投资、保就业促增长的重要力量。但随着地方债规模不断累积，财政风险以及由此可能触发的金融风险和系统性风险引发人们的关注和担忧。因此，在金融安全视域下探讨地方债与经济增长的关系具有重要的现实意义，关系到能不能守住不发生系统性风险底线、如何推动高质量发展和怎样发挥国家战略导向作用等根本性问题。

关于政府债务与经济增长关系的讨论，最早可以追溯到 18 世纪。如今经历三百年的时代变迁，对于二者关系的认知也在与时俱进。正因如此，这个话题虽颇受争议却历久弥新。从世界范围来看，地方债在许多国家早已存在，比如地方债的起源国美国，官方记载最早的地方债券发行开始于 1812 年，到如今包括日本、欧洲等许多国家和地区的地方政府都将举债作为融资手段。而植根于中国特殊的政治制度和财政体制之下的地方债，具有非常浓厚的中国国情特征。晋升激励、预算软约束和垂直财政不平衡等体制特征是孕育中国地方债的制度土壤。尤其是为经济

---

① 根据中国地方政府债券信息公开平台整理得出。

增长而竞争成为地方政府积极举债的强烈动力，促使他们将这场竞争从争夺财政资源扩展到金融资源上，进而引发增长与风险的权衡取舍。而理论界对如此富有中国特色和时代特点的地方债研究才刚刚起步，还有大量研究工作亟待开展。

正因如此，本书试图在该领域进行探索，尝试将地方债影响经济增长的一般作用机理与中国地方债的特征机制和特征事实相结合，构建起中国地方债与经济增长的理论模型，描绘出新增与存量债务的不同影响渠道，刻画中国地方债累积叠加对实体和金融市场的经济效应，揭示出中国地方债密集度攀升的内在逻辑，提炼出防控风险的财政金融联动机制以及地方举债与货币金融政策的协同机制，为当前经济下行压力下如何在保证金融安全的同时发挥好地方债托底经济并推动高质量发展的政策作用提供有益的借鉴和参考。

CONTENTS **目录**

第 1 章

导　　论

1.1　选题背景与研究意义

1.1.1　实践层面

近年来，中国经济增速逐渐放缓，国内生产总值从 2002～2007 年均增长 10.6%[①]，下降到 2012～2017 年均增长 7.1%[②]。当前在需求收缩、供给冲击、预期转弱的三重压力下，经济增速进一步下滑。为应对新冠肺炎疫情冲击和经济下行压力，2020 年地方政府债券发行量达到 6.44 万亿元，同比增长 47.71%[③]，债券资金成为拉动投资、保就业促增长的重要力量。但随着地方债规模的不断累积，财政风险以及由此可能触发的金融风险和系统性风险引发人们的关注和担忧。巴西和墨西哥爆发的金融危机与地方债务膨胀存在莫大关联，美联储的货币政策也逐渐被巨额债务"绑架"，欧债危机的爆发也表明区域性债务危机可能引发系统性的金融危机，政府性债务已经成为中国金融稳定的重大威胁之一（李扬等，2013）。由此可

---

①　温家宝. 政府工作报告—2008 年 3 月 5 日在第十一届全国人民代表大会第一次会议上 [R/OL]. (2008 – 03 – 19). https：//www. gov. cn/test/2009 – 03/16/content_1260198. htm.

②　李克强. 政府工作报告—2018 年 3 月 5 日在第十三届全国人民代表大会第一次会议上 [R/OL]. (2018 – 03 – 05). https：//www. gov. cn/guowuyuan/2018zfgzbg. htm.

③　截至 2020 年 12 月底地方政府债当年累积发行量 64438. 13 亿元，资料来源：中国债券信息网。

见，在地方政府举债日益成为中国宏观调控重要工具的同时，如何管控债务规模和财政风险，如何在保证金融安全的前提下最大限度地发挥地方债对经济增长的拉动作用，是当前亟待深入研究的重要课题。

从世界范围来看，地方债在许多国家早已存在，但植根于中国特殊的政治制度和财政体制之下的地方债，具有非常浓厚的中国国情特征。在举债目的、激励和约束机制、债务负担预期等各个方面，中国地方债与世界其他国家都存在一定差异，因此结合中国国情特征研究在金融安全视域下中国地方债与经济增长的关系十分必要，并富含实践价值。

中国地方债的迅速膨胀开始于 2008 年金融危机之后，是在以投资拉动经济的积极财政政策引导下产生的。举债投资有效避免了中国经济受到全球金融危机的波及，并对世界经济作出了贡献。然而地方政府也因此累积了大量债务存量，并且在晋升激励、事权与支出责任不匹配和预算软约束的机制作用下举债乱象层出不穷，债务余额迅速攀升，债务风险不断累积。2015 年是中国地方债发展的分水岭，至此地方政府举债从"隐性"转向"显性"，从无序扩张转向有序发展，为地方债管理工作提供了基础和可能。尽管过去地方政府举债存在诸多问题，但追根溯源，问题的根本在于资金的使用缺乏有效监督和约束，这个难题长期存在。随着金融的发展和融资方式多元化的开启，债台高筑和债务风险是资金使用低效的新表现形式，同时资金债务化后低效问题被杠杆放大，造成的后果更加严重。体制机制的完善是一项长期工程，作为现行体制下弥补地方政府支出的重要融资手段、逆周期调控和实现代际平衡的重要工具，举债不必因噎废食，但需合理适度并强化风险管控。同时，政府债务是连接财政和金融的天然桥梁，只有把握好举债和货币政策的关系，才能避免政策工具之间相互冲突，寻求相得益彰之法。

众所周知，地方政府为经济增长而竞争是推动中国经济持续增长的重要原因（周黎安，2007；徐现祥和王贤彬，2010；Xu，2011），其形式表现在税收竞争、支出竞争等各个方面。随着金融的发展和深化，这种竞争逐步由争夺财政资源转移到争夺金融债务资源上，进而引发地方债务规模迅速膨胀（陈菁和李建发，2015；缪小林和伏润民，2015；贾俊雪等，2017）。欠发达地区在"赶超"驱动下，大搞举债投资、城市建设（李尚蒲和罗必良，2015），但最终结果是否能得偿所愿，还需要审慎分析地方债务对区域收敛的影响。随着中国地方债务管理制度逐步规范，债务资金的合理分配显得尤为重要。自 2015 年以来，地方政府债券成为地方举债的唯一合法途径，新增限额成为各地积极争取的重要资源。2017 年财政部颁布的《新增地方政府债务限额分配管理暂行办法》对此做了明确规定，考量因素包括财力状况、重大项目支出和地方融资需求等[①]。依据财力状况是按能分配，经济条件越好、财政收入越高、偿还能力越强则应获得更多限额，体现了市场效率原则，有助于管控风险；依据地方融资需求是按需分配，经济条件越差、财力越困难、基础设施越匮乏则应获得更多限额，体现了公平性原则，有助于缩小区域差距。二者兼顾，就是在公平和效率之间寻找平衡，反映出地方债作为公共投资重要手段所兼具的公益性和市场性的双重属性。基础设施往往具有投入大、回收期慢的特点，其公共属性意味着项目本身无法弥补建设成本，要想获得回报只能依靠未来的税收。从时间维度来看，发达地区在举债投资上具有"先发优势"，金融发达、机制灵活，政策收紧前已基本完成基础设施等公共资本的积累，当落后地区开始大规模举债搞基建时，发达地区已逐渐进入投入回收期，税基雄厚，财源滚滚，举债需求大大降低，因此若只注重效率，完全按能力分配限额，可能会造成资源浪费，有失公平。由此可见，研究地方债对经济增长收敛性的影响，对客观评价地方债对区域均衡发展的影响，指导当前地方债限额合理分配具有重要现实意义。

1.1.2 理 论 层 面

政府债务与经济增长关系的理论研究历史久远，从理论演进发展可以看出，市场经济在资本主义社会不断实践，主流经济学派也随之兴衰更迭，理论界对公共债务的态度经历了从彻底否定，到放任纵容，再到理性折中的螺旋式发展历程；公共债务的功能从只是应对战争等突发因素的融资手段，进化为逆周期调节的常态化政策工具，理论界对公债效应的认识也从单一片面向多环节、多维度、多层次拓展加深。理论与实践相辅相成，彼此推动，不断演进。时至今日，政府债务与经济增长的关系仍然是备受关注但尚未有定论的话题。有的学者认为政府债务不利于经济增长（Cochrane，2011；Corsetti et al.，2013；Eberhardt & Presbitero，2015；Brida et al.，2017），有的学者却认为政府债务有利于经济增长（Delong &

---

① 财政部. 关于印发《新增地方政府债务限额分配管理暂行办法》的通知［R/OL］. (2017 - 03 - 23). http://www.mof.gov.cn/gp/xxgkml/yss/201704/t20170401_2574289.htm.

Summers，2012；Panizza & Presbitero，2014；Grobéty，2018），而近些年来，越来越多的学者发现二者之间存在非线性关系（Reinhart & Rogoff，2010；Cecchetti et al.，2011；Padoan et al.，2012；Woo & Kumar，2015）。其实，这些结论虽表面看存在分歧，但细究起来却并不矛盾。

首先，政府债务是从举借、运用到偿还的复杂过程，每一环节都与国民经济密切联系并产生不同的经济效应，其作用机制和影响渠道必然是多重交织的。因此政府债务对经济增长的总体效应是各种正面效应和负面效应的总和。当正面效应占上风时，总体效应为正；反之当负面效应占上风时，总体效应为负。而各种经济效应随着债务规模的动态变化促使总效应呈现非线性特征。

其次，对经济增长关注的长短期不同也会导致结论的差异。经济系统在短期期间很可能处于非充分就业状态，这正是凯恩斯理论建立的经济背景。此时政府通过举债用于财政支出能够弥补私人部门有效需求的不足，通过刺激总需求产生乘数效应和加速效应，进而提高私人投资和国民收入。而经济系统在长期期间会接近或达到充分就业状态，这时新古典理论对现实的解释更为奏效。此时政府举债会造成实际利率的升高，进而挤占私人部门资金，挤出私人投资（Elmendorf & Mankiw，1999）。很多学者的研究是基于政府债务对长期经济增长的影响（Tsintzos & Efthimiadis，2011；Checcherita – Westphal & Rother，2012；Eberhardt & Presbitero，2015），也有部分研究提及或者专门区分了长短期影响（Cochrane，2011；Pescatori et al.，2014）。对经济增长关注的长短期的差别可以从前提假设、时间跨度和研究方法等方面体现出来。

最后，举债的用途不同也会带来结论的差异。过去，政府举债只是作为弥补赤字的一种手段，纯粹是税收的替代，故此阶段的研究大多关注收入端的经济效应。而随着政府举债更多地用于资本性支出，其在资金运用端对公共资本积累的正向作用越来越不容忽视。因此有不少文献认为政府债务对经济增长的影响依赖于债务资金的用途（Greiner，1999；Checcherita – Westphal et al.，2014）。

由此可见，考察政府债务对经济增长的总体效应需要基于研究目的，针对特定对象提出合理的前提假设和研究方法，方能提高研究结论的适用性。在影响渠道和作用机制方面，学者们认为政府债务会通过市场利率（Blanchard，1984；Ahmed & Miller，2000；Voss，2002）、公共投资（Arrow & Kurz，1970；Baxter & King，1993；Dreger & Reimers，2016）、扭曲税（Barro，1979；Bhattacharya & Mukherjee，2013；Cho & Rhee，2013）、风险－预期（Cecchetti，2011；Corsetti et al.，2013）、流动性（Grobéty，2018）等渠道作用于经济增长。

尽管政府债务与经济增长关系的研究已浩如烟海，但基于金融安全视域并结合中国地方债务特征的研究还远远不够，其主要表现在：第一，政府债务对经济增长的影响研究存在长短期差别，从已有文献来看，关注长期影响的居多，关注短期影响的较少。且鲜有从新增债务与存量债务的不同机制视角来研究地方债务经济效应的，宋立（2004）提出用将地方债务存量和增量分流解决的思路来控制债务风险，但并未作理论分析。第二，政府债务对经济增长的影响存在多重渠道，那么哪种渠道和作用机制是符合中国地方债务特点的，范剑勇和莫家伟（2014）、程宇丹和龚六堂（2015）等对此作出了理论贡献，但尚有拓展空间。第三，对政府债务经济效应的分解已有成熟的理论基础，但鲜有将其体现在实证分析中的。第四，大量研究关注地方政府举债的效率性，如债务风险、债务可持续性等，而忽视了对公平性的研究，即地方债务是否以及如何有利于区域均衡发展。第五，地方债经济效应的分析缺乏对由此产生的金融风险和货币效应的考察。因此在金融安全视域下探讨中国地方债与经济增长具有重要的理论意义。

1.2　文献综述

1.2.1　政府债务与经济增长

1.2.1.1　政府债务与经济增长的关系研究

（1）政府债务不利于经济增长。政府举债受到古典经济学派代表人物亚当·斯密的坚决反对，他之所以持否定态度是因为他认为：第一，当政府发行公共债务时，市场利率会因资金需求增加超过了资金供给而逐渐提高，进而对企业生产规模的扩大造成严重阻碍；第二，大量的资金从私人市场流向政府或公共领域，造成资金用途配置扭曲，进而妨害民间工商业部门的发展；第三，债务资金的获取比税收更为容易，因此政府可能会依赖通过发行债券来弥补赤字，在缺乏市场约束的情况下，政府开支极易无度扩张，进而造成资金的浪费和使用效率的下降。

20世纪70年代，美国等主要经济体进入"滞胀"时期，凯恩斯主义受到挑战，此时反对政府举债的观点成为主流。供给学派认为，政府举债会导致资金错配，即储蓄资本更多地流向了政府部门，而民间部门可用的资源被挤占减少。这种用途的替换会导致资金整体使用效率的下降，因为民间部门对资金的使用效率往往高于政府部门。戴蒙德（Diamond，1965）也反对政府举债，他通过建立跨期交叠模型，证明了资本积累在长期中会受到拖累，进而降低居民福利，这种影响无论是内债还是外债都会存在。布兰查德（Blanchard，1984）也认为政府举债会影响市场利率，进而影响资源的跨期配置。巴罗（Barro，1979）、多特希（Dotsey，1994）也认为公共债务会对经济产生不利影响，不过传导机制是通过扭曲税渠道。

20世纪90年代后，许多国家纷纷爆发主权债务危机，经济受到债务的拖累陷入困境，在这样的背景下，审慎对待公共债务成为主流。切凯蒂（Cecchetti，2011）也分析了政府债务不断累加时的可能风险。随着债务规模攀升，政府作为借款者的偿债能力对财政收入和市场利率的反应将变得更加敏感，体现为给定冲击下的违约可能性升高。而且高度依赖政府发债用于支出而维持的消费和投资将增加经济的脆弱性，即一旦举债中断，消费和投资都将迅速下降，会造成失业率提高，经济面临重创。因此当政府债台高筑时，经济波动性和金融系统的脆弱性都随之增加，长期平均增长率也将下降。而且，高额债务成为政府的沉重负担，大大压缩了财政空间，制约政府反周期政策的制定和实施，甚至影响政府基本职能的发挥。科克伦（Cochrane，2011）认为，当政府债台高筑时，未来税收增加的预期、通货膨胀预期、未来经济的不确定性等都会引发人们的担忧和焦虑，给经济稳定发展蒙上阴影。科尔塞蒂等（Corsetti et al.，2013）认为公共债务的累积叠加会提高主权违约风险。埃伯哈特和普雷斯比泰罗（Eberhardt & Presbitero，2015）认为政府举债对长期经济增长具有负面作用，并通过研究多个国家的公共债务与经济增长之间的关系予以验证。

（2）政府债务有利于经济增长。尽管古典学派对政府债务主要持否定态度，但是随着1929年资本主义危机的发生，支持政府举债的观点日渐成为主流。此时古典学派推崇的"看不见的手"失效，人们对自由市场的崇高信仰被打破，开始重新审视政府的作用，重新思考政府与市场的关系。

同样，政府债务与经济增长关系的传统看法也受到挑战，支持政府举债的声音逐渐登上主流舞台。凯恩斯是其中最具代表性的人物，他认为，政府可凭借增加赤字来扩大财政支出以应对有效需求不足。

萨缪尔森、托宾和奥肯肯定了政府举债的短期正面作用。政府举债扩大了赤字规模，能增加社会总需求，而社会总产出水平在短期内由需求决定，因此政府债务对短期经济增长具有正向的积极影响，尤其是当经济处于非充分就业境况时。埃尔曼多夫和曼昆（Elmendorf & Mankiw，1999）认为，政府债务的经济效应在长期和短期存在不同，需区别看待：政府举债能促进短期经济增长，同时对可支配收入和总需求都有积极的正面作用，因为短期产出由总需求决定；而在由总供给决定产出水平的长期中，根据李嘉图等价定理高赤字率所降低的公共储蓄将被私人储蓄所弥补。投资降低导致资本积累减缓，进而降低长期经济增长。

近期研究中也不乏支持政府举债的文献观点：德朗和萨默斯（Delong & Summers，2012）认为未来潜在产出极有可能在扩张性财政政策的主导下得以提高，因此支持政府举债。帕尼扎和普雷斯比泰罗（Panizza & Presbitero，2014）支持政府举债，并且认为不分长短期都有利。因为持续的经济衰退不仅仅意味着失业率的提高，还会导致工人在长期失业中降低工作能力，这将不利于新的投资活动，对未来的潜在产出产生负面影响。格罗贝蒂（Grobéty，2018）的研究发现了很有意思的现象，即高负债率的国家，政府举债会对流动性依赖更高的行业带来更快的增长。但这种正向的流动性效应只针对内债，结论无法推及外债。

（3）政府债务对经济增长存在"非线性"影响。随着时代变迁，人们对政府债务的认识也在递进。许多学者发现其与经济增长存在更复杂的非线性关系，二者的关系并非是一成不变。其中非常具有代表性的成果是莱因哈特和罗戈夫（Reinhart & Rogoff，2010）的发现，他们认为公共债务和经济增长的关系是非线性的，且存在阈值，他们的研究发现该阈值是90%。随后许多学者对政府债务与经济增长的关系研究产生浓厚兴趣，纷纷去检验债务阈值的存在性。不少学者的实证结果支持莱因哈特和罗戈夫的观点：切凯蒂等（2011）发现政府债务与经济增长之间的阈值是85%；帕多安等（Padoan et al.，2012）的研究拉长了时间维度，通过加入部分发达国家和新兴市场国家扩大了样本容量，得出了与切凯蒂相似的研究结果；吴和库默（Woo & Kumar，2015）债务阈值的实证结果也是90%，他收集了大量数据，运用了多种计量方法进行实证。

但是卡纳等（Caner et al.，2010）的实证结论略有不同，他们对79个国家的实证结果得出77.1%的债务阈值。车洁丽塔－韦斯特法尔和罗瑟（Checherita－Westphal & Rother，2012）的研究认同政府债务和GDP的关系存在拐点，即超过拐点时二者从正相关转为负相关。但他们认为拐点出现的位置在负债率超过90%～100%时，政府债务对经济增长的负面影响可能开始于更早的位置，在70%～80%之间，因此建议政府应该审慎借贷。阿方索和杰尔斯（Afonso & Jalles，2013）运用1970～2008年间OECD国家的数据进行实证，发现负债率小于30%和大于90%的国家具有十分相似的经济增长率，推断阈值应该在59%。

还有的学者对债务阈值的存在性提出了质疑。埃杰特（Égert，2015）使用内生门限回归模型进行研究，并将莱因哈特和罗戈夫的样本数据向前延伸至1790年，结果不支持他们的观点。赫恩登等（Herndon et al.，2014）认为他们存在错误，故反对该阈值。

除此之外，米娜和帕伦特（Minea & Parent，2012）的结论非常特殊，尽管他们认同非线性关系，但这种关系不是倒U型而是正U型。他们考虑到回归系数随着国家的变化而变化的情况，发现政府债务与经济增长之间的非线性关系比想象中更为复杂，用外源性门槛模型可能无法得到它。鉴于莱因哈特和罗戈夫发现经济增长率的中位数比平均数更大，米娜和帕伦特（2012）建议应关注实证结论的稳健性。

（4）政府债务对经济增长的影响具有不确定性。以上学者的观点无论是支持还是反对都基于确定性结论，但有的学者认为是不确定的。帕尼扎和普雷斯比泰罗（2014）对政府债务与经济增长的因果关系产生怀疑，认为如果经济低迷会引致较高的负债水平，那么将很难发现二者之间存在确定的阈值。他们以OECD国家为样本，通过将外汇储备和汇率波动的交互项作为政府债务的工具变量进行实证，发现公共债务和增长的因果关系并不是必然存在的。佩斯卡托雷等（Pescatori et al.，2014）利用IMF综合数据库中的负债率数据进行实证，发现债务轨迹对二者关系影响很大。

有的学者认为二者的关系应基于债务资金的用途来分析。格雷纳（Greiner，1999）发现若债务资金用于公共消费或者转移支付，则政府债务不利于经济增长；若债务资金用于基础设施等公共投资，则政府债务将通过提高民间资本的边际产出而有利于经济增长。车洁丽塔－韦斯特法尔等（2014）认为最优债务规模由公共资本和私人资本的产出弹性决定，也就是说前提是政府举债用于公共投资。

部分学者还认为政府债务与经济增长的关系应区分内外债的不同。帕蒂略等（Pattillo et al.，2002）以发展中国家为研究对象，收集了 1969～1998 年间的 93 个样本单位的数据，对外债与经济增长的关系进行验证，结果支持二者是非线性关系的观点。而且发现非线性关系的拐点出现在债务规模占外贸比重为 160%～170% 或者负债率达到 35%～40%。辛泽斯和埃夫里米亚迪斯（Tsintzos & Efthimiadis，2011）的研究发现偿还外债会导致国内资本外流，进而不利于一个经济体的长期稳态增长率。德莱尔巴等（Dell'Erba et al.，2013）从金融脆弱性视角探讨政府债务的影响，并且主要以外币债务为研究对象，结果发现外币债务会增加本国金融市场的脆弱性，进而威胁本国宏观经济的稳定。

1.2.1.2　政府债务对经济增长的影响机制

（1）政府债务影响经济增长的传导路径。政府债务影响经济增长的传导路径并不唯一，大量文献对此进行了分析和验证，发现传导路径包括市场利率、扭曲税、全要素生产率、通货膨胀、流动性、风险预期等渠道，本小节将对此作详细梳理和总结。

第一，市场利率渠道。市场利率是大量研究政府债务与经济增长关系的经典文献中最常提及和验证的传导路径，如戴蒙德（Diamond，1965）以及库克曼和梅尔泽（Cukierman & Meltzer，1989）。但该路径传导效应的程度大小在不同的文献的实证中存在差异。总的来说，此差异主要源于文献构建模型、对政府债务和利率的定义、实证所使用的计量经济学方法以及实证采用的数据来源存在不同。如哈伯德（Hubbard，2004）验证了美国主权债务与利率之间的传导效应，研究发现，当政府负债率增加 1% 时，实际利率将随之增加 2～3 个基点。卡美达（Kameda，2014）区分了预算赤字与当前赤字，他首先在新古典框架下推导出长期利率的简化形式，然后经过估算后发现预算赤字率与实际赤字率之比每增加 1%，10 年期实际利率水平将会随之提高 26～34 个基点。由此可见，预算赤字对市场利率的影响是超过当前或者实际赤字的，因此预算赤字对政府债务的影响更为重要。

第二，扭曲税渠道。李嘉图等价定理认为举债无非是对未来税收的替代，因此举债并不会影响消费和经济增长。但李嘉图等价定理成立的前提之一是税收中性，即不会对个人消费和投资决策产生影响，否则会通过扭曲私人决策行为来对经济产生影响。而现实中完全中性的税收是少见的，大量存在的非中性税收即扭曲税意味着举债会影响产出。巴罗（1979）认为政府举债会通过扭曲私人行为决策对经济产生负面影响。多特希（1994）抨击了当时宏观经济理论预测中对举债裨益的盲目夸大，认为这些结论是在不切实际的假设前提下得出的，即未来的税收不存在扭曲，因而当前债务的增加是对当前扭曲税收降低的替代，能提高投资和产出的增加。但实际情况却是，未来的税收也存在扭曲，会导致投资和产出的减少。

第三，全要素生产率渠道。有的文献从投资效率视角阐释政府债务对经济增长的传导机制。帕蒂略等（2002）认为债务资金用于投资的使用效率也是影响其经济效应的重要因素，而脆弱的宏观环境可能通过降低投资效率而对政府债务的经济效应产生影响。车洁丽塔－韦斯特法尔和罗瑟（2012）在分析欧元区国家公共债务对人均产出的影响时提到了全要素生产率的传导路径，而阿方索和杰尔斯（2013）则直接研究了政府债务对全要素生产率的影响，结果发现高债务率能明显提升全要素生产率，从这个角度讲他们对政府举债持支持态度。

第四，通货膨胀渠道。除了以上传导路径，有的学者还提出政府债务可能通过通货膨胀渠道对经济增长产生影响。萨金特和沃力斯（Sargent & Wallace，1981）认为政府债务规模的膨胀会促使市场利率提升，货币当局必然要扩大货币供给以稳定市场利率水平。但扩张性的货币政策会引发通货膨胀，进而拖累长期经济增长。科克伦（2011）聚焦应对金融危机的宏观政策，发现扩张性的财政和货币政策会带来巨额赤字和赤字的货币化，进而导致通货膨胀和经济停滞，政策失效。

第五，流动性渠道。伍德福德（Woodford，1990）、霍姆斯特龙和梯若尔（Holmstrom & Tirole，1998）均认为政府举债会增加流动性供给，这种供给的增加将放松私人投资的融资约束，进而促进经济增长。格罗贝蒂（Grobéty，2018）运用 DID 分析方法，对发展中国家和发达国家的情况进行实证，发现在高负债率的国家，对流动性依赖较高的行业的增长速度会加快，即政府债务会产生正向的流动性效应。

第六，风险预期渠道。克罗斯等（Croce et al.，2019）提出了公共债务影响未来经济增长的一个独特机制，即风险预期渠道。他们基于内生创新和增长的资产定价模型，运用美国企业数据进行实证发现，政府债务被视为一种风险因素，会增加资本成本，进而影响企业的投资和创新决策。这种影响对研发型企业尤其显著，意味着政府债务规模的增加会促使这些企业的资本成本提高得更多。而且，政府债务水平越高，有形和无形投资越低，进而导致低水平的中期产出增长。

（2）政府债务影响经济增长的传导效应。第一，对私人消费的影响。政府债务对经济增长的影响可能通过私人消费渠道进行传导，即政府债务通过改变私人消费水平进而影响经济增长。但针对政府债务如何影响私人消费，在学术研究中存在众多分歧，这些分歧的存在源于研究视角、前提假设和时间跨度等方面的不同。总结起来，可分为"李嘉图等价定理"的支持派与反对派。"李嘉图等价定理"是指政府无论是用税收融资还是债务融资，其最终效果是相同的。它建立在理性预期的前提假设之下，即政府举债意味着未来税负的增加，具有理性预期的居民会在当期增加储蓄以应对未来增加的税负，因此政府举债扩张政策只会带来短期波动，但从长期角度看，居民的总消费水平是不变的。可见"李嘉图等价定理"的成立非常依赖于理性预期的前提假设，即居民是否能够预见未来税负的增加，反对观点对此进行了大量抨击。

其实"李嘉图等价定理"暗含着政府举债会降低当期居民消费的直接效应，只是在假设政府支出不变的情况下，举债是对收税的替代，即本来用于缴税的这部分收入在政府举债时居民提前储蓄了起来，因此其结论为政府债务对消费无影响，是与等量税收境况作对比，把举债当作减税的实现途径。而如果举债并不是用于减税，而是用于增支，那么举债对当期居民消费的直接影响便会显现出来。萨瑟兰德（Sutherland，1997）认为政府举债会使代表性消费者在未来税负增加的理性预期下减少消费，这种"收缩效应"会随着政府债务规模的扩大而不断增强，进而削弱政府支出的乘数效应。萨瑟兰德所认为的政府举债对消费的"收缩效应"与政府债务水平相关的观点在随后许多学者的实证研究中也得到了验证。贝尔本和布罗森斯（Berben & Brosens，2007）认为债务规模会影响财政政策的有效性。他们运用 17 个 OECD 国家的面板数据进行实证，发现政府债务规模较小的国家，其政府举债对私人消费无显著影响，而政府债务规模较大的国家，其政府举债对私人消费有明显的负效应。巴塔查里亚和穆克吉（Bhatta-charya & Mukherjee，2013）运用 18 个 OECD 国家的数据深入研究了政府债务与私人消费的关系，结果发现居民消费行为随着政府债务水平的提升而发生转变。当政府债务规模较大时，居民会预期未来税负的增加会降低持久性收入，因而选择降低当期消费支出。秋和李（Cho & Rhee，2013）对政府债务于居民消费的关系进行了验证，发现二者的非线性关系显示出对消费的挤出效应随着政府债务规模的扩大而加重。这一结论似乎证明了"李嘉图等价定理"在当期是成立的。但戈加斯等（Gogas et al.，2014）的实证结论却并不支持李嘉图等价命题，他收集了1980～2010年间包括15个经合组织国家的数据，运用面板协整方法对此予以证明。

与上述"收缩效应"观点不同的是，勒纳认为政府债务具有"资产效应"，会促进居民消费增加。其基本逻辑是，政府债券对居民来说属于金融资产，持有政府债券的居民作为债权人会产生一种幻觉，感觉自己资产增加，在这种"债务幻觉"下会扩大消费支出。而且，这种"债务幻觉"会使人们增加闲暇时间，进一步促进消费。这种政府债务所具有的"资产效应"也被称为"勒纳效应"。庇古也支持政府债务会影响居民消费的观点，不过他认为其具体作用效果与经济环境相关。当经济萧条时，政府举债能促进消费支出，而当经济繁荣时，政府举债会抑制消费支出。政府债务成为可调节经济周期的工具，这被称为"庇古效应"。科克伦（2011）认为在不变价格的条件下，如果政府债务的实际价值大于未来的期望盈余，那么人们会试图减少对政府债务的购买而投资于私人资产、物品或者服务作为替代，这是政府债务的"财富效应"。

第二，对私人投资的影响。研究政府债务对私人投资的影响关注的是债务资金用于支出环节而产生的经济效应，主要观点分为两类：一类观点是认为政府债务会挤出私人投资，即产生挤出效应。其逻辑是政府债务用于公共投资将增加社会总需求，在总供给不变的情况下，必然会引发通货膨胀，进而提高市场利率，造成对私人投资的抑制。还有的认为政府支出时会通过抢占投资机会造成对私人投资的挤出。另一类观点是认为政府债务会挤入私人投资，即产生挤入效应。其逻辑是政府债务用于公共投资会形成公共资本，进而提高私人资本的边际产出，从而促进私人投资增加，有利于产出水平提高。

支持挤出效应观点的代表性研究有：艾哈迈德和米勒（Ahmed & Miller，2000）并没有笼统地考察总体层面政府支出对经济增长的影响，而是区分了政府的各种支出项目以及不同的融资方式。其研究发现，对发展中国家而言，政府支出的债务融资增加会减缓经济增长，而税收融资增加会刺激经济增长；对发达国家而言，前者没有影响，而后者会降低经济增长。在两种融资方式下，交通运输、通信和进出口项目对私人投资有挤入效应，而其他项目都会对私人投资产生挤出效应。沃斯（Voss，2002）考察了1947～1996年期间美国和加拿大两国在公共投资与私人投资方面的作用关系，结果发现政府债务带来的公共投资的增加会对私人投资产生挤出效应。

支持挤入效应观点的代表性研究有：艾罗和库兹（Arrow & Kurz，1970）最早提出公共投资在国民经济生产中的特殊作用，其本身不仅属于投资的一种，而且它还能对其他投入要素的产出率起到增进作用，进而增加私人投资。贝克斯特和克恩（Baxter & King，1993）也支持这一观点。他们构建了定量限制的新古典模型，通过政策模拟比较，论证了公共投资的积极作用。德雷格和赖默斯（Dreger & Reimers，2016）则将目光投向欧元区，结果发现公共投资对私人投资有显著作用，当公共投资水平较低时，私人投资受到抑制，进而对经济增长产生不利影响。

后来更多的学者综合了支持和反对双方的观点，认为挤出和挤入效应是同时存在的，最终呈现的结果是两种效应共同作用的净效应，因此公共投资对私人投资究竟是促进还是抑制，取决于最终净效应的正负和大小。阿肖尔（Aschauer，1989）便是持此观点的代表，他认为挤入和挤出效应同时存在。一方面，政府举债加大公共投资进而提高公共资本积累，会导致整个国家的投资率超过最优水平，进而对私人投资产生挤出效应；另一方面，公共投资会累积叠加成为公共资本，它具有外部性，能提高其他生产要素的边际生产率，因而有利于私人投资增加。因此最终的结果需将两种效应进行加总，最终总效应的大小可能为正也可能为负，并不确定。卡瓦略和达乌德（Cavallo & Daude，2011）的分析发现公共投资能够显著促进私人资本的边际生产率的提高，但这种积极影响被融资渠道的有限性所抑制。于是他们进一步收集了 116 个发展中国家的数据，时间跨度为 1980 ～ 2006 年，实证结果表明拥有更高效的政府机构和更为开放的国际贸易和资本流动的国家，公共投资对私人投资的挤出效应更小，甚至逆转为挤入效应。更高效的政府机构意味着更高的公共投资边际生产率，更开放的国际贸易和资本流动意味着更低的融资约束。这一结论充分说明了挤入和挤出作用的同时存在和此消彼长动态变化。

还有的学者认为政府举债对私人投资的影响应视情况而定。比如埃尔曼多夫和曼昆（1999）认为政府债务对私人投资和经济增长的影响应区分短期和长期，不能一概而论。经济系统在短期期间很可能处于非充分就业状态，这正是凯恩斯理论建立的经济背景。而经济系统在长期期间，会接近或达到充分就业状态，这时新古典理论对现实的解释更为奏效。因为不同时期经济背景和状况的差异，导致政府举债的经济效应也随之不同。

　　第三，对金融市场的影响。以上对于挤出效应的理解是基于古典经济学派理论，即考察政府债务对真实投资的影响。而将政府债务或者说债券视为金融产品，考察其在金融市场上的影响，称为"金融挤出"。弗里德曼（1978）区分了"真正的挤出"和"金融挤出"。真正的挤出效应，其大小取决于经济资源是否得到充分利用。如果资源得到充分利用，政府在经济产出中所占据的更大份额以私营部门份额的减少为代价；如果资源未得到充分利用，政府支出可以刺激投资，增加私人支出，导致"挤入"效应。而金融挤出是指政府通过发行有息债券来填补赤字而产生的经济影响。弗里德曼（1986）认为，长期政府债券供给的增加会提高政府债务类证券和其他近似替代品的预期收益。作为回应，投资者将试图交易出这些证券，并交易到其他证券，如股票。他比较了债券和股票证券之间的利差对政府债券变化的反应，发现政府债券融资降低了股票和债券之间的利差。由此可见，金融挤出效应关注政府债务融资环节的经济效应，强调债务流量对金融市场的冲击。

　　在政府债务的金融挤出效应方面，近期代表性研究有很多。格林伍德等（Greenwood et al.，2010）提出了长短期债券预期回报缺口的填补效应。当市场中的长期国债/短期国债提高时，长期国债的预期回报就会增加。为了避免融资成本提高，企业会通过发行短期债券来消化这种供应冲击，直到消除长期和短期债务之间的预期回报差异。实证发现公司债务期限和政府债务期限之间存在负相关关系。克里希纳穆尔蒂和维辛－乔根森（Krishnamurthy & Vissing－Jorgensen，2012；2015）认为投资者购买美国国债基于看重其良好的流动性和安全性，但其供应量的增加会降低这些属性的市场价值。而且，政府债务会挤占如银行发行的货币、其他短期债务等流动性资产的供应。格雷厄姆等（Graham et al.，2015）发现美国国债与规模较大、风险较小的公司债务存在较强的替代关系。实证发现政府债务与企业债务和投资呈显著负相关，与企业流动性呈显著正相关，而且评级越高的信贷对国债供应变化的敏感度越高。这种效应发挥作用的渠道是投资者的投资组合决策：在向联邦政府和非金融企业放贷之间，国内中介机构积极地发挥着替代作用。福莱－费雪等（Foley－Fisher et al.，2016）研究了美联储的到期延期计划对企业财务约束的影响。他们发现，那些更依赖长期债务的公司股价上涨最为剧烈。梁等（Liang et al.，2017）分析了中国地方债对企业杠杆的作用，发现地方债的扩张显著挤压了非国有企业的杠杆，挤进了国有企业的杠杆。此外，不同行业和部门的影响不同。贝克尔和伊凡希娜（Becker & Ivashina，2018）的研究表明，在欧洲主权债务危机期间，国内政府债券持有量的增加导致企业贷款被挤出。洪（Hong，2018）利用中国国家开发银行（CDB）的专有数据考察了政府信贷对企业活动的影响，研究发现国开行对国有企业的工业贷款挤出了同一行业的私营企业，但挤进了下游行业的私营企业。平均而言，国开行国有企业贷款每增加 1 美元，私营企业资产就减少 0.2 美元。德米尔等（Demirci et al.，2019）认为如果投资者希望保持债券和股票相对稳定的比例，那么政府债券供应的增加可能会减少公司债券，公共债务的升高导致企业债务的下降。而且，当企业更容易调整其资本结构时（比如对规模更大、利润更高的企业），这种影响更为显著。

1.2.2　地方债与经济增长

以上文献主要针对全国层面的政府债务，更多关注中央政府债务即国债的经济效应，而地方债虽然也属于公共债务的一部分，但由于地方政府在财权和事权等各方面与中央政府存在差异，因此也有许多文献聚焦在地方债及其经济和福利效应上。

1.2.2.1　地方债与经济增长的关系

对于地方债与经济增长的关系问题，国内文献普遍认同二者之间存在非线性的倒 "U" 型关系（汪莉和陈诗一，2013；孙亚兰，2014；朱文蔚，2014；陈志刚和吴国维，2018 等）。不过，不少学者指出这种非线性关系的存在建立在一定假设前提之下，比如汪莉和陈诗一（2013）认为地方债务与经济增长之间的倒 "U" 型关系，是以赤字和负债规模对政府行为不构成实际约束为前提，否则随着债务规模累积，地方经济增长率会逐渐下降。朱文蔚（2014）发现二者之间的倒 "U" 型关系在短期内成立。另外，王斌斌和刘薇娜（2018）考察了地方债与民生发展之间的关系，发现无论是全国还是区域层面，二者均存在显著的倒 "U" 型关系。

由于中国区域经济在要素禀赋和发展阶段存在巨大不同，因此许多文献认为这种关系的稳健性存在区域差异。比如史朝阳（2012）的研究发现在经济和禀赋条件较好的东部地区，这种倒 U 型关系是显著的，而在经济和禀赋条件相对较差的中西部地区，则不存在这种非线性关系，反而呈现单调递增态势。缪小林和伏润民（2014）认为地方债对私人投资存在挤出效应，这种挤出作用在社会投资率较低的地区会更大。

如果地方债与经济增长之间的倒"U"型关系确实存在，那么必然可以找到满足经济增长最大化的最优或适度债务规模和阈值，为此部分学者进行了探索。刘伟和李连发（2013）认为融资平台举债投资会对民间投资产生挤出，因此必须坚持适度原则，举债规模不能挑战其偿债能力的上限。张英杰等（2014）采用因子增强阈值模型对2008～2013年中国地方政府适度债务规模，结果发现大部分省份均存在适度债务规模。通过计算实际债务规模与适度债务规模的差距得到偏离度，发现实际债务规模偏离了适度债务规模，这种差距在不同地区间出现分化。刘锡良和李秋蝉（2015）认为金融发展水平对地方债规模存在门槛效应，债务规模门槛值随着金融发展水平的升高而提高，反之亦然。

同时，也有文献不支持倒"U"型关系的观点。比如昌健（2015）的实证结果显示地方债与经济增长之间的倒"U"型关系并不存在。而且，如果地方债要成为促进经济增长的有效工具，那么新增债务除以GDP不能超过6%。

由于中国地方政府举债实践基本遵循债务资金使用的"黄金法则"，因此公共投资渠道被认为是中国地方债经济效应的主要传导路径。钱海燕和李俊杰（2013）利用2010年财政部代发行的各省地方政府债券截面数据进行实证，发现地方公债对社会投资具有挤入效应。他们认为尽管地方债务导致财政支出增加，会提高市场利率而挤出私人投资，但地方债务用于基础设施和公用事业，能优化地区经济结构，提高私人投资的预期收益率，进而产生挤入效应，促进产出增加和经济发展。范剑勇和莫家伟（2014）在分析地方债务的经济传导机制时，充分结合中国地方政府招商引资的运作模式，构建起具有"地方特色"的工业投资者－地方政府理论模型，并通过实证证明地方债务从基础设施投资和压低工业用地价格两个渠道实现双重引资作用，进而促进当地工业增长。徐长生等（2016）认为地方债务通过公共基础设施建设对地区经济增长产生影响，并利用政府融资平台的面板数据和面板分位数回归方法对此进行了实证。

有的文献认为地方债对经济增长的传导路径依赖税收、流动性等。如程宇丹和龚六堂（2015）通过构建包含两级政府的财政分权模型进行研究，发现地方债对经济增长的影响保持中性，但前提是征收非扭曲税，否则将通过税收、公共支出和转移支付三个渠道对经济增长产生影响，并且其作用是负面的。昌健（2015）强调流动性渠道，他的研究基于新增债务，即债务举借和清偿环节所带来的流动性变化而产生的经济效应。他认为大量到期债务的清偿将占用流动性，挤占社会投资规模和机会，进而降低经济增长速度。

1.2.2.2　地方债经济效应的异质性与收敛性

中国幅员辽阔，不同地区在地理环境、要素禀赋、经济状况和社会因素等方面差异巨大，因此地方债的经济效应也可能存在区域异质性。不少学者开始从区域比较视角研究中国地方债的经济效应：史朝阳（2012）发现地方债务与经济增长之间的倒"U"型关系存在于经济与禀赋条件较好的东部地区；而在条件相对较差的中西部地区，债务与经济增长之间的关系则不同，呈现出单调递增的关系。金紫怡等（2017）的实证研究也发现了区域异质性的存在。地方政府举债和经济增长的倒"U"型关系在全国和东部地区非常显著，而在中西部地区则并不明显，尤其是在考虑省份间的空间相关性后，实证结果不显著。陈志刚和吴国维（2018）证明了地方债务经济作用的区域异质性。债务率较低的地区这种促进作用显著，而债务率高的地区则不明显。这种差异主要由公共投资挤出效应和政府投资对资源配置效率的区域异质性所导致。毛捷和黄春元（2018）认为中西部和东北地区的债务平衡点较低，这些地区的地方债务累积更容易对经济增长产生不利影响。

另外，一些文献则从更为丰富的视角去分析政府债务经济效应的区域异质性，包括债务数量、经济状况、金融发展程度、投资占比等。张润泽（2013）的研究认为由于中国区域间经济发展程度存在差异，因此市政债券的发行在不同地区存在很强的歧视性，这种马太效应会拉大区域差距，对社会整体进步产生负面影响。缪小林和伏润民（2014）从投资率的角度考察区域异质性，认为投资率偏低的地区地方债的正面作用更大。王永钦等（2015）分析了地方债券不同发行方式的影响，认为与统一发债相比，自主发债能弱化地方政府预算软约束问题，进而更有利于当地经济发展，但同时可能产生马太效应，加剧区域间的不平衡。吕健（2015）从债务规模视角进行分组研究，认为对于债务水平偏高的地区，地方债的正面作用只体现在短期。刘锡良和李秋蝉（2015）从金融市场角度进行研究，认为金融更发达的地区能够支撑更高的债务阈值。徐长生等（2016）的研究结果表明，虽然地方举债融资有利于中国城市经济发展，但影响程度存在区域差异。姚洪心和李正宇（2017）认为公共债务经济效应的发挥与城市规模相关，城市规模越大，其经济效应可能越高。韩健和程宇丹（2018）支持公共债务经济效应与债务规模负相关的观点。赵桂芝和冯海欣（2019）从支出绩效视角研究区域异质性，结果发现中国地方债务支出的绩效在中部和西部较高，从综合效率和纯技术效率来看，东部和东北部相对较低。

尽管在地方债务的文献中并没有直接研究收敛的文章，但在探讨转移支付、财政支出、公共投资和地方政府竞争的相关文献中，能找到与收敛性相关的研究。比如马拴友和于红霞（2003）关注转移支付对地区收敛性的影响，认为转移支付对区域差距存在拉大作用，他们是通过考察 β 收敛系数在加入转移支付前后的变化来进行验证的，如果加入后比加入前系数更小，则结论得证。张明喜（2007）和贾俊雪等（2011）都关注到财政支出对区域经济收敛的影响，分别从支出规模和结构对其进行验证，但得到的结论不一样，前者认为其促进了收敛，后者则认为没有促进作用。汪碧瀛（2016）通过实验证明公共投资会拉大区域差距。师博和任保平（2019）关注到中国地方政府间的策略性竞争行为对经济收敛性的影响。研究发现这种竞争行为会造成地区间财政支出规模的差距扩大，进而不利于区域经济收敛。以上文献为研究地方债务与经济收敛的关系提供了借鉴和基础，因为地方举债与转移支付、财政支出、公共投资和地区间竞争都密切相关，从地方债务视角考察其对区域收敛性的影响也许会得到新的发现，从而为地方举债管理提供新的思路和证据。

1.2.2.3 地方债的代际负担与李嘉图等价定理

大量文献讨论李嘉图等价定理是否成立时的研究对象往往是中央政府举债，那么对于地方政府举债是否存在李嘉图等价问题呢？相比于关注中央层面或全国层面的债务，有的学者开始关注地方政府层面的债务。马斯格雷夫（Musgrave，1959；1965）认为由于某地方政府，其所发行债券的持有人很可能是该地方政府辖区之外的投资者，资金来源于辖区之外，因而其债务很多属于外债。只要融资的来源超过了地方政府本辖区范围则会导致举债成本外部化。此时地方政府举债用于公共投资的成本便可转移给未来的居住于本地区的居民，而未来的这部分居民与当前的居民不可能完全一样，因为可能有居民迁入本地区，也可能有居民迁出。迁入本地区的居民便实际承担了举债的成本，而迁出的居民则逃脱了未来的税收负担。所以在地方政府层面，李嘉图等价定理显然不成立。因为债务使用的好处和债务成本的负担者不是同一个或同一群人。不过，戴利（Daly，1969）

持反对意见，他认为李嘉图等价定理是否成立取决于税负转嫁的方式。如果存在税负转嫁以税收资本化的方式出现，那么举债对应的未来税收负担会贬低现在的居民财产，进而债务成本并未转移给未来居民，而是仍然由现在的居民实际承担。阿凯（Akai，1994）、哈特菲尔德（Hatfield，2010）建立了理论模型对此进行理论分析。模型包含居民自由迁徙和土地自由交易，推导结果说明在地方政府层面李嘉图等价命题是否成立取决于税收的具体类型。

20 世纪 90 年代后，许多学者开始关注地方债，探讨人口迁移、地方税收同地方政府举债的关系（Wellisch & Richter，1995；Schultz & Sjostrom，2001；Ogawa & Yano，2007；Stadelmann & Eichenberger，2012）。这些文献研究的主要结论是认为债务中性即李嘉图等价定理成立的保证是土地税收。韦利施和里希特（Wellisch & Richter，1995）认为如果为了偿还地方债务而征收以居民为基础的扭曲税收，地方税跨期模式的变化将改变当地业主的净财富。舒尔茨和索斯特罗姆（Schultz & Sjostrom，2001）认为社区通过债务为公共产品提供资金缓解了移民享用当地耐用公共产品的"搭便车"问题，因为未来的移民必须分担债务负担。小川和矢野（Ogawa & Yano，2007）不仅考察了同代人之间的债务负担分配，还关注了不同代人之间即代际转嫁的问题。此结论存在一些前提条件，他也明确指出：首先，地方政府所征收的税种应为土地税时，该结论才成立，如果是其他税种比如人头税，则该结论不成立；其次，该结论只针对地方政府举债在收入端对资源配置的影响，并未对举债之处即公共投资的作用进行考察。而施塔德尔曼和艾肯伯格（Stadelmann & Eichenberger，2012）则认为，地方政府举债所引发的冲突不存在于代际之间，而是在同代人之间，表现为房产所有者与租房者之间的矛盾。如果地方政府举债会提高未来的房产税，那么税收资本化将导致当前房屋的价值毁损，造成房产所有者的财产贬值。因此房产所有者在政治上会更倾向于支持降低地方债务规模的政客，不支持地方政府举债。而租房者则不用担心这些问题，反而能从政府举债支出中获得直接好处。正因如此，一个地区的债务水平高低将受到本地区房产所有者和租房者所占比例的影响，如果房产所有者占比更高，则该地区的债务规模可能更小。施塔德尔曼和艾肯伯格（2012）的分析给探讨地方债务负担问题提供了新的视角，但应该指出，其研究仅从收入端的影响分析地方政府举债的影响，忽略了支出端的作用。尽管地方政府举债可能通过税收资本化渠道导致房产贬值而对房产所有人的财产产生不利影响，但当举债用于社区道路、医院和学校的建设，这些因素又会提升社区房产的价值，进而使得房产所有人从举债支出中获得补偿，从而形成地方政府举债的良性循环模式。

但是，以上观点成立的前提是代表性家庭和个人具有充分理性，能预见和认识到债务所引发的未来税收增加，但现实情况可能并非如此。戴利（1969）指出，如果居民并不是具有充分的理性和预见性，那么他们对政府举债会产生一种"财政幻觉"，也就是说，他们并没有这样明确的意识，这会降低未来的资本存量，此时债务中性可能难以保证。班茨哈夫和奥茨（Banzhaf & Oates，2013）将这种与地方政府举债相关的"财政幻觉"现象直接称为"债务幻觉"，也就是说，居民对政府举债还是税收融资在这种幻觉的作用下产生了偏好，而不再保持中立，更倾向于支持政府发债而不是在当期收税。他们认为纳税人更倾向于支持地方政府发债，其实证结果也得到验证。

1.2.2.4　地方债与预算软约束

布勒伊和维格纳（Breuillé & Vigneault，2010）认为预算软约束是在多个层级所组成的政府架构体系中往往会出现的现象。此时，上级政府面对下级政府不能履行其财政义务时选择实施救助，导致政府预算纪律软化。更为严重的是，这种纪律软化将使下级政府抱有救助预期，引发道德风险，甚至诱发干预和操纵财政资金使用的不良行为。早在钱和罗兰（Qian & Roland，1998）的研究中便利用中国现实讨论了预算软约束问题。他们构建了三个等级的理论模型，模型主体包括中央政府、多个地方政府和企业。其中中央政府处于最高层级，其次是地方政府，国有企业和非国有企业处于最低层级。经研究发现，财政分权和区域竞争能够弱化预算软约束问题。后来布勒伊和维格纳（2010）在此基础上将三等级模型进行演变，把最低层级的企业调整为基层政府，专注讨论政府内部上下级之间的预算软约束问题。阿凯和佐藤（Akai & Sato，2011）推导分析得出结论，认为地方政府的事前控制的有效性大大提升的前提是提高居民跨区域流动性。瓦恩（Van，2013）以欧盟国家为研究对象考察债务的纵向溢出效应。通过研究发现，地方政府举债会显著增加主权风险溢价，尤其是在预算软约束和救助预期的条件下。另外，大量的实证研究发现，像德国（Seitz，1999）、阿根廷（Dillinger & Webb，1999）和巴西（Samuels，2003）这样的合作制联邦更易出现预算软约束问题；而像美国（Inman，2003）和瑞士（Feld & Kirchgassner，2006）这种竞争制联邦，预算软约束问题会更容易受到控制，地方政府过度负债问题能更有效地得到管控。

1.2.2.5　地方政府举债竞争和策略互动行为

巴斯卡兰（Baskaran，2012）指出，地方政府举债还会呈现策略互动的行为特征，这种策略互动既存在于不同地方政府的横向维度，也存在于上下级政府的纵向维度，尤其是当财政联邦具有预算软约束特征时。横向维度的策略互动是指，面对救助资源，平行的地方政府之间存在彼此竞争的关系，为争夺"公共池"资源而相互攀比，进而导致债务规模节节攀升，债务问题越严重财政问题越困难，越容易得到中央的救助；纵向维度的策略互动容易激发更高昂的举债动机，债务规模扩张更剧烈。巴斯卡兰（2012）以德国为研究对象，验证是否存在横向和纵向的策略互动行为。他通过收集 1975～2005 年间德国的面板数据，发现确实存在预算软约束行为，但这种软约束只存在横向策略互动，实证结论并不支持纵向策略互动。

地方政府间的策略互动行为之所以产生，有多重因素。比如标尺竞争是激发地方政府举债行为的重要因素。詹森和托玛（Jensen & Toma，1991）通过构建包含债务融资的税收竞争模型，对此问题进行探讨。研究发现，地方政府会通过税收优惠来招商引资，这种减税动机将导致举债规模增加。布洛克等（Borck et al.，2015）在此基础上对邻近区域间的举债攀比效应进行了验证。他们收集了德国最大两省的数据，样本时间跨度为1999～2006 年。实证结果表明，本地区的债务水平会受到邻近地区债务水平的影响，这种互动行为非常显著，其机理是地方政府间会通过举债以获得税收和公共服务上的优势，以此吸引更多选民支持。

1.2.2.6　地方债的可持续性和财政调整

伯恩（Bohn，1991）最早提出公共债务的可持续性概念，他认为为了避免庞氏骗局，当年财政盈余应对往期的债务水平作反应，以表明债务水平是趋向收敛的，而非发散的，政府应对债务的态度是审慎和负责的。也就是说，面对债务规模的增加，政府需提高财政盈余来予以偿还。马赫达维和韦斯特伦（Mahdavi & Westerlund，2011）对这一可持续性条件是否满足进行了验证，他们搜集了美国 47 个州和地方政府在 1961～2006 年的数据，发现"强"可持续性的充分条件始终是满足的，这一结论无论是在整体样本还是子样本中都成立；但对于"弱"可持续性条件，只有整体样本满足，而子样本只部分满足。梅金和皮尔斯（Makin & Pearce，2014）的研究结果表明，在当前的宏观经济和体制背景下，债务可持续性条件并不满足。说明该国的地方债务具有不稳定性，需予以警惕，应采取更为有效的财政整顿措施以扭转当前的不利态势。博洛泰勒（Bröthaler，2015）以奥地利为研究对象，通过收集 2400 个市级样本数据，时间跨度为 1992～2010 年，运用伯恩（Bohn，1998）的方法，通过平稳性检验发现，债务水平有明显的均值回归趋势，说明债务是稳定的和可持续的。

布埃特纳和威尔达辛（Buettner & Wildasin，2006）聚焦美国市级政府，研究表明市级政府需削减财政开支以保证财政稳健。布埃特纳（2009）考察了转移支付对保证债务可持续性的作用。研究发现，收入冲击所导致的市级政府收入降低会得到转移支付的补偿，该补偿占比达到 34%，是美国转移支付贡献率的 2～3 倍，说明德国市级政府的财政调整政策对政府间转移支付的依赖较大。多弗（Dove，2014）针对宪法修正增加对市级政府举债限制的措施所造成的借贷成本影响进行了实证研究，发现税收限制会增加借款的成本，但举债限制措施反而使借款成本降低。举债限制表现为更强的预算约束、更为严格的债务规模限制和债权人担保条件。

1.2.3　地方债与货币金融市场

1.2.3.1　政府债务与货币供给

直接以政府债务和货币供给为研究对象的文献较少，其原因有以下两点：一是货币供给是一个中间变量，研究政府债务货币效应的文献会直接关注政府债务对通货膨胀的影响；二是数量型货币政策逐渐被价格型货币政策替代，研究政府债务与货币政策的文献会更加关注政府债务对市场利率的影响，以及相应对私人投资的挤出效应。也正因如此，研究政府债务与通货膨胀、政府债务与货币政策的文献中也就暗含了政府债务与货币供给的因素。因此本书将这两类文献在后面两小节详细梳理，本小节对直接研究政府债务和货币供给的文献总结如下。

靳卫萍（2003）认为如果政府增发一笔债券，使经济中可用于抵押的资产增加，从而促使银行增加货币供给。比如某个企业购买了政府债券，可以很容易地用债券作为抵押而向银行贷款，因为公债的信誉是最高的。

当然，如果债券能够作为银行的准备金，银行可以把政府债券作为流动性极高的资产而用作它的准备金，从而增加贷款或货币供给。另外，政府发行债券将使人们收入中的储蓄用于银行存款和购买股票的数量减少相应的部分。而人们在银行存款、购买债券和股票之间的选择取决于各种资产的收益率和风险。显然，政府要使更多的债券能被发行，就需要提高债券的利率。如托宾所表明的，债券的利率与银行存款利率是正相关的，而与股票价格是负相关的。因此，债券利率的提高会降低股票价格，如果储蓄量被给定，且人们把更多的储蓄用于购买债券，那么必然会减少对股票的购买，从而使股票价格下降。股票价格的下降不仅会减少私人的投资需求，而且会减少企业可用于抵押的资产价值，从而导致银行减少货币供给。因此债券的发行对货币供给会产生正的和负的两方面的影响。冯静和彭月兰（2006）认为在政绩考核激励下的地方政府，往往会命令或指导地方金融机构大量放贷（大部分都形成了地方债），以配合地方政府或地方国有企事业单位各种项目的"上马"，促使地方金融信贷资金的膨胀，从而导致超额信贷的出现，直接扩张流通中的基础货币；而信贷膨胀加剧商业银行资产——负债比例失衡，依靠中央银行再贷款解决地方金融机构的流动性危机的概率加大。一旦中央银行再贷款予以救助，会导致基础货币再次增加，信贷规模乘数倍扩张，流通中货币量增加。但货币的这种扩张过程并不在中央银行能够完全控制和预期的范围之内。赵文哲和周业安（2009）认为政府间竞争导致财政支出膨胀和转移支付增加，进而导致货币供应量增加，引发通货膨胀。张晓斌（2016）构建了基于商业银行资产负债结构的地方债置换分析框架，研究表明，地方债置换将通过商业银行资产结构在贷款与债券之间的配置调整影响货币供给，它将使银行可贷资金增加，并导致贷款规模变化，在贷款创造存款的信用放大机制下，引起货币供应量的变化，进而造成货币政策的扩张（收缩）。贷款市场的供求弹性将决定地方债置换的扩张效应或收缩效应。在经济增长放缓、银行为弥补持有地方债收益下降、地方债纳入货币政策工具的抵押品和质押品范围的情况下，地方债置换具有货币政策扩张效应。

1.2.3.2　政府债务与通货膨胀

巴塔拉伊等（Bhattarai et al. , 2014）认为在被动的货币和积极的财政政策体制下，公共债务价值的变化会对家庭产生财富效应。而且与积极的货币政策和消极的财政政策制度相比，通货膨胀实际水平与通货膨胀目标背道而驰，利率对通货膨胀的反应越强，通货膨胀对冲击的反应越强。此外，公共债务水平越高，对通货膨胀的反应越强。而税收对债务的反应越弱，对通货膨胀冲击的反应越弱。在被动货币政策和被动财政政策体制下，货币政策和财政政策参数都会影响通货膨胀。伯格和施密特（Burgert & Schmidt，2014）发现，第一，在一定的需求冲击下，政府支出在未偿政府债务水平上呈下降趋势，即当政府债务上升时，财政立场变得更加紧缩。第二，只要零利率下限不具有约束力，政府债务水平中的名义利率就会下降。即使名义利率的零利率约束是有约束力的，实际利率作为债务水平的函数也在不断下降。第三，不管零利率是否具有约束力，产出和通货膨胀都在阶段性债务中上升。因此，模型经济如何应对流动性陷阱，关键取决于当前的政府债务水平。例如，如果未偿政府债务水平相对于其稳定状态较高，那么最优政策组合将至多规定一个小规模的政府支出刺激，接着是支出逆转，以及长期的扩张性货币政策。政策制定者创造了合理的预期，即随后通货膨胀将上升，产出将高于目标，这有助于在流动性陷阱开始时抑制经济动荡。另外，如果公共债务水平相对于稳定状态较低，那么当经济陷入流动性陷阱时，政府支出就会被有力地用于刺激总需求。然而，在这种情况下，零增长之后不会出现产出和通货膨胀的短暂上升。在高债务情景没有扩张性预期效应的情况下，低债务情景在产出和通货膨胀方面表现出更大的下降。马蒂（Marti，2015）认为当政府在追求总体福利最大化和自身支出最大化之间进行权衡时，央行独立性的程度会对通货膨胀、税收和债务产生影响。让央行变得更加独立意味着，对于任何给定的债务水平，通货膨胀和税收都会下降，而债务积累则会增加。在过渡时期，由于债务增加，通货膨胀和税收由于较高的财政负担而恢复到改革前的水平。从长期来看，只有债务的变化是显著的。增加明确的货币目标不会改变这一结果，但仍可能影响政策对周期性冲击的反应。模型论证表明，美国和其他几个发达国家在20世纪80年代初经历的债务增加和通货膨胀下降是央行独立性增强和代理人对通货膨胀的容忍度降低的综合结果。陈彦斌等（2015）认为房地产泡沫的膨胀和地方债的扩张会增强家庭和政府的货币持有意愿，使货币流通速度下降并导致通货膨胀率相对降低。这表明房地产泡沫和地方债是导致金融危机之后中国货币数量论失效的重要因素。尚航（2016）认为处于财政限制时期的经济体，通货膨胀的主要因素往往来自财政政策，在该时期对于通货膨胀的预防和治理相对于货币政策主导时期更为复杂。若采用货币政策的被动调节来满足稳定债务，那么政府债务将影响到通货膨胀，从而使货币政策失去对通货膨胀的控制，进而需要通过财政政策来解决通货膨胀问题。缪小林等（2017）认为就通货膨胀效应来看，长期中政府债务加剧财政赤字对通货膨胀的抑制，短期中政府债务抑制财政赤字对通货膨胀的促进作用。但误差修正项的不显著表明政府债务、财政赤字与通货膨胀的关系难以从短期向长期收敛。

1.2.3.3　政府债务与货币政策

米特拉（Mitra，2007）推导了一种债务限制利率规则，即当债务增长超过一定的阈值水平时，中央银行对预期通货膨胀上升的利率反应下降。研究发现：首先，如果政府支出（而不是税收）预计将在未来根据偿债成本进行调整，那么高额的政府债务可能会限制货币政策。"约束"是通过IS 曲线的变化来改变政策的传递机制。其次，在繁荣时期和衰退时期，债务约束对货币政策的影响是截然不同的。最后，经验估计表明，加拿大的货币政策可能受到 20 世纪 90 年代政府债务与国内生产总值之比过高的限制，没有达到通货膨胀指标所要求的宽松程度。利斯和雷恩（Leith & Wren，2010）考察了多个国家的财政政策制定者和单一货币政策制定者之间的相互作用，以应对一个货币联盟的部分或所有国家的政府债务冲击。如果央行能够做出承诺，那么它只会针对更高的债务略微调整政策，让国家财政政策承担大部分调整。然而，如果它不能做出承诺，那么最优货币政策将包括利用利率迅速削减债务，并付出巨大的福利成本。研究结果表明，在这种情况下央行在制定政策时最好忽略国家财政政策。伯格和施密特（2014）使用了一个小型随机新凯恩斯模型，刻画了时间一致的最优稳定政策，关注了两种政策工具，即短期名义利率和债务融资的政府支出。研究发现，应对流动性陷阱的最佳政策措施在很大程度上取决于当前的债务负担。张雪莹和刘超（2015）在 DSGE 模型中引入政府债券余额和期限变量，以及政府发债数量受市场利率影响的行为方程，由此分析政府债务因素对家庭最优消费决策、货币政策效应及社会福利的影响。模型的稳态方程、脉冲响应和数值模拟分析结果表明：货币政策冲击对家庭消费的影响方向和程度除了与传统的"李嘉图等价定理"部分有关之外，还与由政府债券规模和期限决定的"非李嘉图等价"部分有关。另外，政府债券规模和期限的变化还将影响消费和劳动面对外部冲击时的波动幅度，进而影响社会福利损失的大小。王仕进和刘杰（2017）以期限溢价为切入点，构建 DSGE 模型研究了政府债务扩张对宏观经济运行的影响及机制。数值模拟结果表明，政府债务扩张导致期限溢价上升，长期利率上行，社会融资成本上升，投资活动被挤出，产出减少。该研究进一步研究了政府债务扩张下的货币政策选择问题，发现盯住期限溢价的货币政策可以减少政府债务扩张所导致的扭曲，提高社会福利；为理解政府债务问题提供了一个新的视角，也为政府减少其债务扩张所导致的扭曲提供了一种可行的方法。

1.2.3.4　地方债与货币政策

大量的文献在研究政府债务与货币政策时，主要针对中央政府债务或者整体债务，专门以地方债为研究对象的较少，因此单独作为一个类别进行梳理。冯静和彭月兰（2006）认为地方政府过多举债和支出会削弱中央政府运用财政和货币政策稳定经济的能力。藤木和乌奇达（Fujiki & Uchida，2011）证明，对中央银行施加的最优通胀目标会随着财政分权的程度而变化。他们研究比较了两种地方政府债券管理的财政制度：中央政府决定地方政府债券数额的部分分权（PD）制度，以及完全分散（FD）制度，即每个地方政府决定地方债券的数额。在这两种制度中，通货膨胀目标会带来意外通货膨胀和地方债券过度发行两方面影响。然而，由于决定地方政府债券水平的因素具有外部性，因此通货膨胀目标的最优水平在 FD 制度下比在 PD 制度下要小。研究还发现，即使财政分权本身会恶化社会福利，但在采取财政分权措施时，可以通过引入通货膨胀目标来改善社会福利。张文君（2012）通过结构突变模型检验，发现宽松的货币政策并不是地方债扩张的决定因素，在地方债扩张的过程中，宽松的货币政策起到的只是推动作用。卡洛（Carlo，2014）使用一个新的高频数据集，研究了常规和非常规货币政策对市政债券的影响。研究运用三个指标来衡量货币政策的意外变化：当前联邦基金目标利率的意外变化，联邦公开市场委员会（FOMC）的风险平衡声明中的意外成分，以及未来大规模资产购买的意外宣布。估计结果表明，货币政策消息对市政债券价格具有重要的经济意义和高度显著的影响。然而，它们的每日反映远远低于可比的美国国债。陈宝东和邓晓兰（2019）建立了一个有限竞争信贷市场的两部门动态局部均衡模型，深入探讨了在信贷扭曲存在的条件下，地方债务扩张与货币政策调控之间的关系。基于中国大陆 30 个省份（不含西藏自治区和港、澳、台地区）2010～2017 年的面板数据，利用面板向量自回归模型分析了地方债务扩张对央行货币政策调控相关变量的冲击效应。实证结果显示：地方债务的扩张会引起商业银行的信贷扩张，迫使央行实行宽松货币政策；而在宽松的货币政策条件下，由于地方政府的信贷干预，地方债会加速扩张，形成"债务扩张—货币扩张"的循环模式，缩小了央行的货币政策调控空间。因此，严控债务规模、降低信贷干预是做好地方债务管理的关键。

1.2.3.5　地方债与房价

不少研究发现地方政府举债与辖区房地产价格存在一定关联，已有大量文献从这一全新视角（Stadelmann & Eichenberger，2014）对此关注并进行了验证。"债务资本化"现象是指，当地方政府举债的偿债来源是财产税时，政府债务引起的未来税收负担会导致当前房产价值的贬低，那么地方债和房产价值之间必然存在某种联系。追根溯源，二者的关系最早论述开始于蒂伯特（Tiebout，1956）的"用脚投票"模型。之后奥茨（Oates，1969）对蒂伯特（1956）的"用脚投票"模型进行了实证，发现房产价值与公共支出存在正相关关系，而与有效税率存在负相关关系。他认为政府举债存在两方面效应，即公共支出的正效应和税收的负效应，前者可以一定程度的抵消后者。这正与蒂伯特（1956）"用脚投票"模型中居民在选择居住地时，比较其从公共服务中所获得的受益和与此相对应的税收成本的行为选择相一致。

有的学者进一步将这种资本化现象推及到政府资产。施塔德尔曼和艾肯伯格（2014）的实证结果证明无论是对地方债还是地方政府资产来说，资本化效应普遍存在。

以上文献的研究对象集中在国外，而不同国家由于国情和体制不同，研究得出的结论可能不一定普遍适用。鉴于中国政治制度、财政体制和发展阶段的特殊性，针对中国实际情况的研究显得十分必要。尤其是中国地方债的产生所依赖的制度背景不同，因此需结合中国地方债的特征予以专门考察。潘等（Pan et al.，2015）对中国房地产市场、土地财政和地方债进行了实证研究。他首先估计出赤字率的阈值是 14.62%，所使用的是中国各省在 1999～2010 年间的面板数据。根据这一阈值，进一步将样本进行分组，划分为赤字率高于阈值和低于阈值的两类，前者代表高财政困难，后者代表低财政困难。实证结果发现，在高财政困难组，即赤字率高于阈值的组别，政府赤字对房价具有抑制作用；而在低财政困难组，即赤字率低于阈值的组别，政府赤字对房价有显著的正向作用。吴（Wu，2015）也验证了中国地方政府预算赤字与房价的关系和传导机制。他们收集了 35个主要城市在 2003～2011 年间的数据，研究结果发现，政府赤字能显著影响土地价格，且该影响是正向的；而土地价格对房价的影响却并不显著。

1.2.4 对已有研究的评述

通过对上述国内外文献的回顾和总结不难发现，公共债务与经济增长的关系一直备受关注，但人们对其的态度却千差万别。有的支持政府举债，有的则持反对态度；有的认为债务规模很关键，有的则认为债务用途更重要。同时，研究视角也存在不同：有的针对中央债务、国债或主权债务进行研究，有的则是聚焦地方债；有的以发达国家为研究对象，有的则更关心发展中国家的实际情况；有的考察债务规模与经济增长的总体趋势，有的则深入剖析其传导机制和作用机理。如此丰富而又观点各异的既有文献，为继续深入研究政府债务与经济增长的关系提供了重要的支撑，同时也提醒着后来的研究者在关注这一问题时，对研究结论的适用性应更加谨慎，应更细致地区分对象层次、分析视角、期限维度和作用环节，从而提高研究的针对性和说服力。

尽管既有文献已相当丰富和充实，并为本书的研究提供了扎实的理论基础和支撑，但该主题仍具有深刻的研究价值，当前的文献仍存在一些欠缺和待拓展的空间。具体表现在：第一，对地方债的研究还远远不够。随着中国地方债问题的凸显，深入研究其经济效应非常重要和迫切。而且，政府层级结构的不同特征，意味着地方债务与中央债务在作用机理、传导机制等各方面存在差异。既有的大量文献主要关注中央层面或笼统的全国层面的债务，深入挖掘地方债务特征的非常少。再加上各国政治和经济体制特征不同，债务的运行机理自然也存在差异。如果直接照搬国外研究结论，恐怕这些结论在中国的适用性将受到质疑。因此以中国地方债为研究对象，结合其独有特征，对研究其经济效应极富挑战又极具价值。第二，除了考察中国地方债与经济增长的关系外，还应对其传导路径和作用机制进行深入剖析。从前文的文献回顾可以看到，政府举债涉及多个环节，多个影响渠道，那么中国地方债的经济效应发挥是经由哪个或哪些渠道，以及各渠道的影响程度如何等问题，都亟待解答和验证。第三，从既有文献的研究脉络可以看到，研究方向有从总量向结构发展的趋势，而目前的研究对债务结构层面所作的贡献还较少。而债务具有显著的结构特征，包括举债方式结构、举债资金的来源结构、债务资金的期限结构和债务资金的用途结构，等等。由此可见，还有很大的拓展空间。第四，数据是研究的支撑，中国地方债数据的准确性问题一直是制约相关研究的瓶颈。在数据受限的背景下，许多文献和报告都对中国地方债规模进行了测算，但测算的准确性存在欠缺。如何对测算方法进行改进，提高测算的精度，对有效提高数据质量及为相关研究提供支撑都具有重要意义。第五，尽管国内的一些文献已开始关注地方债问题，但相关研究还是主要停留在全国的整体层面。对地方政府举债可能引发的区域性问题关注较少，比如举债经济效应的区域异质性、举债的区域竞争、举债对区域均衡发展的影响，等等。这些视角都将是未来研究的重要方向。

通过从政府债务与货币供给、通货膨胀和货币政策视角对既有文献进行梳理，特别是针对地方债与货币政策的文献进行总结，可以看到关注政府债务与货币供给的文献可分为两大类，一类是直接以政府债务为研究对象，考察其对货币供给、通货膨胀及货币政策的影响；另一类是在研究财政政策与货币政策配合关系中间接考察政府债务的相关影响，因为政策区制（财政政策主导或货币政策主导）的判断以财政盈余与下一期政府债务的相关关系为衡量标准。另外，部分文献以财政赤字、财政政策、财政支出扩张、财政分权和地方政府竞争为研究对象探讨其货币效应。既有文献为政府债务货币效应的传导机制分析提供了丰富视角，包括铸币税机制、财富效应机制、银行信贷渠道、市场供求渠道、房地产市场渠道等。

由于美国等西方国家的中央政府债务在整体政府债务中所占比重更高，且地方政府举债在体制背景和职能目标等方面与中国有所不同，因此国外文献大多关注中央政府债务的货币效应。国内文献受到数据的限制，对地方债的货币效应研究较少。少数关注此问题的文献，也存在理论基础和方法较陈旧等缺陷。当前中国地方债规模已超过国债，并进入有序管理的新阶段，结合新形势和新背景，亟待运用现代宏观理论模型全面分析地方债与货币供给的传导机制，为地方债管理和货币政策的协同配合提供富有前瞻性和建设性的政策建议。

1.3 基本结构与框架

本书主要包括九章内容，各章节的内容安排如下。

第 1 章是导论。从实践和理论两个层面介绍本书的选题背景与研究意义、梳理国内外文献研究现状、介绍本书各章节的主要内容等。

第 2 章是地方债、经济增长与货币供给的理论基础。包括各经济学派的公共债务理论概览、地方债与经济增长的作用机制、地方债与货币供给的作用机制以及地方债的界定和分类四节内容。

第 3 章是中国地方债的发展历程和形成机理。首先回顾中国地方债的发展历程，其次在此基础上对中国地方债的形成机理进行描述和剖析。

第 4 章是中国地方债的事实特征。首先对中国地方债规模进行测算，其次在此基础上分别对中国地方债的规模和结构特征进行反映，最后对中国地方债与经济增长和货币供给的事实特征进行描述性统计分析。

第 5 章是中国地方债的乘数效应及实体和金融挤出效应。首先提出基于中国地方债特征的理论假设，其次建立不含地方债的基准模型，接着在基准模型中加入地方债，最后对各均衡状态进行比较分析。

第 6 章是从新增与存量视角看中国地方债的经济效应。首先根据理论机制提出实证策略，其次根据实证策略进行模型设定，接着对变量和数据进行说明，最后进行回归分析，包括回归结果、异质性分析和稳健性检验。

第 7 章是中国地方债与区域均衡发展。首先介绍分析框架，其次进行实证检验，最后深入剖析原因和作用机制。

第 8 章是从财政与金融风险转化看中国地方债。首先分析财政风险与金融风险的内在联系，然后提出防控风险的财政金融联动机制。

第 9 章是中国地方债与货币金融政策协同。首先构建模型并进行参数校准，其次对地方债与货币供给进行冲击动态分析，最后对政策协同模式进行仿真模拟。

第 2 章

地方债、经济增长与货币供给的理论基础

2.1 各经济学派的公共债务理论概览

政府债务是指政府在向社会提供各项公共产品和服务过程中所产生的，或者作为承担和化解公共风险的责任主体而导致的财政资源流出，它意味着政府作为债务人所必须承担的相应责任和义务。从经济社会角度看，政府债务是最接近公共债务的概念，因此经典理论往往把政府债务等同于公共债务来看待，并对此进行了丰富的研究，形成了源远流长、百家争鸣的公共债务理论。地方债作为政府债务或者公共债务的一种，其基本特性与之相同，因此公共债务的相关理论成为本书研究的理论基础，本节将对此进行系统性的总结和评述。

2.1.1 古典经济学派的公共债务理论

西方资本主义在 18 ~ 19 世纪得到了迅速发展，对资本积累的追求日益迫切，极力反对政府干预。这一时期的古典派公共债务理论也应运而生，对政府举债持否定态度，主张平衡预算，避免赤字。基于时代背景，他们普遍认为公共债务会增加政府消费性支出，对生产性的私人资本产生挤占，导致私人投资减少，抑制经济增长。

2.1.1.1 大卫·休谟的公共债务理论

大卫·休谟（1711～1776）是古典经济学派的代表人物，他对国家发行公债持坚决反对观点，甚至断言公债会对国家的存亡构成威胁。他认为公债和纸币一样，都属于国家负债的有价证券，其发行数量增加会带来如超发纸币一样的通货膨胀。而且公债利息意味着更多的苛捐杂税，这会增加劳动人民的生活负担，且公债往往被富商所持有，这鼓励了他们以利为生的寄生生活，加剧了社会矛盾。另外，如果政府债券被外国持有，也就是说政府债务属于外债的话，国家将失去自由。

大卫·休谟偏悲观消极的公债观点与其时代背景密切相关，但其思想值得借鉴。比如他提到了公债的通货膨胀效应，看到了内债与外债的不同影响，这些观点都在后来的文献研究中延续发展。

2.1.1.2 亚当·斯密的公共债务理论

亚当·斯密（1723～1790）是古典经济学派的创始人，也是公共债务思想在自由资本主义时期的重要代表。在其著名论著《国民财富的性质及其原因的研究》中，他对公共债务的看法作了专门的阐述，构建起古典公共债务理论学说体系。他主要从五个方面阐释自己的公债观点。

（1）公共债务产生的根源。亚当·斯密认为公共债务的产生源于两个层面的原因，外因是战争带来的支出激增，内因是没有充足的积蓄且增税困难，在收不抵支的情况下必然带来公共债务。支撑战时庞大开支的方式有三种：一是动用积蓄；二是提税；三是举债。在非战争的平常时期，政府或君主把大量收入用于购买各种奢侈品，不可能有多余的钱用于积蓄，导致在发生战争的非常时期，国库空虚。如果要增加赋税，很难在短时间内筹集如此巨额的款项。而具备快速筹资功能的就只有举借债务，公共债务由此产生。可见最初的公共债务是为战争服务的。但是借钱容易还钱难，度过了艰难紧迫时期，政府或君主不知节俭的本性往往导致债务不断积累，反而更容易引发战争。

可以看到，在亚当·斯密所生活的时代，国王或君主的个人消费与国家开支并未截然分开，缺乏自律和监督必然导致开支膨胀。举债的主要目的源于战争等突发因素的需要，但战后国库却很难恢复到原有平衡。

（2）公共债务与资本积累。亚当·斯密认为公共债务将减少资本存量，阻碍经济增长。公共债务在他看来并不会用于生产性劳动，政府举借的资金是原本用于生产的资本，而现在转化为政府收入后在当期就消耗掉了。所以他非常反对政府举债，认为举债会使整个国家趋于衰弱。

可以看到，亚当·斯密非常重视资本积累对经济增长的作用，这与他所处的产业革命初期的时代背景密切相关，他把政府举债看作资金从私人部门向国有部门的转移和替代，而且他非常反对举债用于消费性支出，因此对政府举债持否定态度。

（3）公共债务与经济效率。亚当·斯密认为公共债务会极大损害经济效率，因为与投资私人资产不同，公债持有者对公债资金的使用漠不关心，导致公债的使用过程缺乏有效的监督和约束，这必将降低资金使用效率，进而损害整体的经济效率。亚当·斯密是坚定的市场经济信奉者，崇尚自由放任的经济制度，对政府效率存在极大的担忧，因此从资金使用效率的角度他也强烈反对政府举债。

（4）公共债务与利息负担。亚当·斯密认为，为了支付公债利息，政府不得不增加税负。这些税负主要落在土地和工业部门，进而增加这些部门的负担，挫伤他们生产的积极性，导致生产型投资随之减少，甚至引发资本外逃和居民流出。

（5）公共债务与铸币掺假。亚当·斯密认为，公债一旦累积到一定程度就很难公正和彻底的清偿，除非坦白承认破产。为了避免国家破产，政府或君主往往在铸币上做文章，要么提高铸币面额，要么在铸币标准中掺假。二者的作用效果是相同的，都是通过降低铸币的实际价值来减轻政府或君主作为债务人的负担，将本该属于债权人的一部分财富予以剥夺。但二者的操作手法存在不同，提高铸币面额是公开的不公正行为，而铸币标准掺假则是通过在铸币中掺入大量合金而降低铸币实际价值，具有隐蔽性。

可见，亚当·斯密已经发现公共债务与货币贬值之间的联系。他生活的时代正处于金铸币本位时期，这种货币制度为货币名义价值和实际价值的偏离提供了便利。无论是提高铸币面额还是铸币标准掺假，都是在拉大名义价值和实际价值之间的距离，使政府或君主从用贬值的货币去偿还名义债务中获利。这些做法所带来的不仅仅是情感上的愤怒，而且是实实在在的通货膨胀。提高铸币面额，将造成整个国家货币（名义）总量的增加，在商品和劳务数量不变的情况下，必然引发物价上涨。而铸币标准掺假后，会有套利之人将纯度更高的货币重新铸造成纯度更低的掺假货币，市场中流通的货币（名义）量会逐渐增多，进而引发物价上涨。因此，以这两种方式偿还公共债务都会带来通货膨胀的经济后果，这与纸币本位制下政府通过印钞还债的通货膨胀效应有着异曲同工之妙。

2.1.1.3　大卫·李嘉图的公共债务理论

大卫·李嘉图（1772~1823）是古典经济学的集大成者，他继承了亚当·斯密的公债观，认同公共债务是对国民资本的扣除，会妨害工商业发展，因此对政府举债持否定态度。在对公债的认识上，他提出了非常著名的等价观点，被后世称为"李嘉图定价定理"。这一观点影响深远，至今仍被广泛讨论，在公共债务理论上作出了卓越的贡献。他关于公共债务的主要观点可以概括为以下几点。

（1）公债与税收等价。1817年，大卫·李嘉图在其代表作《政治经济学及其税赋原理》中阐述了他对公共债务的基本认识，他认为无论政府通过举债还是税收来为支出融资，其经济效应都是完全相同的。这一观点被后人巴罗运用理论模型进行了更严谨的论证，并被后来的经济学家们称为"李嘉图等价定理"。在大卫·李嘉图看来，尽管举债将降低当前人民的税收负担，但从长期来看，政府债务的本金和利息将由未来的税收进行偿付，这笔税收折算到现在与当前的举债额度正好相等。当政府举债时，理性经济人会增加储蓄来应对未来的税收，与当期通过收税来融资所产生的经济效果完全相同，两种情况下消费水平一样。

当然，"李嘉图等价定理"的成立建立在非常严苛的假设前提基础之上，包括：第一，居民拥有完全理性，能够预期到由举债所带来的未来税收的增加，并做出理性抉择；第二，居民能够准确量化折现系数，并预计未来税收的折现值；第三，单个居民是永续存在的，即其寿命为无限期界；第四，私人部门不存在借贷约束，其举债利率与政府部门完全相同；第五，税收不存在扭曲性，为一次性总额税；第六，政府支出既定，债务融资的用途是为了减税。如果以上条件都能得到满足，那么居民的消费行为将取决于未来税收的现值，而不会受到"债务幻觉"的影响，不会改变自己的消费决策。

尽管"李嘉图等价定理"的假设前提过于理想，现实很难满足，但正如匀速直线运动之于牛顿定理、完全竞争市场之于市场结构理论的意义一样，它是研究公共债务经济效应研究的参照系和标杆，在公共债务理论体系中具有举足轻重的地位，为后来者放宽假设条件对其进行拓展研究提供了基础。

（2）公债幻觉。大卫·李嘉图虽然论证了公债与税收等价，但也指出存在"公债幻觉"，可谓是对"李嘉图等价定理"的自我批判。他指出，政府举债会使政府和人民不知节俭，过度消费，浪费资源。因为如果政府通过收税来弥补军费开支，那么军费总额便会成为人民现实的税收负担，而如果通过举债来弥补军费开支，那么人民不用负担全部军费开支，只需要负担其中利息部分就可以了，这将使人民过于乐观地估计自己的真实状况而不知节俭、过度消费。

"公债幻觉"是由短视、信息不对称等因素所造成的，是对理性经济人假设的否定。可见，"李嘉图等价"是大卫·李嘉图提倡对公共债务认识的"应是"观点，是对公债效应充满理性高度的逻辑演绎，而"公债幻觉"是他观察现实所发现的实际状况。人民是否会更加走向理性，还是依然混沌不知，取决于多重因素，而李嘉图将自己的观点宣扬和传播，以教化和警醒世人，也许会是因素之一。

另外，从"公债幻觉"的阐释还可以更加清晰地看到，大卫·李嘉图所描述的债务与税收等价，不是以过去为标准，而是以一个未知的"本该"为尺度。大卫·李嘉图的研究以英法战争期间累积的公债为对象，即举债拥有明确的目的，便是为了弥补军费开支。而这部分开支在和平时期原本是没有的，战争爆发导致政府支出有额外地增加，继而产生了增加的开支在税收融资和债务融资间的比较，那么债务与税收等价，不是与战前的税收水平作对比，而是与假设不举债而是提税的状况作对比。但实际发生的只可能是其中一种情况，即要么举债要么提税，这是不可能重复的实验。即使战争频繁爆发，但是每一次的状况都会存在差异，正如"你永远不可能踏入同一条河流"一样。从实际情况来看，政府往往通过举债来弥补军费开支，那么提税便成为一种假想状况，因此李嘉图是将举债与这种假想状况作比较，认为是等价的，这需要极高的理性和逻辑推演，一般的消费者可能很难达到，这也是"李嘉图等价定理"过于抽象和理想的原因之一。

（3）偿债基金制度。在英法战争期间，英国政府试图通过提高税率和新增税种的方式来为军费开支融资，但与实际支出需要仍然相差甚远，不得不依靠举债来弥补巨大差额。因此，发行公债是应对战时开支需求的便利且可行的途径。但大卫·李嘉图指出，战争结束后应刻不容缓地努力清偿债务，为应对未来突发因素的支出冲击做好充足的准备，而且应立刻废止战争期间为筹措经费而增加的"战时税"。

在建立减债长效机制方面，大卫·李嘉图推崇偿债基金制度。他指出，偿债基金的设立目的是在和平时期减少内债，在战争时期防止内债迅速膨胀，偿债基金制度要发挥应有的作用，就必须严格按照设立之初的目的来安排和使用，而不是变成为新债提供利息的渠道。

2.1.1.4 西斯蒙第的公共债务思想

西斯蒙第（1773～1842）对公债的评价非常负面，他认为公债会极大地危害整个社会的资本形成和积累。他言辞激烈，甚至将公债比喻成人类最有害的发明，是包藏祸心的大骗局。

2.1.1.5 让·巴蒂斯特·萨伊的公共债务理论

让·巴蒂斯特·萨伊（1767～1882）对公债的看法非常悲观，坚决反对政府举债和赤字财政，认为公债是对社会资本的侵蚀，具有反生产性。同时，他还指出一旦政府习惯举债，就会变得极具危险性。

当时盛行"公债只是左手欠右手的债"的说法，萨伊对其进行了批判。他认同公债利息并不会消减社会财富的观点，因为它可能引起财富的重新分配，但从全社会来说，总财富量仍然保持不变。但是公债本金被用于消费时是对社会资本的消灭，这是一种永久性的不可恢复的伤害，这笔资金本来可用于生产事业，进而增进社会财富。因此，他认为公共债务对社会的危害不在于利息，而是在于本金所对应的被消耗掉的资本。

由此可见，萨伊对于公债的观点与亚当·斯密、李嘉图等基本一致，认同其对社会资本的危害，进而不利于经济增长。他的重要突破是，区分了利息和本金的不同，更细致地分析了二者的不同功能，而不是笼统地视为一体。

2.1.1.6 约翰·穆勒的公共债务理论

约翰·穆勒（1806～1873）是古典经济学派理论体系的集大成者和最终完成者，他认为公债是否妨害生产需分情况而定。在一般情况下，公债由于把资金用于军费开支等消费性支出上而降低了可用资本，因此其对经济发展有害，会使国家变得贫困。而当资本处于过剩和闲置的状况下，政府通过发行债券把这些本来并不会对本国生产产生促进作用的资金利用起来，用于财政支出，则不会对社会资本和国家经济产生危害。他进一步对资本过剩或闲置的状况进行说明，包括：第一，政府所举借的资本本身并不是国内的，而是国外的资本；第二，该笔资金本来就是用于消费而非储蓄；第三，该笔资金储蓄后花在消费领域；第四，该笔资金流向国外产业。

但是，如何知晓政府所借资金究竟是否符合以上这四种情况呢？穆勒提议用市场利率作为评判标准，如果政府举债导致市场利率上升，那么说明生产资金被政府占用，此时公债有害于经济增长；而如果政府举债并未导致市场利率上升，那么说明公债的危害很小，可以忽略不计。

由此可见，穆勒虽然总体上认为公债有害，但并非全盘否定，这与前人完全负面的观点是存在不同的。如果将亚当·斯密和大卫·李嘉图等的公债有害论理解为对政府举债机会成本的阐释，那么穆勒便是对该机会成本的具体大小进行的探究。政府举借的资金本来应用于本国生产，进而带来经济增长和社会财富的增加，这部分损失便是政府举债的机会成本，在这种情况下该机会成本高昂，因此公债危害巨大；而当政府举借的资金本来就不是应用本国生产，那么即使不被政府使用，也并不会增进社会财富，此时政府举债的机会成本几乎为零，因此公债无害。由此可见，穆勒的观点在继承前人理论精华的基础上，进行了丰富和发展，是一种理论进步，而且用市场利率作为标准衡量公债危害大小的观点，具有开创性的理论和实践意义。

2.1.2　凯恩斯学派的公共债务理论

随着资本主义社会的进一步发展，根植于社会深层次的各种矛盾逐渐暴露，市场机制的内在缺陷日益凸显。1929～1933 年资本主义经济大危机全面爆发，古典经济学派崇尚的自由市场思想受到挑战，这种思想转变体现在公共债务理论上，表现为从否定公债逐渐向接纳甚至肯定公债的态度转化。在这一新时代背景下，约翰·梅纳德·凯恩斯（1883～1946）关于公共债务的新观点新理论，成为当时公共债务理论和思想的主流。对此总结如下。

2.1.2.1　公债与有效需求

面对资本主义社会大危机所带来的经济衰退和严重失业，凯恩斯构建了以"有效需求"为核心的理论体系，论证了这种危机和失业在资本主义经济制度会经常出现，而充分就业的存在是偶然的。解决危机和失业问题的关键是扩大社会有效需求。而刺激社会有效需求，必须通过政府削减税收、增加开支的扩张性财政政策来实现。但这样做，必然会带来财政赤字，因此通过发行公债来弥补赤字是非常必要的。

2.1.2.2 公债的用途

凯恩斯认为公债有益无害，而且无论其用途是消费性的还是生产性的，都能够实现扩大有效需求和刺激经济增长的目的。因此，他认为只要存在有效需求不足，就应该发行公债。由此可见，凯恩斯对公债是大力主张和赞扬的态度，认为其对经济增长是积极正向的促进作用。

2.1.2.3 公债的偿还

凯恩斯对公债的推崇还可从其对公债偿还的看法上体现出来。他认为从表面上看，某项公债具有确定不疑的偿还期限，但只要公债总量保持不变，从长期来看，公债是永续存在的，不会也没有必要偿还。由此可见，凯恩斯对公债具有极度乐观的宽容态度，借新债还旧债在他看来是无可厚非的。

2.1.3 后凯恩斯学派的公共债务理论

2.1.3.1 阿尔文·汉森的公共债务理论

阿尔文·汉森（1887～1975）继承并发展了凯恩斯的国家干预经济理论。他对公共债务的看法主要包括以下几点。

第一，为了避免发生财政危机，公债负担率应保持在合理水平，不过这个合理水平比许多人所认为的要大得多。第二，虽然发行公债增加支出有助于刺激经济增长，但应视具体经济状况调整其规模，使其与经济波动保持一致。当经济处于衰退或萧条时，应该扩大公债发行规模以支持扩张性财政政策的实施；当经济处于繁荣或高涨时，则应适当压低债务水平，减少赤字规模，紧缩财政，避免过度刺激带来经济过热。第三，应谨慎采取公债政策，加强公债管理，以避免可能引发的通货膨胀。第四，公债尤其是国内的公债无需真正偿还，只需借新债还旧债便可。但当用税收偿还债务时，尽管这只是资金从纳税人向债权人的转移，也需避免因税收扭曲给投资和经济发展带来的不利影响。

由此可见，虽然汉森支持政府举债，但与凯恩斯极度乐观宽容的态度相比，他更谨慎和理性。他提出了公债配合财政政策逆周期调节的功能、公债的适度水平及扭曲税等新颖的观点，为研究公共债务提供了更多的视角。

2.1.3.2 阿巴·勒纳的公共债务理论

勒纳（1903～1982）认为应将公债作为应对通货膨胀的常态化政策调控工具予以看待，而非危急关头的最后稻草。政府的政策目标应使全社会需求保持在一个合理水平，通过调节财政收支来应对实际有效需求与合理水平的偏离，即需求不足时进行减税增支以防止经济萎缩，需求过旺时进行提税减支以防止通货膨胀。而且他认为政府应该有意识地灵活运用公债的发行和买卖来介入货币市场，实现对市场利率的调控。比如为应对经济过热欲提高利率时，可通过发行公债予以实现；为刺激投资需求欲压低利率时，可通过在市场中购买公债，或者用财政资金直接偿还公债来实现。

由此可见，勒纳对公共债务的支持观点建立在有效需求理论之上，提倡灵活运用公债手段对经济进行逆周期调节，以维持稳定和增长。之前的国家干预理论强调公债作为弥补赤字的手段，通过赤字财政对实体经济变量投资和消费需求产生乘数和加速效应，而勒纳的发展和贡献是，强调公债作为金融工具在金融和货币市场上调剂货币和资金供求所发挥的作用，将公债调控经济的机制从实体层面延伸至金融和货币市场，将财政政策和货币政策联系起来，是对公债发行、偿还和买卖各环节功能的细化。

2.1.3.3 保罗·萨缪尔森的公共债务理论

萨缪尔森（1915～2009）继承并发展了凯恩斯的公共债务理论，他主张无论是经济处于萧条时期还是上升时期，赤字政策都应作为政府的常规工具予以推行。而赤字政策需要公债支撑，因此他对公债发行持积极正面的态度。而且，他认为弥补赤字只是公债最基本的作用，公债还具有刺激消费投资和调节货币供应的重要功能，具体表现在：公债具有财富效应，持有者会倾向于提高消费和投资水平，这样有助于减少失业；公债具有高流动性，能作为调节货币供应量的快速有效工具，进而丰富了货币政策工具箱，使中央银行有更多可操作选择。

同时，萨缪尔森也强调公债属性和用途不同对经济的影响差异。他认为举借外债会成为本国的真实负担，因为债务的还本付息会导致资金流向国外，本国国民收入降低。而举借内债则需根据资金用途来判断：如果债务资金用于投资，则公债是有益的，因为它增加了社会资本存量；如果债务资金用于消费，公债会构成负担，因为它导致现有资本品的减少。

由此可见，萨缪尔森开始关注到了债务资金用途对债务经济效应的不同影响，即区分消费性支出和生产性支出。这与凯恩斯不论资金用途，只从支出数量上去讨论债务效应的观点有了巨大进步。说明萨缪尔森既继承了凯恩斯理论，又吸收了古典学派的观点，形成了较为系统和全面的公共债务理论。

2.1.4　公共选择学派的公共债务理论

公共选择学派为理解政府及其行为开辟了崭新的视角，该学派将政府视作无意识、无偏好的"稻草人"，而实际发挥能动作用的是政治家和官员，他们的欲望和动机支配着政府的最终目标和公共行为。无论是政治家还是官员，都有极大动力去增加支出、扩张政府规模，在这一点上二者的目标是一致的，如果不加约束那么将会导致政府规模和权力的不断膨胀。公债为他们的扩张动机提供了便利的实现途径，凯恩斯学派对公债过于放任的政策主张迎合了他们的需求。因此公共选择学派批判凯恩斯学派的公债理论，反对政府大规模举债，主张通过约束预算来控制政府支出。

詹姆斯·麦基尔·布坎南（1919～2013）是公共选择学派的领袖人物，依据公共选择理论，他提出了自己关于公共债务的主张。

2.1.4.1　公债的代际负担

布坎南认为公债的实际负担始终存在，是由为偿本付息而缴税的未来一代人所实际承担。为此，他论证了公债负担存在的代际转移情况，并且进一步证明，这种代际负担无论是内债和外债都会存在，负担程度由人口、未来税率和利率等条件决定。

2.1.4.2　公债的用途

布坎南并没有完全否定公债的作用，他认为当资金被用于资本项目筹资时公债才有其合理性，而且他强调应将项目的成本与预期收益在时间维度上相匹配，因此公债资金只能用于有长期收益的公共工程，绝不能用于消费性支出和转移性支出，否则会对社会资本造成破坏。

2.1.4.3　公债幻觉

布坎南认为，举债支出的收益与所对应的税收成本存在时间上的不一致，会造成"公债幻觉"从而扭曲人们的公共选择行为。人们在享受公共支出收益时，短期内并未承担相应的税负，进而会投票赞成更大规模的公共支出预算方案，这种扭曲行为会导致公债规模膨胀。而且由于人们对未来的提税没有充分的认识，因而也没有为未来履行缴税义务做好应有的计划，因此人们会倾向于继续支持债务而非税收为公共项目融资。

另外，布坎南认为，举债支出收益与对应税收在时间上的不一致还会导致未来税负分担的不公平。公债所对应的未来缴税义务是个人的或有负债，即在未来产生，但存在不确定性。这种或有负债在实际到期履行时，可能由于社会成员中的某些人有意无意地逃脱责任，而加重其他成员的缴税负担。

由此可见，公共选择学派的观点为研究公共债务提供了全新的视角，布坎南强调时间维度的公债分析以及关注到的公债代际负担的转移问题，是对公共债务理论的重要贡献。

2.1.5　货币学派的公共债务理论

货币学派的代表人物是弗里德曼，他崇尚自由市场和竞争制度，认为市场机制是配置社会资源和实现福利最大化的最佳途径，因此他对凯恩斯学派的国家干预主张持极力反对态度。

尽管如此，在对公共债务的态度上，货币学派提出了独到和审慎的看法。他们认同公债会创造有效需求的观点，但认为发债必须同时提高货币供应量才会发挥实际效果，因为如果货币供应量不增加，那么政府举债会产生排挤效应，挤出私人投资，进而抵消掉公债发行的正面效应。而当货币供应量增加时，必然会带来通货膨胀，这对政府有着强大的诱惑力。因为通货膨胀致使货币贬值将有利于债务人，而政府作为公债的债务人，以更低的实际价值偿还了价值量更高的债务，大大降低了国家的债务负担。

可见，货币学派从货币和金融维度理解公共债务的经济效应，丰富了公共债务的理论视角，为全面评估公债效应提供了助益。

2.1.6　理性预期学派的公共债务理论

理性预期学派认为只有具备自动调节能力的市场机制才能真正保持经济稳定。居民并不会在政府举债后增加消费和投资，因为居民具有理性预期，能将当前政府的举债与未来政府可能的提税联系起来，所以居民会把这部分收入储蓄起来为未来缴税作准备。这使得公债政策既不会通过促进消费和投资而对经济增长产生正效应，也不会通过挤占私人投资的资金而对经济增长产生负效应。

可见，理性预期学派对于公债的观点与"李嘉图等价定理"类似，即相信人们具有充分理性，可以准确预见因政府举债而导致的未来税负增加，因此会调整当下行为予以应对，进而抵消赤字财政的政策效果，导致举债失效。但细究起来，二者存在不同，"李嘉图等价定理"是基于增支型举债，将增支的融资来源在举债和收税之间进行对比，发现两者并无差别，但是增支型举债的财政支出已经与过去不同，因此与举债前相比消费和投资规模会发生不同。而理性预期学派所描述的政策失效，是基于减税型举债，即在财政支出现在和过去保持不变的情况下，此时举债只是对原有的一部分税收的替代，政策目的是期望通过减税来刺激消费和投资，但人们的理性预期并不会把原本需要缴税的这部分收入当作增加的收入去提高投资和消费水平，而是会储蓄起来为未来恢复高税负时作准备。

2.1.7 供给学派的公共债务理论

供给学派主张供给自动创造需求，认为只要市场经济是自由和充分竞争的，那么供给和需求总是自动趋于平衡。显然这种观点与凯恩斯所倡导的需求决定一切的理论体系截然相反，他们对凯恩斯主义进行了强烈抨击。该学派是市场经济的坚定捍卫者，政府干预会破坏这种自动调节机制，而且更糟糕的是，不合理的政策措施还会损害经济中的供给力量，对经济产生永久性创伤。所以他们极力反对政府干预，也就对政府赤字和公债报以坚决的否定态度。政府举债会助长政府机构和财政支出扩张的趋势，这与供给学派紧缩财政支出的政策主张背道而驰。而且举债还会增加未来的税负，税负过重将抑制投资热情，打击劳动积极性，因此他们提倡减税和紧缩财政支出。

2.2 地方债与经济增长的作用机制

通过回顾公共债务经典理论可以发现，公共债务与经济增长的关系错综复杂，其作用机制也存在多维度多视角。由于债务从产生到消亡涉及发行、使用、付息、偿还等各环节的一系列过程，一笔债务在被清偿之前，一定会在各个环节对经济产生影响。因此与税收等其他政府收入有所不同，在考察地方债的经济效应时，地方债与收入来源、支出用途、利息支付、偿还方式、存续规模等各部分紧密相连，继而从公共投资、流动性和扭曲税等多个渠道影响经济增长，只探讨其中的某一维度无法反映其经济效应的全貌。为了更加细致入微地分析每一渠道的作用机理，本节沿着债务举借、使用、累积和偿还的全生命周期，分别从公共投资、流动性和扭曲税等渠道逐一探讨每一环节的经济影响，力图尽可能全面地将地方债的各层面作用机理纳入研究。各部分的作用机制分析暗含其他环节确定或不变的假定。本书第 5 章将以本章的理论分析为基础，并结合中国地方债的事实特征，构建包含各环节的整体理论模型进行深入分析。接下来，本节将分别从三种渠道研究地方债影响经济增长的作用机制。

2.2.1 公共投资渠道

地方债影响经济增长的公共投资渠道与债务资金的使用过程密切相关，这反映了地方债在支出环节的经济效应。众所周知，地方债普遍遵循"黄金法则"，即只用于资本性支出而非消费性支出，因此从研究地方债在支出角度对经济增长的影响，转化为对公共投资经济效应的探讨。

政府债务累积是财政赤字的结果，而赤字财政代表政府实施扩张性财政政策，即通过减税或者增支的方式来刺激社会总需求。减税这种扩张性财政政策即财政开支的一部分资金来源由举借债务来弥补，从而减轻税负；增支意味着在税收保持不变的情况下，额外增加的支出由举债来维持，进而达到刺激投资和消费、促进产出增加的目的。在中国，地方政府举债用于增支的扩张性政策的目的是显而易见的，而用于减税的情况也同样存在。尽管税收的制定权归中央政府所有，地方政府只是既定税收制度的执行者，但在收入上地方政府并不是完全丧失影响力。比如，税收努力程度便是直接影响政府收入且会被地方政府所控制的重要因素，以及在税收优惠上的裁量权等都能成为地方政府减税的手段。因此，从资金用途角度看，地方政府举债支出依然可以分为减税型和增支型两种。这两种类型的债务支出都能产生正面的经济效应，但方式和程度存在一定差别。

2.2.1.1 地方债支出用于减税

减税型地方债支出，举债数额即为减税数额，因此其乘数效应即是减税的乘数效应。根据国民收入恒等式 $Y \equiv C + I + G$，其中消费 $C = \alpha + \beta \times (Y - T)$，$\alpha$ 和 β 分别为自主消费和边际消费倾向，T 为总额税。由此得到均衡产出 $Y = \dfrac{\alpha + I + G - \beta T}{1 - \beta}$，税收乘数即为 $\dfrac{\Delta Y}{\Delta T} = -\dfrac{\beta}{1 - \beta}$。故地方债支出用于减税的乘数效应为 $\dfrac{\beta}{1 - \beta}$，即地方政府举债每增加 1 个单位，可用于减免税额 1 个单位，进而促使经济增长 $\dfrac{\beta}{1 - \beta}$ 个单位。

地方政府举债用于减税的乘数效应，如图 2 – 1 所示，减税额 ΔT 将使收入从 Y 增加到 Y'，$Y'Y$ 即为乘数效应大小。其中，减税当期将直接增加总需求 $\beta \Delta T$，此为直接效应；之后，由于收入增加将引发收入 – 消费循环递进增加的过程，进而产生间接效应 $\dfrac{\beta^2}{1 - \beta} \Delta T$。直接效应和间接效应构成总效应，大小为 $\dfrac{\beta}{1 - \beta} \Delta T$。直接效应与间接效应的比值为 $\dfrac{1 - \beta}{\beta}$，说明边际消费倾向 β 越小，直接效应在总效应中的比重越大，间接效应的比重越小；边际消费倾向 β 越大，直接效应在总效应中的比重越小，间接效应的比重越大。边际消费倾向 $\beta < 0.5$ 时，直接效应大于间接效应；边际消费倾向 $\beta = 0.5$ 时，直接效应与间接效应相等；边际消费倾向 $\beta > 0.5$ 时，直接效应小于间接效应。

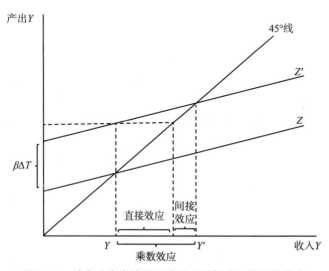

图 2 – 1 　地方政府举债用于减税（税额式）的乘数效应

　　由此可见，总效应和各分效应的大小均与边际消费倾向成正比，即随着边际消费倾向上升，总效应和各分效应均在增大；但各分效应在总效应所占比重的变化趋势不同，随着边际消费倾向上升，直接效应所占比重将逐渐降低，而间接效应所占比重将逐渐升高。说明在随着边际消费倾向上升各效应增加的过程中，间接效应增长的速度比直接效应更快。直观理解就是，由于此处的乘数效应是假定了投资和政府支出不变，因此消费的变动程度直接决定了最终产出的增长幅度。边际消费倾向越高，每一轮收入－消费的递进效果就越显著，最终产出的增幅就会越大，总效应和分效应自然都会更多。而且，由于边际消费倾向小于 1，直接效应是当下减税冲击的直接结果，最多不会超过全部减税额（当边际消费倾向等于 1 时的极端情况）；而减税带来的收入增加通过收入－消费递进过程将循环累加产出效应，间接效应可创造成倍于初始冲击的产出增量，最多可接近无穷大（当边际消费倾向等于 1 时的极端情况），所以随着边际消费倾向的上升，直接效应的比重下降，间接效应的比重上升。

　　以上将税收设定为总额税的形式，因此减税属于税额式减免，更常见的减税政策是税率式减免，比如将企业所得税税率从 33% 降到 25%。此时消费 $C = \alpha + \beta \times (1 - t) Y$，其中 t 为税率。由此得到均衡产出 $Y = \dfrac{\alpha + I + G}{1 - \beta(1 - t)}$，税率乘数即为 $\dfrac{\Delta Y}{\Delta t} = -\dfrac{\beta(\alpha + I + G)}{[1 - \beta(1 - t)]^2} = -\dfrac{\beta Y}{1 - \beta(1 - t)}$。故地方债支出用于税率式减税的乘数效应为 $\dfrac{\beta Y}{1 - \beta(1 - t)}$，即地方政府负债率每增加 1 个百分点，可用于税率降低 1 个百分点，进而促使经济增长 $\dfrac{\beta Y}{1 - \beta(1 - t)}$ 个单位。

　　地方政府举债用于减税的乘数效应，如图 2 - 2 所示，与税额式减免不同，税率式减免将改变产出曲线的斜率，斜率增加 $\beta \Delta t$，而截距项不变。税率变动 Δt 将使收入从 Y 增加到 Y'，$Y'Y$ 即为乘数效应大小。其中，减税当期将直接增加总需求 $\beta Y \Delta t$，此为直接效应；之后，由于收入增加将引发收入－消费循环递进增加的过程，进而产生间接效应 $\dfrac{\beta^2 (1 - t) Y}{1 - \beta(1 - t)} \Delta t$。直接效应和间接效应构成总效应，大小为 $\dfrac{\beta Y}{1 - \beta(1 - t)} \Delta t$。

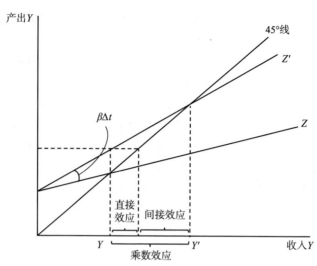

图 2 - 2　地方政府举债用于减税（税率式）的乘数效应

将税额式和税率式减税的乘数效应进行比较，如表 2 - 1 所示。不难发现，在 t 和 Y 固定不变时，税率式减税各效应的变化趋势与税额式减税完全相同，因此可以得到以下结论：随着边际消费倾向上升，税率式减税的总效应和各分效应均在增大；但各分效应在总效应所占比重的变化趋势不同，随着边际消费倾向上升，直接效应所占比重将逐渐降低，而间接效应所占比重将逐渐升高。说明在随着边际消费倾向上升各效应增加的过程中，间接效应增长的速度比直接效应更快。

表 2 - 1　　　　　　　地方举债用于不同方式减税的乘数效应比较

减税方式	税额式减税	税率式减税
直接效应	$\beta\Delta T$	$\beta Y\Delta t$
间接效应	$\dfrac{\beta^2}{1-\beta}\Delta T$	$\dfrac{\beta^2(1-t)Y}{1-\beta(1-t)}\Delta t$
乘数效应（总效应）	$\dfrac{\beta}{1-\beta}\Delta T$	$\dfrac{\beta Y}{1-\beta(1-t)}\Delta t$

通过税额式和税率式减税横向比较来看，在同等减税力度下，即 $\Delta T = Y\Delta t$ 时，两种方式的直接效应完全相同，但间接效应和总效应均是前者大

于后者（$0 < 1 - t < 1$）。这主要是因为只要二者减税总额相同，减税当期促进需求的增量便一样，故直接效应相等；但税率式减免在每一次收入 - 消费递进增加的过程中，都因税率 t 而不得不扣除掉一部分收入，使得循环膨胀效应减弱，故间接效应更小，进而总效应也更小。说明在减税成本相同的情况下，采取税额式减税比税率式减税的经济效应更大，政策效果更好。

另外，减税型举债还可能通过"债务幻觉"产生财富效应进而影响居民消费。对地方债来说，直接融资方式是指地方政府在金融市场发行地方政府公债，由资金盈余者直接购买债券，从而将资金提供给地方政府的融资方式。由于地方政府和资金盈余者直接建立联系，没有任何中介机构增加交易成本，因此通过直接融资举债，地方政府承担的利率水平更低，但举债门槛和信息公开程度要求更高。对消费者来说，当购买了地方政府债券后，会产生"债务幻觉"，认为自己的财富增加了，这种财富效应会促使其增加消费，进而促进短期经济增长，但同时增加消费会降低储蓄率，因而不利于投资和资本积累，进而对经济增长产生抑制。最终对经济增长的影响决定于两方面因素的作用程度，若前者大于后者，则最终促进经济增长，否则便抑制经济增长。

"债务幻觉"是否存在，取决于人们是否把持有的地方债券视为财富的一部分。如果消费者把地方债券当作未来的纳税义务，那么说明并没有把这些债券当作财富；如果消费者并没有意识到或者并不关心地方债券所包含的未来纳税义务，则说明可将其看作财富的一部分，即否定了"李嘉图等价定理"的成立。"李嘉图等价"建立在消费者完全理性的基础上，但现实中消费者短视是常态，完全理性的假设条件很难满足，而且当存在借贷约束时，"李嘉图等价定理"也不成立。

2.2.1.2　地方债支出用于增支

在税收不变的情况下，地方政府举债用于公共投资，将直接扩大政府支出规模，增加社会总需求，在乘数效应作用下成倍拉动经济增长。根据均衡产出式 $Y = \dfrac{\alpha + I + G - \beta T}{1 - \beta}$，政府支出乘数为 $\dfrac{\Delta Y}{\Delta G} = \dfrac{1}{1 - \beta}$。故地方债支出用于增支的乘数效应为 $\dfrac{1}{1 - \beta}$，即地方政府举债每增加 1 个单位，可增加政府支出 1 个单位，进而促使经济增长 $\dfrac{1}{1 - \beta}$ 个单位。与减税（税额式）的乘数效应$\dfrac{\beta}{1-\beta}$相比，由于边际消费倾向$\beta<1$，所以增支型举债的乘数效应更大。

地方政府举债用于增支的乘数效应，如图2-3所示，地方政府举债增加政府支出ΔG，将使收入从Y增加到Y'，$Y'Y$即为乘数效应大小。其中，举债投资当期将直接增加总需求ΔG，此为直接效应；之后，由于收入增加将引发收入－消费循环递进增加的过程，进而产生间接效应$\dfrac{\beta}{1-\beta}\Delta G$。直接效应和间接效应构成总效应，大小为$\dfrac{1}{1-\beta}\Delta G$。

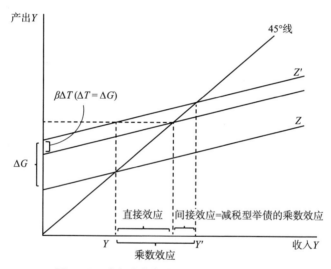

图2-3　地方政府举债用于增支的乘数效应

与减税型举债相比，增支型举债的乘数效应更大。以税额式减税为例，如表2-2所示，在举债额度相同的情况下，即$\Delta T=\Delta G$时，减税型举债的直接效应、间接效应和乘数效应均为增支型举债的β倍（$\beta<1$）。减税型举债的乘数效应（总效应）正好与增支型举债的间接效应相等，可见减税型举债的乘数效应（总效应）仅相当于增支型举债的间接效应部分，后者的乘数效应比前者大ΔG。

表 2 – 2　　　　　　　　　地方举债用于减税和增支的乘数效应比较

支出用途	减税型（税额式）	增支型
直接效应	$\beta\Delta T$	ΔG
间接效应	$\dfrac{\beta^2}{1-\beta}\Delta T$	$\dfrac{\beta}{1-\beta}\Delta G$
乘数效应（总效应）	$\dfrac{\beta}{1-\beta}\Delta T$	$\dfrac{1}{1-\beta}\Delta G$

2.2.2　流动性渠道

地方债影响经济增长的流动性渠道与债务资金的筹集过程有密切联系，这反映了地方债在举借环节的经济效应。地方债的举借无论是通过金融中介还是金融市场，都将消耗经济中的流动性，在资金供给不变的情况下推高市场利率，进而对私人投资产生挤出效应。

弗里德曼（1978）区分了"真正的挤出"和"金融挤出"：真正的挤出效应，其大小取决于经济资源是否得到充分利用。而金融挤出是指政府通过发行有息债券来填补赤字而产生的经济影响。

由此可见，"真实挤出效应"的关注点在债务使用环节，支出产生的乘数效应和加速效应会刺激投资需求的增加，但在资源充分利用的情况下即社会总供给不变时，政府支出只是对私人投资需求的替换，因而会挤出私人投资，是一种"投资机会"的挤出。而"金融挤出效应"的关注点在债务举借环节，政府从金融市场获取资金，会增加货币需求，在货币供应量不变的情况下将提高市场利率进而产生挤出效应，是一种"融资机会"的挤出。众所周知，融资约束是限制私人部门投资的重要因素，即使有投资机会，但无法从金融市场举借资金也会导致投资无法真正实现。由此可见，"投资机会"和"融资机会"是促成投资缺一不可的两个环节，因此在考察地方债挤出效应时，支出环节的"真实挤出"和筹集环节的"金融挤出"都是不可忽略的重要部分。因此本书对二者进行了对比。

2.2.2.1　真实挤出效应

真实挤出效应是在公共投资发生时产生，与投资资金来源无关的一种挤出。无论投资资金来源于税收还是举债，只要有支出便会存在这种真实挤出效应。真实挤出效应如图 2 - 4 所示，商品市场和货币市场在点 E_0 处达到均衡，对应着均衡利率 i_0 和均衡产出 y_0。此时地方政府增加公共投资，产品市场需求增加，进而促使 IS 曲线向右平移至 IS_1 的位置，在乘数效应的作用下产出从 y_0 增加到 y_2。根据凯恩斯的流动性偏好理论，产出和国民收入的提高会导致交易性动机和预防性动机产生的货币需求增加，在货币供给不变的情况下将推高市场利率从 i_0 上升至 i_1，进而挤出私人投资，导致产出和国民收入从 y_2 减少至 y_1。商品市场和货币市场在点 E_1 处达到均衡，对应着均衡利率 i_1 和均衡产出 y_1。此时挤出效应是直接作用于产品市场再传导至货币市场的利率水平而产生，因此被称为"真实挤出效应"。故公共投资的经济效应可分解为净乘数效应（$y_1 y_0$）= 乘数效应（$y_2 y_0$）+ 真实挤出效应（$y_1 y_2$）。真实挤出效应的大小取决于 IS 和 LM 两条曲线的斜率。IS 曲线越陡峭，LM 曲线越平坦，挤出效应越小；相反，IS 曲线越平坦，LM 曲线越陡峭，挤出效应越大。

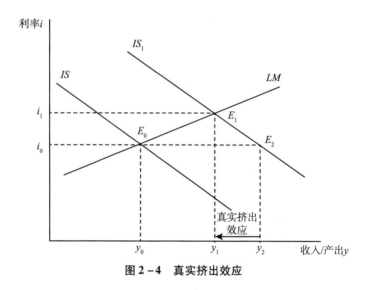

图 2 - 4　真实挤出效应

2.2.2.2　金融挤出效应

与真实挤出效应直接作用于产品市场的传导机制不同，金融挤出效应直接作用于货币市场，是通过增加金融市场有价证券的供给而直接导致货币需求的提高，在货币供应量不变的情况下推高市场利率，进而挤出私人投资。因此，该效应与公共投资资金的来源方式密切相关，如果投资资金来源于税收便不会存在金融挤出效应，只有当其来源于举债时才会产生。

金融挤出效应如图 2-5 所示，商品市场和货币市场在点 E_0 处达到均衡，对应着均衡利率 i_0 和均衡产出 y_0。地方政府举债增加了货币需求，在货币供应不变的情况下导致 LM 曲线向左平移至 LM_1 的位置，与原来的 IS 曲线相交于新的均衡点 E_1，对应着新的均衡利率 i_1 和均衡产出 y_1。此时利率升高，产出下降，$y_1 y_0$ 即为金融挤出效应的大小。然后地方政府用举债筹集的资金用于公共投资促进产品市场需求增加，推动 IS 曲线进一步向右平移至 IS_1，形成新的均衡点 E_2。但无论地方政府将这笔举债筹集的资金用于何处或者是否支出，金融挤出效应在举借时就已经产生。因此金融挤出效应是独立于支出环节而存在的，这与真实挤出效应截然不同。

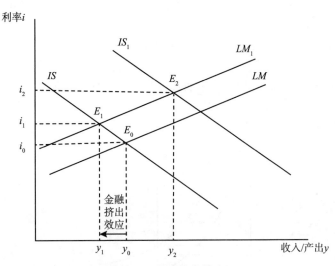

图 2-5 金融挤出效应

假设一种极端情况，地方政府举债后资金放在财政账户上没用或者使用效率极其低下，这时由于债务并未转化为有效的投资支出，那么真实挤出效应便不存在，那么这笔举债对于经济毫无影响吗？由于地方政府举债占用了金融资源，那么必会对私人部门产生"金融挤出"，也就是说，此时只有金融挤出效应。这个例子放在私人举债中会显得不可思议，因为独立经营且追求利润最大化的私人企业不可能借钱后白白浪费，但是对于地方政府举债来说，由于体制弊端，债务资金的使用往往存在低效甚至浪费的情况，这种极端案例其实是真实存在的。单看真实挤出效应是无法反映这种由于占用金融资源而导致的挤出问题，只有通过金融挤出效应才能充分反映这一情况。而既有文献大都关注前者而忽视了后者，即使有一些文献进行了研究（Liang et al.，2017；Demirci et al.，2019），但也仅仅是对金融挤出效应的实证研究，理论研究方面还相当欠缺。而通过在经典的 *IS - LM* 模型中加入地方债来研究挤入挤出效应时，既有文献也往往只考虑了支出环节的真实挤出，而忽视了金融挤出。

而且随着债务累积，地方政府面临的还本付息压力不断加大，为了不发生违约，很可能选择通过旁氏融资来解决到期债务的还本甚至是利息偿付问题。那么此时举借的债务只是为了偿还旧债或支付利息，因此不存在支出环节公共投资渠道的真实挤出效应，只存在举借环节流动性渠道的金融挤出效应。如图 2 - 6 所示，货币市场上货币需求与市场利率成反比，即为 $m_{d1} = ky - hr$。若通过旁氏融资偿还旧债，则货币需求增加，即为 $m_{d2} = ky - hr + b$，其中 b 为地方债的到期还本额。在货币供应量 m_s 不变的情况下，市场利率从 r_1 上升到 r_2。若通过旁氏融资支付利息，则货币需求变为 $m_{d2} = ky - hr + br$，此时货币需求曲线的斜率发生变化，如图 2 - 7 所示。在货币供应量不变的情况下，市场利率从 r_1 上升到 r_2。

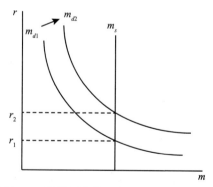

图 2 - 6　举借新债偿还本金的金融挤出效应

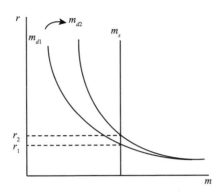

图 2-7　举借新债支付利息的金融挤出效应

债台高筑使得还本付息成为地方政府的沉重包袱。面对经济衰退，政府往往会采取扩张性财政政策进行逆向调节，但扩张性财政政策会加大政府赤字水平和债务规模，对本就债台高筑的地方政府来说更是雪上加霜，导致财政政策左右为难。政府丧失逆周期调控能力，将导致经济波动性加大。

假设地方政府通过税收和举债为公共支出融资，每一期地方政府都举借等量债务 d，期初预算盈余为 $z = \tau y + d - g$，其中 τ 为税率，y 为产出，g 为公共支出，令 $z > 0$，即期初预算盈余为正，利率为 r，以上变量均保持不变。从第 1 期开始，地方政府需支付利息并偿还旧债，假定地方政府通过借新替旧的方式偿还旧债，即庞氏融资。累积盈余代表地方政府的财政空间，其值越大说明财政空间越大，否则财政空间越小。随着时间推进，地方债不断累积，利息负担越来越重，预算盈余的变化如图 2-8 所示。随着地方债务累积，利息负担越来越重，每期的预算盈余逐渐减少，累积盈余增速减缓。第 6 期后随着预算赤字的扩大，累积盈余逐渐被消耗，财政空间不断缩小。背负沉重债务负担的地方政府将丧失逆周期调控能力，加剧经济波动。

图 2-8 是假定利率保持不变的前提下财政空间的变化情况，而实际上，随着维持地方债务滚动所带来的流动性消耗（下文详细说明），市场利率将被推高，使得每一期地方债务的利息负担都将随着债务积累而加速扩大，财政空间加速萎缩，具体如图 2-9 所示。

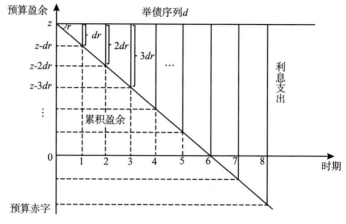

图2-8 地方债务累积与财政空间（市场利率不变）

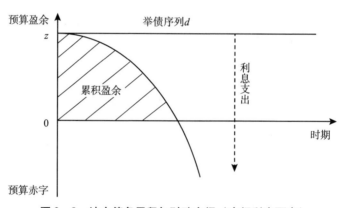

图2-9 地方债务累积与财政空间（市场利率可变）

上述分析是基于总量规模层面，除此之外，流动性渠道所产生的金融挤出效应还会从期限结构层面显现出来。与国债的发行动机和使用目的不同，地方政府举债基于基础设施建设，用于项目投资，因而债券期限往往偏长，很少有一年以内的短期债券，主要以三年、五年甚至十年以上的长期债券为主。当大量期限较长的债券品种涌入债券市场，将提高平均债券期限，进而对金融市场的流动性造成冲击。如果地方政府债券市场不够健全和成熟，大量投资者只能将债券持有到期，那么其对流动性的冲击会更为明显。

2.2.3　扭曲税渠道

地方政府影响经济增长的扭曲税渠道与债务资金的偿还过程密切相关，这反映了地方债在偿还环节的经济效应。用税收偿还到期债务是政府还债的最常见形式。班妮特和麦卡伦（Bennett & McCallum，1984）指出政府将受到"非蓬齐博弈"（No - Ponzi Game）条件的限制。奥康尼尔和泽尔德斯（Oconnell & Zeldes，1988）也指出，在投资人数量有限的情况下总有一部分人因必须永久性地持有政府债券而降低消费，与不持有政府债券的人相比他们的福利水平下降。因此没人愿意为政府的以新替旧买单，故政府部门需满足"非蓬齐博弈"的横截条件：$\lim\limits_{T\to\infty}R(t,\ t+T)^{-1}B_{i+T+1}\leq 0$，它表示末期债务余额的现值为零，因此财政可持续的跨期预算约束（IBC）条件便是政府现有债务不能超过未来各期财政盈余的现值之和。

由此可见，只要政府继续存在，其债务终将由未来的税收偿还。在公共支出不变的情况下，政府不得不通过提高税收以获取更高的收入额来偿还到期债务。若税收是中性的，那么这不会对经济产生影响，但现实中税收往往都存在扭曲性，会改变个人和企业的经济决策和行为，进而产生经济效率的损失。也就是说，现实中的税收体制本身是非中性的，为了还债而提高税收，则必然会加重这种扭曲性，对经济产生额外的不利影响。

政府征税会产生两种经济效应：收入效应和替代效应。收入效应是在商品相对价格不变的情况下，征税改变了消费者的实际收入，进而影响个人效用和福利水平。替代效应是征税改变了两种商品的相对价格，在收入不变的情况下，消费者对两种商品的最优组合选择发生变化，进而改变个人效用和福利水平。理论上一般将产生替代效应的税收称为扭曲性税收。

如图 2 - 10 所示，对替代效应和收入效应进行希克斯分解。假设有两种商品 x_1 和 x_2，征税前消费者均衡在 A 点。现对商品 x_1 进行征税，导致预算线发生变化，新的均衡在 B 点。征税导致商品组合改变和消费者效用水平降低，具体可分解为两部分：一是由于只对商品 x_1 征税，使商品 x_1 相对于商品 x_2 的价格变得更贵，使得消费者在实际收入不变的情况下减少对 x_1 的消费而增加对 x_2 的消费，一部分 x_1 被 x_2 替代了，这种由于两种商品相对价格变化而引起的消费数量的替代即为替代效应，如图从 A 点变动至 C 点的情况；从 C 点变动到 B 点，则是在两种商品相对价格不变的情况下，由于征税后消费者实际收入下降导致两种商品消费数量同比例下降带来的，即为收入效应。

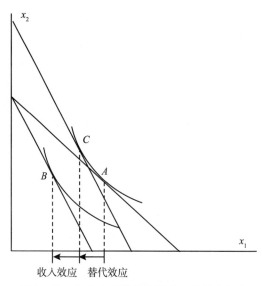

图 2-10　用扭曲税偿还到期债务的效率损失

上述替代效应使消费者行为产生了扭曲，偏离了市场最优均衡，而这种相对价格的改变是由征税带来的，并不能反映资源的稀缺性，因此盲目消费将导致效率损失。为了还债而提高税收将加重对消费者行为的扭曲，增大效率损失。

除了税收，地方政府还可运用其他收入来偿还债务。比如在中国，地方政府大搞"土地财政"，土地相关收入尤其是土地出让金占地方财政收入的比重较高，以土地出让金偿还债务的情况较为普遍，形成了以土地抵押贷款，获得资金搞基建投资，土地卖出后的价款扣除掉各项成本费用后用于偿还贷款本金的土地-债务循环模式。在这种模式下，债务的偿还依赖于土地收入的高低，债务的成本随着土地出让转嫁到了地价中。土地转让价格根据土地用途存在巨大差异，为了招商引资，对于工业用地地方政府往往压低出让价格，而商业用地和居住用地则按市场价格出让，这成为土地收入的重要支撑。商业用地主要用于开展商业、旅游、娱乐活动，地价从土地购买者（开发商）转移到商户再转移到最终消费者，即消费者在购买商户提供的商品和服务时实际承担土地成本进而承担地方债成本；居住用地主要用于修建居民住宅及相关配套设施、绿地等，地价从土地购买者（开发商）转移到最终购房者，即居民在购买房屋时实际承担土地成本进而承担地方债成本。地方债务以土地出让金偿还的成本转嫁路径如图 2 – 11 所示。

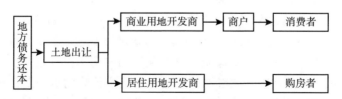

图 2 – 11 地方债务以土地出让金偿还的成本转嫁路径

如图 2 – 11 所示，地方债的偿还通过土地出让中的商业用地转嫁到最终消费者的路径，其经济效应类似于流转税，即通过提高商品卖价的方式将成本向前转嫁给购买方。这种转嫁方式必然会改变价格体系，扭曲消费者行为，因此带来经济效率损失。地方债的偿还通过土地出让中的居住用地转嫁到最终购房者的路径，其经济效应与用房产税偿还债务有所不同。有的国家比如美国，地方债与土地市场密切相关，但这个关系的纽带是房产税，即用房产税还债。房产税是一种房产持有期间负担的财产税，购房者需在未来持有房子的过程中按期缴纳税收。理论上来说，作为购房者可通过压低房屋买价的方式将税负转嫁给卖方者，即税收资本化。而土地出让金作为地价组成部分，在土地卖出时一次性转嫁给开发商，再由开发商将该成本在卖出时一次性转嫁给购房者，显然这种方式与流转税类似，因此也会对经济产生扭曲，造成效率损失。

2.2.4 债务资本化渠道

地方政府往往将财产税作为其偿还债务的资金来源，政府举债会导致未来财产税的提高。在房产交易时，买方会用压低房价的方式将这部分税收转嫁给卖方，由此导致房产价值毁损。这会带来人口跨区域流动，进而对经济产生影响。"债务资本化"因其与一般扭曲税的传导机制有所不同，故有必要进行专门分析。

假设存在两个完全同质的地区 A 和 B，人口规模均为 n，向居民提供公共服务的价格也完全一样，在每一期居民都将获得外生给定的一笔收入

w_t。假定居民可在两地区之间自由流动，且流动成本为零。两地区房屋的价格分别为 p 和 q，由于两地区同质，那么很容易得到均衡时两地区价格关系为 $p=q$。现假定两个地区都将为居民修建能增进其效用的公共产品，比如面积完全相同的公园。将提供公园的成本标准化为 1，假定公园面积为 H，人均面积则为 $h=H/n$，则两个地区公园的人均建造成本均为 h。不同的是，地区 A 采用一次性收税的形式为修建公园筹集资金，而地区 B 采用发行地方政府债券的形式集资，并在随后的时期用税收还债，人均债务即为 h。假设债务期限为无限期，则地区 B 在举债后的每一期都将产生利息 hr。忽略修建公园所需的时间，即修建公园的费用一旦筹集到位，则公园便可投入使用，居民可从中获得效用。

有了公园以后，地区 A 的居民不用再负担任何费用，便可以免费获得公共品的好处，而地区 B 的居民为了享受同质同量的公共品则需在未来每一期负担与利息成本相等的税额 hr，在这样的情况下，两地区房屋价格将很难继续保持相等。因为如果此时两地区房屋价格仍然相等，即 $p=q$，那么必然会有一部分居民从地区 B 迁移至地区 A（迁移成本为零），以躲避为还债而产生的赋税。更多的人口流动至地区 A，必然增加当地的房屋需求，在房屋供给不变的情况下必然推高地区 A 的房价；而地区 B 由于人口流失，造成房屋供过于求，必然导致房价下跌。这一人口流动过程带来的结果是地区 A 的房屋价格将高于地区 B，直到两地的房屋价格差距正好与地区 B 未来赋税的现值相等，否则从地区 B 迁移至地区 A 就是有利可图的。因此，新的均衡条件需满足两地区价格存在如式（2-1）的关系：

$$p = q + hr \times \frac{1}{r} = q + h \qquad (2-1)$$

从式（2-1）可以发现，人均债务 h 已完全资本化到了房屋价格之中，居民无论在哪个地区居住，都是无差别的。换句话说，在均衡状态下，政府无论是用税收还是举债为公共品融资，对居民来说都是一样的，这便是"李嘉图等价定理"针对地方政府债券的情况，与国债不同，在地方层面的"李嘉图等价定理"源于债务（税收）资本化。

但上述分析非常理想，因其假定居民与地方政府拥有相同的借贷利率。显然，在现实中，由于二者的信用状况差异，借贷利率水平是不一样的。从还款来源来说，地方政府有未来税收做保证，比居民个人收入的可靠程度高得多；地方政府拥有中央政府的隐性信用背书，即使发生财政困难，金融机构也会相信其会得到上级政府的救助；在单一体制下，地方政府几乎不可能破产,但居民个人信用破产的概率要大得多。因此,尽管居民借贷存在因借贷期限、方式等不同造成的多样化借贷利率,但一般来说由于政府信用更好,地方政府借贷的利率水平会比居民个人更低。那么此时,居民对政府举债和收税的偏好将不再一样。假设地方政府举债的利率水平为 r_g,居民举债的利率水平为 r_i,这同时也是居民的时间偏好。那么两地区均衡条件变为:

$$p = q + hr_g \times \frac{1}{r_i} \qquad (2-2)$$

接下来,我们将在居民和地方政府借贷利率异质的情形下,分别讨论不选择迁移和选择迁移的居民对政府举债和收税的偏好。与前述相同,仍然是地区 A 以收税为公园筹资,地区 B 以举债为公园筹资。首先,考虑居民选择永久性的居住在原来的地区,不发生迁移。这种居民在地区 A 的效用最大化问题表示为:

$$\max_{(c_t, h)} \sum_{t=0}^{\infty} \frac{u(c_t, h)}{(1+r_i)^t}$$

$$\text{s. t.} \sum_{t=0}^{\infty} \frac{w_t}{(1+r_i)^t} = \sum_{t=0}^{\infty} \frac{c_t}{(1+r_i)^t} + h \qquad (2-3)$$

在地区 B 不迁移的居民效用最大化问题表示为:

$$\max_{(c_t, h)} \sum_{t=0}^{\infty} \frac{u(c_t, h)}{(1+r_i)^t}$$

$$\text{s. t.} \sum_{t=0}^{\infty} \frac{w_t}{(1+r_i)^t} = \sum_{t=0}^{\infty} \frac{c_t}{(1+r_i)^t} + h \times \frac{r_g}{r_i} \qquad (2-4)$$

通过式(2-3)与式(2-4)比较可知,由于 $\frac{r_g}{r_i} < 1$,所以地区 B 的不迁移居民可用于私人消费的预算更多,效用水平更高。也就是说,在公共支出不变的情况下,政府举债会使居民可用于个人消费的预算增加,与收税相比更加富有,这种财富效应将提高个人的消费水平。对于不迁移的居民来说,政府举债比收税更好。

同时,还要考虑另一类居民,他们将在下一期迁移出地区 A 和 B,离开时将获得房产出售收入。对于地区 A 的此类居民来说,效用最大化问题可表示为:

$$\max_{(c_t, h)} \sum_{t=0}^{\infty} \frac{u(c_t, h)}{(1+r_i)^t}$$

$$\text{s. t.} \sum_{t=0}^{\infty} \frac{w_t}{(1+r_i)^t} = \sum_{t=0}^{\infty} \frac{c_t}{(1+r_i)^t} + h - \frac{p}{1+r_i} \qquad (2-5)$$

将式（2-2）代入式（2-5）可得：

$$\sum_{t=0}^{\infty} \frac{w_t}{(1+r_i)^t} = \sum_{t=0}^{\infty} \frac{c_t}{(1+r_i)^t} + h - \frac{q + h \times r_g/r_i}{1+r_i} \qquad (2-6)$$

整理可得：

$$\sum_{t=0}^{\infty} \frac{w_t}{(1+r_i)^t} = \sum_{t=0}^{\infty} \frac{c_t}{(1+r_i)^t} + h \times \left[1 - \frac{r_g/r_i}{1+r_i}\right] - \frac{q}{1+r_i} \qquad (2-7)$$

对于地区 B 的迁移居民来说，效用最大化问题可表示为：

$$\max_{(c_t, h)} \sum_{t=0}^{\infty} \frac{u(c_t, h)}{(1+r_i)^t}$$

$$\text{s. t.} \sum_{t=0}^{\infty} \frac{w_t}{(1+r_i)^t} = \sum_{t=0}^{\infty} \frac{c_t}{(1+r_i)^t} + h \times \frac{r_g}{1+r_i} - \frac{q}{1+r_i} \qquad (2-8)$$

通过式（2-7）与式（2-8）比较可知，由于 $\frac{r_g}{1+r_i} < 1 - \frac{r_g/r_i}{1+r_i}$，因此地区 B 的迁移居民可用于私人消费的预算更多，效用水平更高。也就是说，在公共支出不变的情况下，政府举债会使居民可用于个人消费的预算增加，与收税相比更加富有，这种财富效应将提高个人的消费水平。对于迁移的居民来说，政府举债比收税更好。

通过以上分析可知，无论是对于不迁移还是迁移的居民来说，政府举债都比收税要好。也就是说，当居民和地方政府存在借贷利率差异时"李嘉图等价定理"不成立，人们更偏好于政府通过举债来为公共支出融资，此时人们将增加消费支出。因此，地方政府举债会产生财富效应，促使人们提高消费水平，进而促进经济增长。

政府举债和收税对消费者最优效用的影响可通过图示简单直观地表现出来。不失一般性的，假设居民存在两期，预算约束即为：

$$c_1 + c_2/(1+r_i) = w_1 + w_2/(1+r_i) \qquad (2-9)$$

其中，c_1 和 c_2 是居民两期的消费水平，w_1 和 w_2 是居民两期的收入水平，r_i 是居民借贷利率同时也是时间偏好。由于假定收入水平外生给定，故将两期收入水平之和简化为常数 $\bar{w}$，也不影响结论，即：

$$\bar{w} = w_1 + w_2/(1+r_i) \qquad (2-10)$$

于是可得无公共支出、政府举债和收税用于公共支出三种情况下的居民消费预算约束如下：

无公共支出时：

$$c_1 + c_2/(1 + r_i) = \bar{w} \tag{2-11}$$

政府收税用于公共支出时：

$$c_1 + c_2/(1 + r_i) = \bar{w} - h \tag{2-12}$$

政府举债用于公共支出时：

$$c_1 + c_2/(1 + r_i) = \bar{w} - h \times \frac{r_g}{r_i} \tag{2-13}$$

将三种情况用图形表示，如图 2-12 所示，预算线 EF 即为无公共支出时居民的消费预算约束，对应于数学表达式（2-11）。预算线 UV 即为政府利用税收为公共支出融资时居民的消费预算约束，对应于数学表达式（2-12）。由于消费者的一部分收入 h 用于缴税，导致可用于消费的预算减少，因此预算线从 EF 向左平移 h 的距离到达 UV 的位置。预算线 MN 即为政府利用举债为公共支出融资时居民的消费预算约束，对应于数学表达式（2-13）。此时消费者的一部分收入需要用于偿付政府为提供公共品而产生的债务本息，导致可用于消费的预算减少，但减少的比重小于 $h\left(\dfrac{r_g}{r_i} < 1\right)$，因此预算线 EF 向左平移的距离小于 h，达到 MN 的位置。

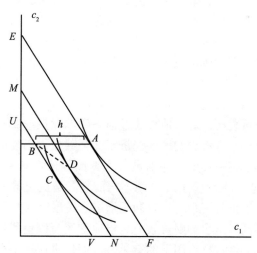

图 2-12　借贷利率异质下政府收税与举债两种方式对居民消费的影响

在无公共支出时，即政府即没有收税也没有举债，消费者在无差异曲线和预算线 EF 的切点 A 处获得效用最大化；当政府通过一次性税收 h 提供公共品时，消费者的预算线向左平移至 UV，在与无差异曲线的切点 C 处获得效用最大化。由于此处只分析居民私人品消费效用的变化，并未包含居民从公共品消费中所获得的效用增进，因此显然私人品消费的效用水平是低于 A 点的。消费者的一部分效用被公共品消费效用替代，其总效用是降低还是增加取决于消费函数具体形式。居民的私人品消费效用水平从 A 点下降到 C 点的具体过程是：消费者原来的均衡点位于 A，当政府向居民收取一次性税收 h 用于公共品融资时，消费者税后收入直接下降 h 个单位，当期消费水平 c_1 直接从点 A 平移至点 B，减少 h 个单位。由于消费者对当期和未来期的跨期消费偏好（时间偏好）仍然是 r_i 并未发生变化，因此消费者会通过调整在新的预算约束 UV（斜率与 EF 相同）之下的两期消费数量，以应对此税收冲击带来的影响，实现在新情况下的效用最大化，于是消费水平从 B 点沿着新预算线 UV 移动至 C 点，达到新的均衡。

当政府通过举债为公共支出融资时，消费者预算线从 EF 向左平移至 MN，平移距离小于 h，此时消费者在 MN 与无差异曲线的切点 D 处达到效用最大化。同样，由于存在公共品消费对私人品消费的替代，因此私人品消费规模和效用水平均低于原有均衡 A 点，但比政府收税时消费者可达到的水平高。因为在收税和举债两种情形下，消费者所获得的公共品消费效用相等，而私人品消费水平 D 高于 C，因此居民的总效用在政府举债时比收税时更高。在税收冲击下，居民只能在时间偏好 r_i 的跨期替代约束下通过调整两期消费量到达效用最大化的均衡点 C，但如果地方政府能以比居民 r_i 更低的利率 r_g 借贷资金，那么就能够使居民以 BD 路径平滑冲击，进而达到更高的效用最大化水平点 D。

通过上述分析表明，地方债会通过债务资本化渠道影响房产价值，带来人口跨区域流动，进而影响地区经济。在公共支出不变的情况下，举债和收税的经济影响是一样的，即满足"李嘉图等价定理"。但当居民存在借贷约束时，"李嘉图等价定理"便不再成立。居民更倾向于地方政府通过举债来为公共支出筹资，这样有利于增进居民财富。与"债务幻觉"产生的财富效应不同，这里的财富效应是当地方政府以更优惠的条件进入信贷市场时，居民理性选择作用下的结果，进而促进居民消费的增加，有利于经济增长。财富效应的大小与地方政府和居民借贷利率的差距相关，差距越大，则财富效应越明显，地方举债对居民消费的促进作用越显著。

2.3　地方债与货币供给的作用机制

2.3.1　货币供给理论

　　长期以来，主流理论界对货币供给存在着内生与外生两种看法，并由此提出了不同的政策见解。而作为 20 世纪 90 年代以来逐渐形成的一种非主流经济学理论，现代货币理论（Modern Money Theory，MMT）在 2019 年获得了包括学术界、政界、金融业界在内的社会各界的广泛关注。对这些货币供给理论进行梳理和回顾，有助于深入理解地方债与货币供给的传导机制。

2.3.1.1　外生货币供给理论

　　古典货币数量论假定货币收入速度稳定，因而也假定货币需求稳定，与此同时，古典货币数量论也假定经济社会在长期内必然会处在充分就业状态，因而社会的实际产量也是不变的。这样，货币数量的变化只能影响价格（包括物价和工资）的同幅度同方向变化，即货币数量只影响经济活动中的名义变量，不影响其实际变量，这也是古典货币数量公式 $MV = PY$ 的基本含义。古典货币数量论认为货币是外生的，即是由政府控制的，因而担心货币供应量与收入及价格水平的直接联系被政府利用，从而过多发行货币导致通货膨胀等不良后果。古典货币数量论者主张货币控制权应由独立的中央机构和专业人员掌握，机械地令货币供应量的增长速度与经济的长期增长速度相一致。

　　以弗里德曼为代表的现代货币数量论（即货币主义），继承了古典货币数量论的观点（货币需求函数稳定、货币在长期是中性的、私人经济可以自身稳定或长期充分就业），并且进一步提出货币供应量是最重要的政策变量，货币供应量的增长是决定名义 GDP 增长的主要的系统的因素，或者说两者之间存在着直接的传递机制。通货膨胀只是一种货币现象，用弗里德曼的话说，"通货膨胀是而且只能是由于货币数量的增长快于产出的增长造成的。从这个意义上说，通货膨胀在任何时候任何地方都是一种货币现象。"因而，要稳定物价必须要稳定货币供应量增长率。货币数量论不仅是一个比例关系式（$MV = PY$），而且是一种因果联系的说明，也就是说货币数量（M）是原因，价格（P）是结果。具体来说，货币数量论认为，货币的流通速度（V）是相对稳定的外生变量；产出（Y）是与货币数量无关的外生变量，也就是说货币是中性的；货币数量是一个自变量，它由特定的制度（如中央银行）决定；相应地，价格是方程式中的因变量。于是，在其他条件不变的情况下，货币数量的变化决定了价格水平的变化。

新古典综合派（也称新古典凯恩斯主义）在以上观点上与货币主义存在分歧，认为货币供应量的增长与名义 GDP 增长只存在间接传递机制，其中最重要的中间变量或政策变量是利率，即货币经济首先通过利率影响到投资，然后通过乘数效应对 GDP 增长产生影响。虽然货币主义与新古典综合派在货币的作用方面存在分歧，但他们都同意货币供给是由中央银行外生决定的。

2.3.1.2　内生货币供给理论

从经济思想史上看，"货币内生说"早已有之。早在 1767 年，英国古典经济学家詹姆斯·斯图亚特在《政治经济学原理》中就曾提出货币供应是与其经济体系的活动相适应的，而不是由政府决定。1776 年，现代经济学的创始者亚当·斯密在《国富论》中也提出货币供给是由经济体内的经济活动创造而非政府创造的。到 19 世纪末，瑞典学派的创始人威克塞尔进一步提出了货币供给是由货币需求决定的内生变量。而系统地提出货币内生原理的当属马克思的货币理论。马克思经济学以劳动价值论为基础，在分析资本主义信用关系发展和性质时，提出现代商业银行货币供给制度是维系资本主义信用关系从而实现货币扩张的基础。马克思在将价值理论与货币理论相结合中展示出一个以现实资本主义经济或市场经济关系为分析基础的内生货币理论，可以说内生货币供给理论是马克思货币理论的核心。

凯恩斯根据早期经济学家对货币内生论的论述，在其 1930 年出版的《货币论》中比较明确地提出，货币供应是由企业和个人商业银行的贷款决定的，是内生变量，并非由中央银行控制决定的外生变量。凯恩斯关于货币供给理论的这一论述，后来得到了诸如明斯基、戴维森、卡尔多、摩尔等后凯恩斯主义经济学家更为明确的阐释。他们认为银行贷款对货币供给有因果作用，当人类经济社会进入以商品经济为基础的信用货币阶段后，货币供给便主要是由商业银行贷款提供的。中央银行向经济体内投放基础货币的多少与商业银行、企业及家庭的经济活动相关联，是由经济主体的内生需求决定的。所以是银行贷款创造存款，即货币需求创造货币供给，而不是央行在主动地向经济体内注入货币，所以央行不能有效地控制基础货币供应量。由此可以推断出，决定货币供应量大小的基础货币也可以被视作内生的。由以上分析可以推导出这样的结论，如果一国中央银行不能调控好其经济体内部的贷款量，那也就无法调控好经济体内部的货币存量。

传统理论认为银行的作用只是连接借款人和存款人，银行通过吸收存款来实现贷款，信贷箭头指向为存款→银行→贷款，这里的银行贷款在货币供给中不起决定性作用。而后凯恩斯货币经济学则强调银行贷款对货币供给有原因性作用，货币供给是内生的，信贷箭头是逆向指向，具体来说，第一，银行贷款创造存款，即贷款→存款。银行的贷款业务除需要正常吸收储户存款外，主要是通过扩大自身的资产和负债来扩张信用，创造贷款，然后产生存款。贷款的信用扩张，从根本上说是源于企业的信贷需求或融资需求动机。商业银行只需要寻找储备资产来保证这些存款达到准备金的要求，而中央银行则作为最后贷款人有义务保证准备金的可用性以及存款的流动性。第二，投资决定储蓄。企业为生产需要进行投资融资，但投资不需要储蓄或存款作为支撑。只要这个国家的经济资源没有被完全利用，完成经济活动所需要的资本投入就取决于借款者的信誉和已经存在的金融规则。在这里，投资与储蓄的因果关系被逆转，与货币数量论主张的由货币到收入的因果关系相反。

在内生货币供给理论方面，新凯恩斯主义存在三种不同的观点，即适应主义的观点、结构主义的观点以及流动性偏好的观点。第一，适应性内生供给理论。持这种观点的有温特劳等（Weintraub et al.，1978），卡尔多（Kaldor，1985）等。温特劳等（1978）通过模型证明对于与名义收入增加相联系的任何货币需求的增加，中央银行都被迫采取了增加货币供应的行动，直到使增加了的需求得到充分满足为止。这时货币政策只不过是在起一种"支撑职能"，毫无主动可言。货币供给表面是外生的，但实质上是内生的。第二，结构性内生供给理论。持这种观点的有摩尔（Moore，1989）、帕利（Palley，1991）等。与适应性内生供给不同的是它引入了银行持有的二级准备金和银行关于资产负债决策的模型。结构主义观点认为，中央银行通过公开市场操作来努力控制非借入准备金的增长，从而对准备金的可获得性施加了明显的数量限制。该观点认为贴现窗口借贷并非对公开市场操作的相近替代。强调中央银行限制非借入准备金的增长时，额外的准备金通过负债管理方法内生于金融结构本身。第三，流动偏好的观点。在波林（Pollin，1991）对后凯恩斯主义内生货币供给理论所做出的著名总结中，提到了适应主义的观点和结构主义的观点。戴姆斯科和波林（Dymski & Pollin，1993）把流动性偏好的观点融入内生货币供给理论之中，认为银行将无法满足存款者进行支付的存款需求，如用于偿付其他银行的大量货币需求将会导致银行流动性的不足，致使其资产缺乏流动性。流动性偏好的观点在承认内生货币供给理论的核心即在贷款创造存款的基础上，进一步说明了从存款到贷款过程的因果关系。

2.3.1.3　现代货币理论

现代货币理论（Modern Money Theory，MMT）大致诞生于 20 世纪 90 年代，其理论渊源最早可以追溯至一百多年前。主要的研究者包括美国康涅狄格大学的莫斯勒、巴德学院的雷、密苏里大学堪萨斯分校的凯尔顿和福斯塔特，以及澳大利亚纽卡斯尔大学的米歇尔和沃茨等。他们继承并扩展了乔治·弗里德里希·科纳普（Georg F. Knaapp）的国家货币理论、米切尔·因内斯（A. Mitchell Innes）的内生货币理论、阿巴·勒纳（Abba Lerner）的功能性财政、海曼·P. 明斯基（Hyman Minsky）的金融不稳定假说和戈德利（Wynne Godley）的部门平衡等经济学理论。

在对纸币进行考察时，亚当·斯密发现同样是不可兑换的纸币，有些可以足值甚至溢价流通，而另一些只能打折流通。他将这种区别归因于该纸币是否可用于缴税，同时他将决定纸币价值的因素归结为两点：政府对这种纸币的接受度和其发行数量。

20 世纪 20 年代，德国历史学派经济学家克纳普（Georg Fridrich Knapp）提出国定货币学说。他认为根据对货币本质属性的认识不同，货币理论被划分为金属货币学说（Metallism）和国定货币学说（Chartalism）。金属货币学说的典型代表是马克思对货币性质的描述：货币与其他商品相同，包含由劳动所创造出的价值，但由于其物理上的特性而转化为一般等价物。继而在商品经济中产生了所谓的"货币拜物教"，货币由商品转化为一般等价物后就具有了特殊性质，成为资本家进行生产的起点和终点，对经济体系产生了重要影响。国定货币学说则主要强调货币在符号上的意义，认为这种符号的价值产生于政府的强权，而非货币材质自身的价值。

凯恩斯继承和发展了国定货币学说，尤其是强调了"记账货币"（money of account）与"货币物"（money thing）的区分。凯恩斯在 1930 年出版的《货币论》中便开宗明义地表达了这一观点，全书第一句话即为"计算货币是表示债务、物价与一般购买力的货币，这种货币是货币理论中的原始概念"。他解释了两种货币的含义："计算货币是表征和名义，而货币则是相应于这种表征的实物""其间的不同之处正像英国的国王和乔治王之间的区别一样"。与克纳普一致，凯恩斯也认为政府具有两方面的权利，即决定记账货币单位和何种货币物可以被接受。"当国家要求有权宣布什么东西可以作为符合现行计算货币的货币时，当它不只要求有权强制执行品类规定，而且要求有权拟定品类规定时，就达到了国家货币或国定货币时代"。进而，他认为"所有现代国家（Modern States）都要求这种权利，而且至少从四千年以来，国家就有这种要求"，并且"现在一切文明国家的货币无可争辩地都是国定货币"。后来的经济学家正是借用了"现代国家"这个词，认为现代国家所发行的货币就是现代货币，由此形成了现代货币理论（MMT）。根据切尔涅瓦（Tcherneva，2007）的总结，以克纳普和凯恩斯为代表的国定货币学说的观点可以概括为以下七点：第一，将货币起源看作充当交易媒介、降低交易成本的观点并没有在货币史中找到证据；第二，只有从文明和制度发展的角度才能对货币有更全面的认识，这需要强调货币的社会因素和政治因素；第三，国家货币真实起源于公共部门；第四，货币的本质是社会关系，确切地说是一种债权债务关系；第五，全社会的债权债务关系是一个金字塔式的层级结构，其中国家货币位于这个金字塔的最顶层；第六，货币最初以及最重要的职能是价值尺度，其次是支付手段和债务清偿手段，而交易媒介职能是之后衍生出来的；第七，记账货币是货币理论中的原始概念，其产生时间早于货币物。

功能性财政主张的提出者勒纳是国定货币学说的主要拥护者，他首先强调了对货币的"接受度"是货币价值的决定因素，而这个接受度又取决于政府征税的货币限制以及政府征税的能力。当一些社会出现了金融体系紊乱或者政府失去征税能力时，烟草、外汇等用于市场交易的货币替代品才会被广泛使用。德国魏玛共和国和中国在国民党统治时期出现的恶性通货膨胀，都是与政府失去了对广大地区的征税权相关。此外，勒纳还对国家货币和银行货币之间的关系进行了细致分析：货币体系是由国家货币和银行货币共同构成的层级结构，国家货币的价值来自于政府的税收要求，而银行货币的价值则来自其与国家货币之间的兑换能力。银行为保持这种兑换能力，而部分持有中央银行的准备金。勒纳的挚友明斯基认为政府接受银行券支付的本质在于银行持有的央行储备，最终支付是商业银行将其超额准备金划拨给央行。"公众将银行存款视为货币，银行则是将其在美联储的储备存款视为货币。这是当前货币和银行体系最基础的层级结构。"这一货币银行结构还导致了中央银行很难获得独立性。

明斯基的学生雷（Wray，2015）及其他一些后凯恩斯主义学者（Niggle，2000；Mathew，2006）在综合以上这些货币学说思想的基础上，提出了现代货币理论。这一学说也被称作新国定货币学说（Neo - Chartalism）、货币国定论（money as a creature of the state）或税收驱动货币（tax-driven money）。这些名称都显示了后凯恩斯经济学对国定货币学说的最新发展。他们统一了政府货币、银行货币和其他私人货币之间的关系，将全社会的借据归纳为一个金字塔型结构。最顶层是政府借据（高能货币和国债）、中间是银行借据（银行存款）、最底层则是非银行借据（非银行金融工具和民间借据）。从金字塔的顶端向下，信用评级越来越低，利率越来越高，借据的规模也越来越大。下层的借据需要用上一层的借据进行清算，而处于最顶端的政府借据是不需要清算的，只需由政府规定部分人的缴税义务并宣布要用政府借据进行缴税即可。

2.3.2 地方债对货币供给的影响机制

理论的发展始终与现实实践密切相关，二者相辅相成，不断演化推进。从现实经济的发展和各国尤其是市场经济发达国家的实践来看，内生货币供给理论是符合现代经济金融的发展现状和趋势的，反映了客观经济发展规律的演变。近年来中国经济金融界的许多研究结果也表明，中国的货币供给确实具有明显的"内生性"（王有光，2009；于宾等，2013；郭殿生和吴丽杰，2015；阎毅和张明勇，2018；孙国峰，2019）。尤其要理解中国地方政府举债与货币供给的关系，需要借助货币内生论给予解释。

从表面上看，中央银行创造基础货币，基础货币与广义货币之间保持着货币乘数的倍数关系，这是货币数量论的基本观点。这样看来，中央银行是货币创造的核心，货币供给外生于市场。然而，基础货币、货币乘数与广义货币三者之间的关系只是统计意义上的平衡式，并不能真正反映银行信用体系下货币的产生机制。事实上，商业银行能通过贷款创造出存款货币，因此货币需求（贷款）与货币供给（存款）天然相等，后者完全由前者决定。而中央银行所持有的基础货币（如准备金）只是在贷款创造存款的货币内生过程中强制抽取的一定比例，以达到中央银行调节和控制信贷规模和货币供应量的目的，否则商业银行创造出的货币量将是无限的。但这并不意味着中央银行能替代银行体系的货币创造功能。而且，为了保证银行体系的安全，中央银行往往通过非常规货币政策手段向银行注入流动性以满足其贷款扩张而带来的准备金需求。可见，此时准备金这种基础货币规模并不完全受中央银行的控制，而是在被动地适应存款货币的增长。正因如此，为了提高货币政策的有效性，各国央行的政策手段逐渐由数量型转向价格型，调控工具从货币供应量转向利率，调控的逻辑从控制货币供给转向调节货币需求：利率能改变资金成本，进而直接影响货币需求，货币供给自然随之变化。

地方政府举债成为银行的贷款需求方，贷款协议一旦达成，地方政府的举债额便通过银行体系创造出等额的存款货币，从这个意义上讲，地方政府向银行举债会增加货币供给。当然，如果贷款协议不能达成，则相应的货币创造将不复存在。但事实上，一方面，在晋升激励和预算软约束的体制背景下地方政府有强烈的举债需求；另一方面，中国商业银行体系的体制特征决定了银行在主动和被动的多重激励下有应债供给，因此双方很容易达成合作。

图 2 - 13 详细描述了地方政府举债对货币供给的影响机制。地方政府举债的经济效应产生于资金举借和使用的全过程，因此将该过程分解为收入端和支出端两个渠道进行分析。在收入端，地方政府作为需求方向银行举借资金，从量上来看，这会增加信贷需求，内生货币供给机制下的存款供给随之提高，进而广义货币供给上升；从价上来看，地方政府举债会推高市场利率，由于贷款利率先于存款利率上升，因此银行信贷利差扩大，刺激银行扩张信贷规模，而存贷款规模的增加带来广义货币供给上升，这是地方政府举债的货币扩张效应的第一个表现。同时，由于利率上升，私人投资需求受到抑制，投资规模下降，这会导致短期产出和资本积累的减少，产生挤出效应。银行信贷规模上升，意味着银行资产负债规模表扩张，作为银行资产的地方政府债券和私人股权资产的规模均会增加，但前者增加的比例高于后者（因地方政府债券对私人股权资本产生挤出效应），

因此银行资产组合表现为私人股权资产占比下降，地方政府举债对其产生信贷挤出。私人股权资产由资产价格和资产数量两方面构成，随着私人资本积累的减少，私人股权资产的数量下降，意味着资产总规模的提高全部转化为资产价格的上升，资产泡沫化风险增加，这是地方政府举债的货币扩张效应的第二个表现。

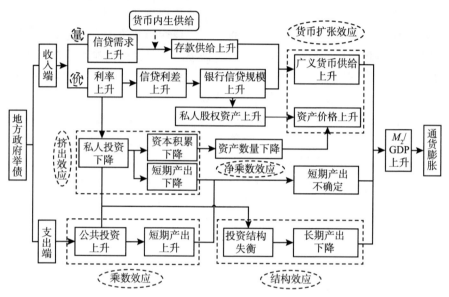

图 2-13　地方政府举债对货币供给的影响机制

从支出端来看，地方政府举债获得的资金将用于公共投资，在乘数效应的作用下将提高短期产出。由于在前述挤出效应的作用下私人投资减少导致短期产出下降，因此短期产出的最终变化取决于乘数和挤出效应的加总结果，即净乘数效应的大小，具体如图 2-14 所示。信贷挤出是地方政府举债导致银行信贷资源向地方政府债券倾斜而对私人股权资产产生的挤出效应，真实挤出是地方政府举债资金用于公共投资而对私人投资机会产生的挤出效应，二者之和即为总挤出效应。乘数效应和挤出效应的大小与边际消费倾向和投资的利率弹性等因素相关。若乘数效应大于挤出效应，则净效应为正，短期产出增加，否则短期产出减少，因而存在不确定性。随着私人投资下降和公共投资上升，社会整体的投资结构会偏离均衡状态，产生资源配置扭曲，这种结构性失衡将导致长期产出下降。

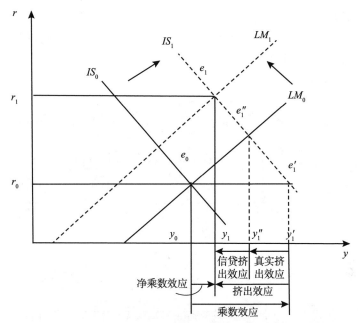

图 2 - 14 地方政府举债的短期经济效应

将收入端和支出端的经济效应联合起来看，地方政府举债具有货币扩张
效应，导致广义货币供给增加，而净乘数效应和结构效应导致短期产出不确
定和长期产出的下降。那么广义货币供给与产出的比值 M_2/GDP 在长期会上
升，在短期也很可能上升。因为如果净乘数效应为负，短期产出下降，那么
该比值肯定上升；如果净乘数效应为正，短期产出虽然上升，但只要其上升
比例不超过货币扩张的程度，该比值也会上升。M_2/GDP 上升意味着货币的
产出效应下降，要推动单位产出增加需要花费更多的货币资源。而且更多的
货币追逐更少的产品，极易带来资产价格上升进而加剧通货膨胀风险。

2.3.3 地方债与货币政策的协同配合机制

通过上述分析可以看到，地方政府举债用于公共投资能在短期起到净
乘数效应进而刺激产出增加，但同时具有货币扩张效应，会带来 M_2/GDP
上升引发资产泡沫和通货膨胀的风险。因此货币政策协同配合具有必要
性，能最大程度地提高政策效果，减缓负面效应。为达此目的，二者如何
协同配合显得尤为重要，应根据经济形势的具体状况，采取适合且适度的

配合措施以提高政策效力，具体如图 2-15 所示，当前经济系统正面临一个负向的外部冲击，该冲击的性质不同将对经济形势产生差别影响，因此政策的协同配合需审慎分析，"对症下药"。

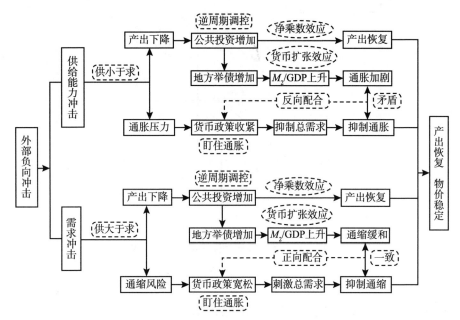

图 2-15   地方政府举债与货币政策的协同配合机制

如果经济系统当前面临的是对供给能力的负向冲击，即会造成社会整体供给能力下降，呈现供小于求的经济形势。供给能力下降会导致社会整体产出锐减，而供小于求的经济状况会推升通货膨胀。面对产出下降和通胀压力，财政政策和货币政策将应声启动发挥宏观调控功能。一方面，产出下降将触发逆周期调控的财政政策增加公共投资，通过净乘数效应促进产出恢复。同时，加大公共投资会增加地方政府举债，举债的货币扩张效应将推高 M_2/GDP 比值，加剧当前的通货膨胀状况。另一方面，通货膨胀上升将触发盯通货膨胀的货币政策收紧，通过提高利率来抑制社会总需求，缓解供小于求的经济形势，达到抑制通货膨胀的目的。但此时财政政策与货币政策的政策效果产生矛盾，地方政府举债的货币扩张效应增加了货币政策控制通货膨胀的难度。为此，二者应进行反向配合以化解矛盾，即货币政策将地方政府举债行为纳入考量，设置利率提升程度与举债规模保持适当比例，举债规模越大利率提升越多，从而抵消和压制地方举债的货币扩张效应。这意味着财政政策越宽松，货币政策反而越从紧，因此是一种反向配合的政策组合。通过这样的协同配合，最终实现产出恢复、物价稳定的政策目的。

如果经济系统当前面临的是对需求的负向冲击，即会造成社会整体需求下降，呈现供大于求的经济形势。需求减少会导致社会整体产出水平下降，而供大于求的经济状况会引发通货紧缩风险。面对产出下降和通货紧缩风险，财政政策和货币政策将应声启动发挥宏观调控功能。一方面，产出下降将触发逆周期调控的财政政策增加公共投资，通过净乘数效应促进产出恢复。同时，加大公共投资会增加地方政府举债，举债的货币扩张效应将推高 M_2/GDP 比值，缓解当前的通货紧缩状况。另一方面，通货紧缩将触发盯通货膨胀的货币政策放松，通过降低利率来刺激社会总需求，缓解供大于求的经济形势，达到缓解通货紧缩的目的。此时财政政策与货币政策的政策效果保持一致，地方政府举债的货币扩张效应缓和了通货紧缩状况，降低了货币政策应对通货紧缩的难度。此时，若二者继续保持反向配合，将抵消彼此的政策效果。因而，二者应进行正向配合，即货币政策将地方政府举债行为纳入考量，设置利率降低程度与举债规模保持适当比例，举债规模越大利率下降得越多，从而有效利用地方举债的货币扩张效应。这意味着财政政策越宽松，货币政策也越宽松，因此是一种正向配合的政策组合。值得注意的是，政策配合的时机和力度应精准并及时调整，避免力度过猛导致经济状况由通货紧缩风险转为通货膨胀压力。通过这样的协同配合，最终实现产出恢复、物价稳定的政策目的。

2.4　地方债的界定和分类

2.4.1　地方债的界定

对地方债的准确界定需要首先辨析几个与此相关的相近概念，包括公共债务、政府债务、国债、主权债务等。

从债务主体角度来划分，债务可划分为公共债务和私人债务。政府部门作为公共部门的核心，政府债务是公共债务的最重要组成部分。正因如此，人们在使用时常常将政府债务等同于公共债务来理解。根据新帕尔格雷夫经济学大辞典的解释①，其定义直接将公共债务等同于政府债务，可以理解为广义的政府债务。在中国，公共债务的判别标准由债务主体同政府或财政部门的资金来往关系决定。

地方政府作为政府的一个层级，其债务是以地方政府的信用为担保。主权债务往往是指以一国主权为担保向国外举借债务，属于外债概念范畴。2015 年之前，中国地方政府不具有法律赋予的举债权，《中华人民共和国预算法》也规定地方政府不能列赤字，不存在地方政府债务。正因如此，国内许多学者将中国的国债直接视为公共债务或政府债务。这种站在国家层面的界定，忽视了地方层级的债务，存在片面性。尽管从法律和形式上看，地方政府没有也不应该有债务的存在，但基于事实重于形式的原则，应该正视存在地方政府债务的实际情况。

这种界定的片面之处还表现在，只把发行债券和主动借款纳入债务范畴，忽视了其他或被动形成的、或应该承担而尚未兑现的支出责任和义务，如社保资金缺口、应付工程款等。除了法定责任，政府作为公共主体，还承担着道义责任，其在一定条件下可能转化为政府债务。比如，当某个银行或者一般企业的破产会对整个社会的稳定构成威胁时，政府出于防范系统性公共风险的目的不得不施以救助。此时，单个银行或企业的债务可能转化为政府的支出责任。可见，仅从法定责任去理解政府债务也存在片面性，忽视了政府作为公共主体与一般主体的区别。

随着地方债问题的凸显，人们对此问题的关注和认识也在提高，不少学者开始重新探讨地方债的界定问题。纵观已有文献和研究，本书认为应从以下几方面去理解和把握地方债：第一，应根据同政府或财政部门的资金来往关系来判定举借主体；第二，债务偿还的资金来源依靠地方财政性资金；第三，债务资金的用途具有公共性，主要用于公益性或准公益性的项目上。

2.4.2　地方债的分类

从上个小节对地方债的界定可以看到，其内涵和外延具有多层次、多

---

① 约翰. 伊特韦尔：《新帕尔格雷夫经济学大辞典（第三卷）》，陈岱孙等译，经济科学出版社，1996：1115－1116。原文："公债（政府债务）是政府方面的一种法律义务，按照规定的时间表政府应对法定的债权持有者支付利息，并应分歧偿还债务；公债是由于政府向个人、公司、社会事业单位及他国政府借款而产生的。"

维度的理解，包括广义与狭义之分、法定与道义之分、直接和间接之分等。鉴于此，本小节对地方债从不同视角作详细分类。

2.4.2.1　财政风险矩阵

世界银行高级经济学家波拉克科娃（Polackova，1998）提出的财政风险矩阵，从两个层次对政府债务进行了划分。第一个层次按照责任和义务产生的条件不同，将政府债务划分为直接债务和或有债务。前者产生的条件具有确定性，后者具有不确定性。第二个层次按照责任和义务产生的依据不同，将政府债务划分为显性债务和隐性债务。前者属于法定负债，后者属于推定负债（刘尚希，2005），具体如表 2－3 所示。

表 2－3　　　　　　　　　　　　　　财政风险矩阵

第二层次 ＼ 第一层次	直接债务（政府在任何条件下都无法回避的责任和应当履行的义务）	或有债务（在特定条件下政府必须承担和履行的责任及义务）
显性债务（有法律的明确规定、政府的公开承诺或政府的特定政策）	显性的直接债务	显性的或有债务
隐性债务（在政府职能中隐含着应当承担的"道义"责任，或者出于现实的政治压力而不得不去清偿全部或部分已经发生的债务）	隐性的直接债务	隐性的或有债务

财政风险矩阵把政府既是经济主体，同时也是公共主体而应该承担的责任和义务全面清晰地反映了出来，拓宽了对政府债务理解的层次和维度，为各国政府债务管理提供了重要的参考标准。

2.4.2.2　直接债务与或有债务

审计署在对政府债务进行全面审计时，提出了"政府性债务"的概念，并将其分为三类，具体如表 2－4 所示。

表 2 - 4 政府性债务分类

地方政府直接债务	地方政府或有债务	
政府负有偿还责任的债务 （一类债务）	政府负有担保责任的债务 （二类债务）	政府可能承担一定救助责任的债务 （三类债务）
由财政资金偿还的债务	由政府提供担保，当某个被担保人无力偿还时，政府需承担连带责任的债务	政府不负有法律偿还责任，但当债务人出现偿债困难时，政府可能需要给予一定救助的债务

一类债务属于政府债务，二、三类债务均应由债务人以自身收入偿还，正常情况下无需政府承担偿债责任，属政府或有债务，政府债务和政府或有债务共同构成政府性债务。审计署对政府债务的认定标准强调分清责任主体，与 Hana 标准相比口径更窄。一、二、三类债务分别对应财政风险矩阵的显性直接债务、显性或有债务和隐性或有债务，而如社保基金缺口等隐性直接债务并未包含在内。

2.4.2.3 表内债务与表外债务

中国于 2014 年对地方政府存量债务进行了全面清理甄别和认定，将地方政府直接债务（一类债务）和或有债务（二、三类债务）统称为地方政府性债务，并纳入财政预算管理，预计通过三年时间将其全部置换为地方政府债券形式。因此，2015 年之后财政预算表中所反映的地方债包括新增债券、置换债券以及 2014 年认定为地方政府性债务而待置换的债务。这些债务均在财政预算表中直接反映，具有公开透明的特点，由地方债限额系统进行管理，因此被称为表内债务，即为显性债务，也称为系统内债务。

然而，2015 年之后地方政府继续通过其他方式违规变相举债，这部分债务并未在财政预算表内进行反映，故称为表外债务。因其未纳入地方债限额系统进行管理，不公开不透明，具有隐蔽性，故也称为系统外债务或隐性债务。可见，这里指的“隐性债务”与 Hana 的隐性债务内涵是不一样的。此处指的就是违规举借的债务，或者系统外债务，因此，准确来说，此处的隐性债务其实是“隐形”债务的意思，即未公开、不透明、隐蔽的债务。而且，这类债务尚未经过清理甄别，处于政府债务与企业债务的中间地带。隐性债务由于并未在中国地方政府预算表中反映，因此也称为表外债务。

隐性债务第一次被最高领导人正式提出是在 2017 年 7 月 14 日的中央经济工作会议上，此次会议对隐性债务进行了明确界定："在法定政府债务限额外，以任何形式违法违规或变相举借的债务均为隐性债务。"[①]具体分类如表 2 - 5 所示。

表 2 - 5　　　　　　　　　　地方政府隐性债务分类

地方政府隐性债务	融资平台隐性债务	政府承诺偿还的融资平台隐性债务
		政府提供担保的融资平台隐性债务
	政府中长期支出责任类隐性债务	政府投资基金形成的隐性债务
		股权融资计划形成的隐性债务
		PPP 项目形成的隐性债务
		政府购买服务形成的隐性债务
		专项建设基金形成的隐性债务
		应付工程物资款形成的隐性债务
		其他政府支出事项形成的隐性债务

2.4.2.4　有息与无息债务

有息债务即带息负债，指负债当中需要支付利息的债务。一般来说，通过金融市场举借的债务都是有息债务，如银行贷款、发行债券、融资租赁，等等。而垫资施工、延期付款、应付未付款项等往往是无息债务。而对地方政府来说，有息债务占据了主要部分。这个分类主要出现在一些对地方债规模的估算报告中。比如从融资端对地方债进行估算时，由于未考虑无息债务，其估算口径只涵盖了有息债务。

2.4.2.5　主动负债与被动负债

这一分类是按照债务产生的原因和形成机理的不同进行划分。主动负债是指地方政府为了实现其自身的政策目标而主动举借形成的债务。在政绩目标驱使下，地方官员作为地区一把手，一味地上项目促投资，根本不

[①]　中共中央、国务院：《关于防范化解地方政府隐性债务风险的意见》，2018 年。

关心项目效益，不关心借债是否有偿还能力，导致出现大量豆腐渣工程、形象工程，大笔资金被浪费。被动负债是指由于体制转轨和下级执行上级政策所形成的债务，比如社会保障缺口、粮食企业挂账、地方金融机构的不良资产、地方国有企业亏损、担保的国内外金融组织贷款等。中国最早的地方债是因为被动原因形成的，县级政府由于收入困难且承担事权较多，导致收不抵支，形成了被动负债。而后来，在政绩考核、地方竞争和晋升压力之下，地方政府积极发挥主观能动性，通过举债大搞城市建设，进而形成了大量主动负债，这一情况在 2008 年之后尤为突出，导致债务规模增长迅猛。

但同时，主动负债和被动负债存在共性，它们的形成都可归因于事权和财权不匹配问题。比如，无论是发展地方经济还是提高教育质量，都是地方政府责任在肩的政治任务，因此主动负债也有被动的无奈，有时二者之间很难完全区分。所以这一分类往往作为识别政府举债动机的标准，而并未能据此作为测算地方债规模的口径依据。

2.5　本章小结

首先，本章回顾了公共债务理论的发展历程，总结了从古典经济学派、凯恩斯学派、后凯恩斯学派、公共选择学派、货币学派、理性预期学派和供给学派对公共债务的认识和理解。从以上公共债务理论的演进发展中可以看到，市场经济在资本主义社会不断实践，主流经济学派也随之兴衰更迭，理论界对公共债务的态度经历了从彻底否定，到放任纵容，再到理性折中的螺旋式发展历程；公共债务的功能从只是应对战争等突发因素的融资手段，进化为逆周期调节的常态化政策工具，理论界对公债效应的认识也从单一片面向多环节、多维度、多层次拓展加深。理论与实践相辅相成，彼此推动，不断演进。任何一个理论学说都必有假设前提，都存在固有逻辑，其结论和主张既有合理可取之处，也必有局限。但鉴古知今，这些丰富的学说对我们全面认识公共债务的经济效应可谓大有裨益，为后文系统深入地剖析中国地方债提供了坚实的理论基础。

其次，本章对地方债从产生到消亡所经历的举借、使用、偿还和累积各个环节，公共投资、流动性、扭曲税和债务资本化各个渠道的不同作用机制和经济效应进行了理论分析。

　　通过以上分环节分渠道全面分析地方债的作用机制和经济效应，形成了一般性理论框架，为后文结合中国地方债特征建立理论模型提供了基础。

　　然后，本章对地方债与货币供给的作用机制进行了分析。将收入端和支出端的经济效应联合起来看，地方政府举债具有货币扩张效应，导致广义货币供给增加，而净乘数效应和结构效应导致短期产出不确定和长期产出的下降。那么广义货币供给与产出的比值 M_2/GDP 在长期会上升，在短期也很可能上升。M_2/GDP 上升意味着货币的产出效应下降，要推动单位产出增加需要花费更多的货币资源。而且更多的货币追逐更少的产品，极易带来资产价格上升加剧和通货膨胀风险。因此，地方举债与货币政策协同配合具有必要性，能最大程度地提高政策效果，减缓负面效应。为达到此目的，二者应根据经济形势的具体状况，采取适合且适度的配合措施以提高政策效力。

　　最后，本章对地方债的界定和分类进行了分析。对地方债的界定从政府债务的概念推演至地方政府层面，从法律责任扩展到道义责任，使我们对地方债内涵和外延的理解更加深入和全面。从中得到的地方债界定标准的启示是：第一，债务资金用于公益性或准公益性项目。第二，举债主体范围不应局限在政府机关或财政管理部门，还应该将与政府有紧密经济关系的机构和国有企业包括在内。第三，偿付债务本息的资金来源依靠财政收入。根据以上分析，本书将地方债界定为地方各级政府机关、事业单位或其他组织，以政府的名义向债权人承诺或担保的，负有直接或间接偿还责任的债务。从对地方债的界定会发现，地方债存在不同的层次和口径，有广义与狭义之分，有风险关联程度之分。因此，本章从财政风险矩阵、直接债务和或有债务、表内债务和表外债务、有息债务和无息债务以及主动负债和被动负债等多角度对地方债进行了归纳和分析。

第 3 章

中国地方债的发展历程和形成机理

3.1 中国地方债的发展历程

中国地方债从被动负债到主动举债,从自由放任到明令遏止,从变相违规到有法可依,其发展历程可谓几经波折,逐渐呈现为当前债务形式多样、类别复杂的格局。本书分别从地方政府债券、融资平台公司和隐性债务三个方面对此进行梳理。

3.1.1 中国地方政府债券的发展历程

从世界范围来看,地方债在许多国家早已存在,地方债模式也多种多样,其中地方政府债券是非常重要的模式之一,世界上包括美国、日本等许多国家都实行此模式。中国地方政府债券的发展历史可追溯到新中国成立之初,先后经历了尝试、零星发展、全面禁止和实践探索四个阶段。

3.1.1.1 地方政府债券尝试阶段 (1949~1979 年)

在新中国成立后 30 年间的计划经济时期,中国实行"统收统支"高度集中的财政体制。此时的地方政府作为中央指令和职责的执行者,在公共决策上没有自主权,包括发行、付息、偿还等与地方举债相关的各种事宜由中央政府全权操办。举债形式分为借款和发行经济建设公债两种。但总体来看,这 30 年间地方政府负债的规模和年份都很少,主要原因有以下几点。

（1）中央政府在新中国成立初期支持地方负债是为了尽快恢复当时萧条的国民经济。因此到了 1961 年，随着全国经济逐渐复苏，中央政府对于地方赤字和负债的态度开始发生转变，从积极支持转为管控限制。

（2）在统收统支、高度集中的财政管理体制下，地方政府的收支缺口都依靠中央转移支付予以弥补，其自身并没有举债的动机和必要。

（3）长期以来，中国政府遵循"以收定支"的预算原则，因此在预算范围内地方政府没有负债空间。

（4）高度集中的计划体制不仅体现在财政管理上，也充分表现在信贷和金融管理之中，高度集权式信贷行政管理，从资金供给端限制了地方政府的举债行为。

这一时期，中国共发行过两次地方政府债券。第一次是 1950 年发行的"东北生产建设折实公债"。该债券的发行主体是东北人民政府，以实物计价，筹集到的资金主要用于基础设施建设和企业投资。该债券的发行充满了浓厚的计划经济色彩，认购任务以摊派的形式由当地居民、工商组织和企事业单位承担。

在 1950～1960 年期间，地方政府债券的发行展开了第二次尝试。为了满足地方经济建设需要，经中央批准，部分地方政府公开发行了名为"地方经济建设公债"的债券。相比于第一次发行，此次公债发行更加规范，专门颁布了公债条例，对有关地方政府债券发行的各项事宜做出了明确规定，使得债券发行和管理具有了法律依据和保障。同时，此次发行也赋予地方政府更大的自主权，在发行相关的具体事宜上交由地方政府自行安排和决定。虽然第二次发行在自主性上有了更大的进步，但是债券的市场性特征仍然不足，比如该债券缺乏流动性，持有期间无法转让、交易或者抵押，属于非流通债券。

20 世纪 60 年代以后，全国所有经济资源几乎全部由中央政府掌控，国债和地方公债的发行从 1959 年开始被全面禁止，到 1968 年，市面上的存量政府债务被全部偿还清零。

3.1.1.2　地方政府债券零星发展阶段（1980～1993 年）

20 世纪 80 年代开始，中国地方政府债券开始进入零星发展阶段。当时中国面临重大的经济体制改革，从计划经济向市场经济过渡，财政体制也随之改变，打破统收统支的高度集权，转为划分收支的分级包干，扩大了地方政府的财权和事权，地方资金实力显著增强，积极性被充分调动，但举债权仍被禁止。1979 年出现了"拨改贷"，意味着对地方来说从中央获得的过去属于拨款的这部分资金不再是无偿转移，而是有偿使用，其目的是提高财政资金的使用效率。"拨改贷"涉及的行业包括旅游、轻工和纺织等，首先在北京、上海和广东三个省市进行试点。随后进一步将凡是独立核算并且有一定收益具备还贷能力的建设项目均纳入实施范围。

3.1.1.3 地方政府债券全面禁止阶段（1994~2007 年）

《中华人民共和国预算法》（1995 年版）（以下简称《预算法》）对地方政府预算赤字进行了明确限制，强调预算编制需遵循量入为出和收支平衡的原则。同年颁布《中华人民共和国担保法》明令禁止地方政府及其职能部门的任何担保行为。由此可见，此阶段地方政府债券被全面禁止。但在事权与支出责任不匹配、预算软约束和晋升激励的制度背景下，地方政府举债需求无法通过正规和公开的渠道获得满足，转而寻求隐性手段，如设立融资平台从商业银行获得贷款或者发行企业债券等。

在全面禁止时期，尽管地方政府的赤字和举债权被限制，但《预算法》（1995 年版）的法律条文中有例外性规定，即法律和国务院另有规定的除外。这为地方政府债券的发行政策带来了松动的可能。1998 年受到亚洲金融危机的冲击，中央政府将规模为 1000 亿元长期建设国债转贷给地方政府以缓解其财政负担。这一转贷形式在随后的几年间被延续下来。转贷规则规定，这部分贷款的本息偿付都由地方政府自行承担，然而因为债务的还本付息存在困难，于是在 2004 年之后，这一转贷政策便不再沿用。

3.1.1.4 地方政府债券实践探索阶段（2008~2014 年）

为了应对 2008 年全球金融海啸的冲击，中央政府采取积极的财政政策和适度宽松的货币政策组合。在 4 万亿元强刺激政策的推动之下，地方政府纷纷成立融资平台来筹措资金以弥补基础设施建设需求的资金缺口。但这样形成的政府债务并不被法律认可，处于不公开、不透明、无约束的高风险状态。为了解决该矛盾并为化解风险寻找突破口，地方政府债券的发行进入快速探索阶段。

（1）地方政府债券中央"代发代还"。从 2008 年底开始推行的总额为 4 万亿元的财政投资计划中，地方政府存在资金缺口，为此中央推进地方

政府债券发行探索，财政部代理发行地方政府债券，具体情况如表 3 - 1
所示。

表 3 - 1   2009 年中央代发地方政府债券情况一览

项目	特点
名称	2009 年×省政府债券（×期）
发行主体	省、自治区、直辖市和计划单列市政府
发行方式	招标方式
期限	3 年
利率确定方式	指标
利息税	免收企业所得税和政府所得税
投资方向	社会事业、基础设施、生态建设、灾后重建等民生项目
投资者	中债登公司开立账户的投资者
流通	全国银行间债券市场、证券交易所
债券预算	债券收支全额纳入省级政府预算

资料来源：根据相关资料整理。

尽管这次发行的发行主体是省、自治区、直辖市和计划单列市政府，
但采取的是中央代发的形式，即发行各项事宜由财政部按照国债发行的程
序进行全权操办和处理。债券发行成功后，所融资金再由国务院根据各地
财政情况进行分配。在随后的 2010 年，中央政府财政部继续沿用"代发
代还"地方政府债券的方式为地方政府筹措了 2000 亿元资金。

（2）地方政府债券的"自发代还"试点。2011 年，"自发代还"的试
点方式开始推进。经过国务院批准，地方政府债券的自主发行试点地区最
终确定为深圳、上海、广东和浙江四省市。此次试点地方政府债券的偿还
方式与之前"代发代还"相同，仍由财政部代办还本付息事项。但不同的
是，"自发代还"的发行承销程序由地方政府自行负责。四省市自行发行
地方政府债券的情况如表 3 - 2 所示。

表 3 - 2 　　　　　　　　2011 年地方政府债券自行发行试点单位及明细

债券名称	发债时间	期限（年）	票面利率（%）	发行规模（亿元）	合计（亿元）
上海地方债	2011 年 11 月 15 日	3	3.10	36	71
		5	3.30	35	
广东地方债	2011 年 11 月 18 日	3	3.08	34.5	69
		5	3.29	34.5	
浙江地方债	2011 年 11 月 21 日	3	3.01	33	67
		5	3.24	34	
深圳地方债	2011 年 11 月 25 日	3	3.03	11	22
		5	3.25	11	
合计（亿元）			229		

注：2013 年，试点省份新增江苏省和山东省。6 个试点省份自行发行地方政府债券共 652 亿元，占全年地方债总额的 18.6%。

资料来源：根据财政部公告和各省财政部门公告整理。

3.1.1.5 地方政府债券有序发展阶段（2015 年至今）

2015 年 1 月 1 日，经过修正后的《预算法》正式实施。此次修正赋予了地方政府的合法举债权，宣告地方政府债券进入有序发展的新阶段。新法第三十五条规定确立了地方政府债券将是中国地方债的唯一合法形式和未来大力发展的方向。为了落实《预算法》（2014 修正）的规定，国务院和财政部相继发布了多项针对地方债务的管理法规和实施办法。

根据新《预算法》（2014 修正），地方政府债券分为一般债券和专项债券两类，二者在发行目的、资金用途、偿还来源等方面存在不同。一般债券发行是为没有特定现金流的公益性项目融资，纳入一般公共预算进行管理，通过一般公共预算收入偿还。一般债券资金投向公益性项目，包括城市建设项目如市政设施和城市基础设施建设等，这类项目往往未来现金流量并不确定。专项债券发行是为有一定收益的公益性项目融资，纳入政府性基金预算管理，通过对应的政府性基金或项目收入偿还。专项债券投向有一定收入来源的项目，包括地铁、机场和收费公路，以及热气和电力供应等。

2017 年中国开始推行项目收益专项债，即项目收益与融资自求平衡的地方政府专项债券，旨在打造中国版的市政项目收益债。项目收益债在发行时必须对应明确的项目用途，并在使用中严格履行，债券本金和利息的偿付来源只能依靠指定项目本身的收益，实行"封闭式"运行管理。无疑，在债券的发行、资金使用和全生命周期的风险管控上，项目收益债对地方政府的管理和把握能力提出了更高的要求。随后，项目收益专项债成为中国大力发展的地方政府债券品种，发行规模逐年增加，根据具体用途开发出收费公路、土地储备和乡村振兴等各种类型。由于新增专项债并不作为预算赤字进入全国赤字率的计算当中，所以自然放宽了专项债发行规模的裁量空间，必将成为国家宏观调控的重要政策工具之一。但在实践中出现了一些值得警惕的风险点，比如项目收益是否真实、是否能对债券的还本付息实现全覆盖等，需要加强监督和约束。与之前相比，地方政府债券的制度变化如表 3 - 3 所示。

表 3 - 3　　　　　　　　　　　地方政府债券的制度变化

内容	变化前	变化后
发行责任	财政部代理发行	下放发行责任
投资主体	2015 年前商业银行投资地方政府债券	2015 年后非银行金融机构开始参与
发行方式	招标发行	自行选择定向承销或招标方式发行
承销团成员	甲类承销商成员	所有具有承销资格的机构
债券期限	2009 年只有 3 年期；2010 年有 3 年和 5 年期；2012 年试点地方政府开始发行 3 年、5 年和 7 年三种期限的债券	2015 年发行的一般债券有 1 年、3 年、5 年、7 年、10 年期 5 种期限，专项债券有 1 年、2 年、3 年、5 年、7 年、10 年期 6 种期限；2018 年开始发行项目收益专项债券后，期限进一步延长，新增 15 年、20 年和 30 年三档期限
债券定价	各地发行利率几乎一致	各地发行利率有了明显差异
发行监管	财政部代理地方政府发行偿还	下放发行偿还责任
发行规模	稳步提高的趋势	
信用评级	2014 年首次引入针对地方政府债券的债项信用评级工作，并在之后年度进行跟踪评级	
信用披露	从 2015 年开始国家要求地方政府按年度披露地方政府财政预决算，按季度披露地方经济运行情况，按月度披露地方财政收支情况等	

资料来源：根据相关资料自行整理。

3.1.2 中国地方政府融资平台公司的发展历程

改革开放后，财政分权体制改革为地方政府注入了活力，将其促进地区经济增长的主动性和能动性彻底释放，举债搞投资的主观冲动已完全具备。再加上改革开放带来的金融市场的迅速发展，配合地方官员对辖区资源的超强调动能力，最终导致地方政府突破预算限制，并依托融资平台公司举借债务的现象出现。中国第一家融资平台公司于1987年在上海获批组建，此后各地纷纷效仿，融资平台公司如火如荼地发展起来。然而，各方对融资平台公司的理解并不一致。

《关于加强地方政府融资平台公司管理有关问题的通知》在认定融资平台时要求其融资项目的投资主体只要是政府即可，而《关于贯彻国务院关于加强地方政府融资平台管理有关问题的通知相关事项的通知》要求融资项目不仅投资主体是政府，而且必须属于公益性项目。由此可见后者对政府融资平台的认定范围更窄。另外，《关于地方政府融资平台贷款监管有关问题说明的通知》对地方政府融资平台的认定口径与财政部也不一致。相比财政部强调公益性项目用途，银保监会则更强调实质重于形式，监管口径相对更宽，纳入地方政府融资平台名单进行监管的数量和规模更大。

根据制度演变，本书将融资平台公司的发展历程分为以下四个阶段。

3.1.2.1 融资平台公司的孵化期（1987~1996年）

在改革开放的春风吹拂下，上海成为锐意革新和市场化探索的桥头堡。为了突破基础设施等领域的发展瓶颈，《国务院关于上海市扩大利用外资规模的批复》批准上海采取自借自还的方式利用外资大胆发展。为了响应这一政策号召，上海政府在1987年成立了上海久事公司，谐音"94"而得来。它的成立标志着中国第一家融资平台公司的诞生。作为地方政府投融资的载体，它为基础设施建设、工业技术改造及第三产业的发展作出了贡献。随后在上海，一系列平台公司相继成立。不过，这一时期的融资平台公司才刚刚起步，公司业务量还比较少，项目规模小，业务种类少。

3.1.2.2 融资平台公司的发展期（1997~2007年）

1997年金融危机席卷亚洲，为了避免受到波及，中国政府果断实施积极的财政政策予以应对，这为融资平台公司进一步发展提供了契机，地方政府纷纷加快成立融资平台公司，平台数量、规模和业务范围都进一步扩大，掀起了一轮平台发展热潮。但与此同时，过快增长和过松的政策环境导致各地的重复建设现象严重，举债乱象丛生，债务资金使用效率低下，由此带来的债务激增和风险问题逐渐凸显。融资平台公司角色定位不清、业务范围不明、管理监督不当等固有隐患逐渐暴露，亟待得到规范和清理。

3.1.2.3　融资平台公司的繁荣期（2008～2014 年）

2008 年金融海啸给全球经济蒙上阴影，中国政府实施强有力的经济刺激政策。这样的经济背景和政策环境为本该得到规范管理的融资平台公司提供了新的发展黄金期。中央推出 4 万亿元财政投资计划，其中中央政府提供的资金规模是 1.18 万亿元，剩下的 2.82 万亿元则需地方政府提供配套资金①。如此大的资金缺口无法从预算内获得，只能通过大量借债予以满足，于是融资平台公司成为举债的重要依托和载体。在这个发展的黄金期，融资平台公司的资产规模、业务范围和操作模式得到进一步发展。然而，在融资平台公司疯狂发展的表象之下，是不断累积的财政和金融风险，令人担忧。

3.1.2.4　融资平台公司的转型期（2015 年至今）

鉴于地方政府变相融资及由此引发的财政金融风险问题突出，中央相继出台一系列政策法规，对地方政府依托融资平台公司变相融资的行为紧急刹车，敦促融资平台公司剥离其政府融资功能，推动其尽快转型，向市场化运营的国有企业方向发展，宣告融资平台公司的发展进入转型期。此间，一系列切断地方政府与融资平台公司关系纽带的政策法规密集出台，包括《国务院关于加强地方政府性债务管理的意见》《关于进一步规范地方政府举债融资行为的通知》《关于规范金融企业对地方政府和国有企业投融资行为有关问题的通知》等。

但经过三十多年的发展，融资平台公司已经俨然成为地方政府的"第二财政"，转型不易，具体表现在：第一，融资平台公司的存量债务规模非常庞大，与地方财政、地方金融之间相互盘结，关系复杂，需要充分的战略耐心进行债务化解和功能调整，以避免引发区域性、系统性风险。第二，长期依赖地方政府的融资平台公司，其内部治理结构不健全，管理制

---

① 《发改委公布 4 万亿投资构成及中央投资项目最新进展》，中国网，2009 年 5 月 22 日。

度混乱，缺乏独立和现代化的运营能力。第三，融资平台公司的固有业务大都具有公益和准公益性质，缺乏足够的现金流和盈利能力以支撑独立生存，找到新的定位并发现与市场的契合点需要时间和契机。第四，肩负稳增长和保就业任务的地方政府仍然依赖投资拉动经济的固有模式，这是实际存在的合理举债需求，尽管法律和政策为地方融资需求开辟了地方政府债券这条新的途径，但由于政策和门槛限制，原有的融资需求很难在短期内被完全替代，模式转轨需要时间去磨合和完善。当然，转型并不完全否定地方融资平台公司存在的必要性，而是转变角色和运作模式，在法律政策允许的合理范围内，充分利用并盘活地方政府所能提供的资源，提高公共产品和服务的质量，继续为地区经济发展作出贡献。

3.1.3　中国地方政府隐性债务的发展历程

2015 年前后成为中国地方债发展的分水岭，地方政府正式走上公开、透明的举债发展之路。然而地方政府仍然变相举债，形成大量"隐性债务"，这是威胁财政和金融稳定安全的重大隐患。隐性债务根据融资来源方式不同可分为两大类：一类是依托融资平台公司而举借的债务；另一类是利用 PPP、政府投资基金和政府购买服务等方式变相积累的中长期支出责任。

依托融资平台公司举借的债务，占到地方政府隐性债务的绝大部分，是地方政府在 2015 年之前自行举债固有模式的延续。尽管 2015 年之后融资平台公司不得不面临转型命运，但转型之路异常艰巨，短期内成功转型的融资平台公司是少数。

尽管 2015 年之后融资平台公司扮演地方政府融资角色的现象依然存在，但由于政策限制、监管趋紧，依托融资平台公司举债的手段受到影响，比如发行城投债、银行信贷和其他影子银行借款等。因此地方政府利用其他融资渠道变相举债，比如 PPP、政府投资基金和政府购买服务等逐渐异化为新的举债手段。

以 PPP（Public - Private Partnership）为例。PPP 是政府与社会资本合作的项目运作模式，其本意是为了减轻地方政府提供公共品和公共服务的财政压力，让社会资金参与到公共领域项目的建设和运营中，在社会与市场之间建立利益共享、风险共担的社会投融资机制。但在实际运作中却出现了走样和异化。对于使用者付费形式的公共领域项目，由于其具有一定的收益性，可以将其进行民营化改制，采用独立经营的模式，否则地方政府并不愿意将其与社会资金分享。而对于没有直接收益来源的公益性项目，社会资金主动参与的积极性不高。为了吸引资金，这类项目演变为政府完全付费形式，即社会资本仅扮演提供资金、收取固定收益的角色，而并不参与项目设计、论证和建设运营过程，进而异化为地方政府的隐性负债。

再比如政府投资基金。设立政府投资基金的重要目的之一，是引导和鼓励社会资本进入基础设施和公共服务领域，发挥财政资金"四两拨千斤"的乘数效应，其投资原则是政府可以向社会资本适当让利，但是不得承诺最低收益。然而现实操作中，为了吸引更多的社会资金参与，基金发起时偏离了投资原则，对投资人给予了兜底承诺。这种含有保本保收益安排的投资基金，异化为"明股实债"项目，成为地方政府的隐性负债。

再比如政府购买服务。政府购买服务的范围是针对基本公共服务项目，但部分地方政府把购买服务的内容泛化，将建筑物、建设工程和货物等均纳入服务范围，并且为了替建设项目融资任意延长服务期限，甚至虚构购买服务合同进行违法违规举债，将购买服务转变为新的融资工具，形成大量地方政府隐性债务。

鉴于隐性债务的严重性，中央对此高度重视，财政部于 2017 年开始进行全面摸底，并相继出台有针对性的政策法规予以遏止，包括《关于进一步规范地方政府举债融资行为的通知》《关于坚决制止地方以政府购买服务名义违法违规融资的通知》《政府购买服务管理办法》《关于规范金融企业对地方政府和国有企业投融资行为有关问题的通知》《关于防范化解地方政府隐性债务风险的意见》等。从以上密集出台的文件可以看到，随着中央通过对地方隐性举债手段和方式的逐步掌握，相关的监管措施也更加富有针对性，对当前地方违规举债具有较强的约束力。然而，尽管中央对地方隐性债务的监管异常严格，但在中国特殊的体制机制背景下地方政府举债冲动难以在短期内得到彻底遏止，必然导致对隐性债务的监管演变为"猫捉老鼠"的策略博弈。只要有举债冲动和制度土壤，地方政府便可能想方设法地钻法律和法规的空子，或在监管条文限制范围之外挖掘新的变相途径去举借债务，导致监管部门防不胜防，被动且吃力。因此，从源头上遏制举债冲动，才是规范地方债的长效手段。为此，本书 3.2 节将深入剖析中国地方债的形成机理，为找到地方政府举债冲动的体制和机制根源做出努力。

3.2 中国地方债的形成机理

中国地方债是在经济高速增长与体制改革不断完善中交互形成的，具有浓厚的中国地方债务特征，主要是债务规模大、形式多样、债务累积快等。财政分权极大增强了地方政府在其辖区内的影响力，提升了其动用各种资源的能力，特别是筹集债务资金的能力。一旦有资金需求，这些资源便会轻而易举地为地方政府所利用，而财政分权不彻底不完善的弊端正为这一需求提供了基础。1994 年的分税制改革并未对中央和地方的事权和支出责任作出明确清晰的界定，使得财权划分不尽合理，财力与支出责任难以对等。地方政府的事权和支出责任远远超过其自身财力，缺口只能通过寻求上级转移支付或者自行举债来解决。而转移支付中大量的配套资金要求也会引致负债需求。由此，地方政府便利用自己的辖区影响力，将金融资源作为"第二财政"，源源不断地获取债务资金，意图通过事后债务化解实现财力分配上的"倒逼"。

地方官员的考核和任命完全由中央和上级部门决定，在经济绩效指标成为地方政府官员重要的政绩考核标准之后，地方官员大搞以短期经济增长为目标的"晋升锦标赛"，不顾自身财力和实际公共需要，一味追求粗放式的投资扩张，致使融资需求急剧膨胀。而且，单一制政体下特殊央地关系导致的预算软约束问题较为突出，如果地方政府发生偿债困难，那么中央政府将不得不实施救助。在这样的"救助预期"之下，地方政府不断突破预算限制扩张债务。举债的好处由自己获得，而成本不由自己承担，这进一步扭曲了地方政府的举债行为，地方政府间的支出竞争演化为债务竞争。金融资源被视为"公共池"而遭到过度使用，"不借白不借""借的多受嘉奖，借的少挨批评"的不正之风甚嚣尘上，债务规模节节攀升。

地方政府适度举债合情合理，世界范围内拥有地方债的国家不在少数，但举债过度则存在风险。借鉴国际经验，行之有效的约束机制是地方债健康运行的保障。而在中国，地方政府举债的体制约束极度缺失，并引发了市场约束的同步失效。无论举债主体是地方政府机关、部门、事业单位还是作为融资平台的企业，无论举债用途是收益性项目还是纯公益性项目，无论偿债资金是预算安排还是项目收益，市场一律将其视为政府债务，与国债拥有同样的光环，分享同一个政府信用。这种分级分层不明确、信用界限模糊不清的问题成为中国地方债的独有特色，也是促成债务规模急速扩张，导致债务风险不断累积的重要原因。打破刚性兑付的信念才能挤掉信用泡沫，局部风险的释放才能防止系统崩盘。

地方债在短时期内迅速积累膨胀，成为理论界与实践者的关注焦点，亦是牵一发动全身步步维艰的治理难题。通过深入探究会发现，其表层之下，是利益关系的盘根错节，是各方行为的扭曲生长。正如《21 世纪资本论》所言："局部的有序状态是以整个系统的更加无序为代价"①，地方债务形成中各参与方的个体理性自洽带来的是整体的无序和混乱，反射出激励与约束的失衡、政治与经济的博弈、分权与集权的徘徊，地方债务无序扩张成为当前制度弊病的集中体现和外在表象。鉴于此，剖析地方债务的形成机理，深挖制度根源，方能对地方债务问题有较为深刻的理解和认识，这是治理和规范地方债务的前提基础。本节抽丝剥茧，追根溯源，从资金供求两个方面着手，多维度多视角地梳理地方债务形成机理，以期对中国地方债务问题的理解和认识有所助益。

地方债首先反映的是一对债权债务关系，其中地方政府作为债务人，是资金的需求方，金融机构作为债权人，是资金的供给方。资金需求和资金供给达成一致，方能形成实实在在的地方债。因长期以来，中国地方政府举债主要依靠银行等金融机构的间接融资方式获取资金，故此处将金融机构作为资金供给方，忽略地方政府可能直接从金融市场获取资金的渠道。若金融机构不愿意提供资金，地方政府的资金需求再旺盛，也无济于事；相反，若地方政府不愿意举借债务，金融机构的资金供给再充裕，亦是空谈。由此可见，地方债的形成是地方政府举债和金融机构应债两种行为共同作用的结果。探究地方债的形成机理必须将两方参与者的行为均纳入分析范围，任何单方视角都无法将研究引向全面。故接下来，我们从举债行为和应债行为两个角度来具体分析地方债务的形成机理，具体如图 3 – 1 所示。

3.2.1　资金需求端：地方政府举债的形成机理

地方债务的举债方自然是地方政府，这里作为举债方的地方政府并不局限在其狭窄的字面口径，地方政府机关、部门、事业单位及各类融资平

① ［法］托马斯·皮凯蒂. 21 世纪资本论［M］. 巴曙松等，译. 北京：中信出版社，2014.

台公司均是举债行为的发起者，均可视为此处的举债方，只要其举债用途的实质是满足地方政府融资需要，其偿还责任最终由地方政府承担即可。具体统计口径的界定已在2.3节详细阐释，这里不再赘述。

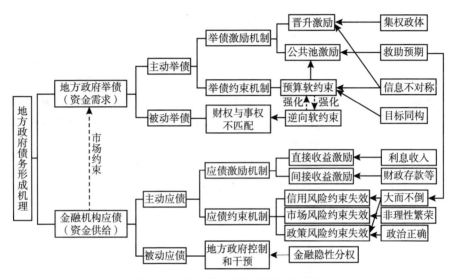

图3-1　地方债形成机理的行为解构

　　地方政府的举债行为根据其形成机理不同可划分为主动举债和被动举债两类：主动举债是指地方政府为了实现其自身的政策目标而主动举借形成的债务。在地方官员晋升的政绩考核标准由单纯的政治指标变成经济绩效指标之后，各地方政府官员为了追求政绩，不顾自身财力，大搞投资建设项目，通过各种方式举借债务以满足资金需求；被动举债是指为了完成上级/中央的政策性任务而被迫举债。政策和预算过程相分离的情况在中国政治实践中较为普遍，上级政府只给政策不给资金，下级政府财力不足则只能依靠举债来完成政策任务。两种举债的形成机理有所不同，具体分析如下。

3.2.1.1　主动举债的形成机理

　　主动举债是制度激励下的自发和自主行为。结合中国情况，地方政府主动举债的激励机制主要有两个：晋升激励和公共池激励。由于中国实行自上而下的政治集权体制，下级政府官员的晋升由上级政府决定，这种体制的目的是维持政治稳定和保证中央/上级政策指令的有效执行。但由于上下级间存在信息不对称，上级政府/中央政府只能通过将政策目标转化为简单直观的量化指标来考核下级/地方官员。在中国长期以经济增长为重的宏观经济目标下，官员晋升的考核制度逐渐异化为"唯 GDP 论"。于是地方政府官员为了在短期内拉动辖区经济增长以获取政绩，便积极扩大财政支出，大搞投资建设，当支出超过自身财力时，债务便形成了。而且，纵向的晋升激励在多个地方政府同时存在的背景下演化为横向的标尺竞争，即为了得到稀缺的晋升机会，地方官员要完成的不是和自己比，而是和众多竞争对手比，大家争先恐后争抢机会的结果是支出规模无限扩张，举债需求极度膨胀。由此可见，在晋升激励之下，主动举债需求不是偶然形成的，而是必然的；不仅是必然的，而且是无上限膨胀的。

地方政府主动举债的激励机制除了晋升激励之外，还存在公共池激励。它是指单个地方政府的债务问题由所有地方政府共同承担，进而激励每个地方政府超越自身偿债能力举借债务。在单一制政体下，各层级政府机构都并非独立存在，而是构成一个整体，共享着同一个政府信用。当单个地方政府发生偿债困难时，为了避免破产，维护政府信誉，中央政府不得不实施救助，用其他地方政府上缴的税收来纾困，导致单个地方政府的债务成本外部化，并由所有地方政府间接承担。这样造成的结果是，举债的好处由自己获得，而成本由中央兜底；借的钱越多占的便宜越多，借的钱越少占的便宜越少，不借钱那么吃亏最大。在这种公共池激励之下，举债有了新的动力和意义，"不借白不借""谁不借谁是傻子"的扭曲心态充斥着各级地方政府，以至于谁借的多受到嘉奖，谁借的少挨到批评。这种纯粹为了借债而借债的扭曲行为必将无限推高债务规模。正是意识到兜底带来的恶性后果，中央政府反复强调对地方债绝不实施救助，意图打破地方政府的救助预期。但这种威胁是否可信，将直接决定公共池激励机制能否彻底阻断，因为只要地方政府始终抱有救助预期的幻想，那么疯狂举债的行为便无法彻底遏止。

由此可见，两种激励机制显然不同：晋升激励直接激发的是地方政府的支出扩张冲动，举债成为该冲动的实现路径；而公共池激励直接激发地方政府的举债冲动，纯粹为借债而借债，只为把信贷资源抢到手里，不在乎资金如何使用。比较起来，公共池激励对地方政府或者地方政府官员举债行为的扭曲程度更为强烈，对债务资金使用效率的恶化程度更为严重。

与激励机制相对应，主动举债也受到约束机制的作用，即预算约束。

《预算法》明确规定地方各级预算按照量入为出、收支平衡的原则编制。2015 年之前在没有赋予地方政府举债权时，法律不允许地方政府列赤字和举借债务；2015 年之后只能在《预算法》允许的额度和范围内列赤字并举借债务。也就是说，地方政府自主举债一直受到法律限制和约束，只不过是具体形式从限额为零转变为限额不为零而已。如果这种预算约束机制切实奏效，那么不管地方政府在前述激励机制作用之下主动举债的欲望有多强烈，都将被强硬的约束机制所制衡。激励和约束机制的对等作用将控制地方政府主动举债行为在法律限制的范围之内。然而，追求 GDP 最大化的目标同构性导致上级政府对下级政府突破预算的举债行为，不但没有被严格追究，反而采取默许态度。政府层级越多，上行下效问题越突出，预算软约束现象越严重。结合中国财政体制的实际情况来看，预算约束机制长期处于软化失效的状态。2015 年之前，在地方自主举债被完全禁止时期，地方政府便采取各种形式举借债务；2015 年之后，在地方自主举债被限额管理时期，地方政府仍然通过变相隐蔽的方式超过限额举借债务。

激励机制和约束机制之间还会相互作用，彼此强化。比如，预算软约束意味着超过自身能力举债，是将举债成本向上级政府转移，这必然会强化公共池激励；而公共池激励下地方政府的举债竞争必然会使预算软约束问题更加严重。

综上所述，地方政府在晋升激励和公共池激励的机制作用下膨胀出对债务资金的极度渴求，而这种渴求并没有受到法律和制度的有效约束，从而造就出真实庞大的主动举债需求。因此，本书认为地方政府主动举债需求的形成是激励机制扭曲、约束机制缺失、激励与约束机制失衡的直接结果。

3.2.1.2 被动举债的形成机理

与主动举债的制度激励不同，被动举债是强制命令下的被迫之举。比如，下级政府为了完成上级下达的财政收入硬任务，在税收不足的情况下不得不依靠借债来弥补计划额与实际征收额之间的缺口。再比如，上级政府以专项转移支付作"诱饵"，要求下级政府提供配套资金来完成委托事务或政府间共同事务，下级政府在收入不足的情况下不得不选择举借债务。这些现象呈现出"逆向预算软约束"特征，即与成本上移的"预算软约束"相反，它是上级政府将成本向下转移给低层级政府的过程。逆向软约束及其所引致的被动举债产生的原因在于中国财政垂直不平衡。自 1994

年分税制改革以来，财权层层上收，事权级级下放。越往基层走，财权与事权不匹配状况越严重。县乡两级以不到 20% 的财政收入，承担着 70% 以上人口的公共事务（王恩奉，2011）。事权和支出责任远远超过自身财力，缺口只能通过寻求上级转移支付或者自行举债来解决。而转移支付中大量的配套资金要求也会引致负债。因此，无论是转移支付还是举债都将导致被动举债规模不断上升。

逆向软约束与正向软约束虽然方向完全相反，但二者的体制根源相同，并且相互依存，彼此加强。双向软约束是上下级政府间相互依赖、权责不清的"父子关系"的集中体现。而且政府层级越多，信息传导链条越长，信息不对称以及"上行下效"所引致的双向软约束越严重。

3.2.2 资金供给端：金融机构应债的形成机理

地方债的应债方是各类金融机构，包括银行、证券公司、保险公司等。根据审计署 2013 年全国政府性债务审计结果显示，56.6% 的地方债资金来源于银行贷款，各类金融机构为地方政府提供的资金占比更是达到 67.7%[①]，可见金融机构是中国地方债主要的资金供给者。他们作为以盈利为最终目的的企业，在给地方政府提供资金时秉持的是市场效率原则，体现了对地方债的市场约束。那么当地方政府超过其自身财力举债时，金融机构的市场约束是如何失效的呢？我们将金融机构的应债行为划分为主动和被动两个方面进行深入分析。

3.2.2.1 主动应债的形成机理

主动应债是指金融机构自主自愿地为地方政府提供资金，是在利益得失权衡之下作出的自发行为。以银行为例，发放贷款是在收益和风险之间作权衡。作为盈利单位，追求利润最大化是银行的终极目标，收益越大越激励银行放贷。但收益的获得建立在资金能安全收回的基础之上，若风险过高，以至威胁本金和利息安全，那么收益再高那也是梦幻泡影，风险将约束银行放贷。因此对于地方债，银行的主动应债是在收益激励机制和风险约束机制共同作用之下的结果。

银行为地方政府提供资金的收益首先便是利息，除此之外还能获得间

---

① 审计署：《全国政府性债务审计结果》，中华人民共和国政府网，2013 年 12 月 30 日。

接的潜在收益。比如，为地方政府提供的贷款资金越多，所获得的财政性存款量可能越大；而如果拒绝应债，将失去原有的这部分存款资源。存款是银行资金的主要来源，是其获取存贷利差的前提和基础，如果存款规模有限，那么银行利润将受到直接影响。正因如此，各银行都将存款规模作为重要指标纳入对银行职员的考核体系之中，尤其是在存款资源紧张时期，能获得财政性存款显得尤为重要。财政性存款往往规模较大，对于银行来说是竞相争取的资源，无论是对银行的业务发展，还是对银行职员业务指标的完成来说，都是十分有利的因素。因此地方政府往往将财政性存款作为获取银行贷款的"筹码"。在这样的激励之下，银行会十分愿意为地方政府提供资金。

在利息收入和其他间接收益的激励之下，银行对地方债有了应债意愿，但最终应债行为的实现还受到风险约束机制的作用。如果风险过大，资金很可能面临损失，那么再高的收益都无法实现，这会约束银行的应债行为。尤其是中国银行在开展业务时，普遍存在追求资金安全稳定的倾向，风险厌恶程度较高，因此风险约束机制对银行的应债行为是否实现起到了决定性的作用。而银行为地方债应债主要面临三类风险：信用风险、市场风险和政策风险。

信用风险是指地方政府作为债务人不能按时履行还款付息义务，造成银行资金损失的可能性，即违约风险。由于地方债大量通过各种融资平台的方式形成，背后都由地方政府进行担保，大大降低了融资平台公司的违约风险，即由政府信用背书。具体担保形式包括：将融资平台债务的偿还纳入政府预算支出、地方政府或其财政部门出具还款承诺、融资平台出具地方政府对其项目给予资金补贴的说明函等。由此，这些债务都与地方政府的信用相挂钩，即使融资平台破产倒闭，也不影响贷款资金的安全，信用风险大大降低。但是，当单个地方政府的债务规模过大，凭借其自身财力难以偿付债务本息时，银行贷款便会面临违约风险。然而，"救助预期"的信念已从政府内部延伸至整个社会。人们都坚信中央政府不会对地方政府置之不理，面对地方政府的困难，中央政府最终会为其兜底。而单个地方政府相对于全国来说微不足道，以全国之力救助单个地方政府自然轻而易举。于是，秉持着"大而不倒"的信仰，银行对地方政府信用高度认可，将其视为低风险甚至无风险主体，源源不断地为其提供资金。尤其是在宏观经济不稳定时期，与其他借款主体相比，地方政府的低违约率让它成为银行授信的最佳选择。

银行低估地方政府的信用风险还可能源于信息不对称因素。由于地方政府提供的财政数据有限，而且存在不真实嫌疑，使得银行难以准确评估地方政府的偿债能力。而且地方政府融资渠道多样，账户资金进出频繁，来往款项复杂，都由财政统一调配使用，增加了银行对贷后资金的监管难度，无法及时发现和识别风险。

银行愿意给地方政府提供资金的另一个重要原因是充足的抵押品——土地。随着楼市的繁荣，地价也节节攀升，土地被银行视为优质抵押品。地方政府将土地与债务紧紧捆绑在一起，逐渐形成以土地作抵押获得银行贷款，再用卖地收入偿还债务的融资模式。土地成为地方政府撬动债务杠杆的基石。但如果楼市泡沫破灭，地价随之滑坡，那么土地作为抵押品的价值也会大打折扣，进而威胁银行贷款资金安全。然而，"非理性繁荣"让银行对市场风险视而不见，盲目乐观。

另外，银行应债还面临政策风险。地方政府为融资平台提供各种形式的担保，但从法律和政策角度来看都是无效的。如果追究法律责任，那么不仅贷款会发生损失，相关责任人也会受到惩罚。然而，前述"救助预期"和"大而不倒"的信念却让相关责任人只顾眼前利益，心存侥幸。而且，国有商业银行把钱贷给地方政府，无非是"左手到右手"，没有政治风险。这种旧有的"计划经济"思维，让银行责任人更是对政策风险有恃无恐，进而对向地方政府贷款疏于监督。只要贷款程序形式合法，并不追究其事实的真实性，睁一只眼闭一只眼，成为促成地方政府过度负债的"帮凶"。

综上所述，银行等各类金融机构在受到利息收入和其他间接收益的激励，与信用风险、市场风险和政策风险的约束失效的情况下，自主自愿地为地方政府提供债务资金。他们的主动应债行为在激励机制与约束机制失衡的情况下发生扭曲，造成对地方债的市场约束软化。

3.2.2.2　被动应债的形成机理

被动应债是指金融机构在地方政府的干预和控制之下被迫为其提供债务资金的行为。以银行为例，为地方政府提供资金最多的银行可分为三类：政策性银行、国有商业银行和城市商业银行。2009 年以前，地方政府主要与国家开发银行即政策性银行签订协议取得贷款资金。后来，在中央的鼓励下，地方政府融资平台遍地开花，应债银行不再局限于政策性银行，各类商业银行都积极参与进来。

国有商业银行作为独立的市场经营主体，以市场化运作方式开展日常业务。但其股份比例中国有股占据绝对控股地位，政府易利用控股优势侵占银行信贷资源，控制商业银行增加指令性贷款。而且，国有商业银行实行总分行制，各分行开展业务时会受到地方政府的直接影响。各级地方政府纷纷成立"金融办"，对地方金融事务进行管理，但为了实现本地区的经济增长目标，往往对银行等金融机构的信贷投放实施干预，为促进地方政府融资提供便利。而城市商业银行则完全由地方政府控股，受到地方政府的实际控制，被视为"第二财政"（钱先航等，2011），只能根据地方政府的需要被动应债。

由此可见，中国金融体制具有显性集权、隐性分权的特征，在审批、监管和救助方面具有集权性，而在实际的业务经营上具有分权性（何德旭和苗文龙，2016）。这种特征导致中国金融机构极易受到地方政府的干预和控制，进而软化市场约束，为地方债的形成提供便利。

本节从地方债形成的需求和供给出发，对各方参与者的举债和应债行为动机和行为后果进行深入剖析，描绘出了各行为主体在晋升激励、公共池激励、预算软约束、救助预期、信息不对称、市场软约束等机制特征下的博弈和扭曲，反映出了政府内部、政府与市场之间的冲突和矛盾，揭示出了地方债形成的微观机理。

3.3 本 章 小 结

本章首先回顾了中国地方债的发展历程，分别从地方政府债券、融资平台公司和隐性债务三个方面进行梳理。地方政府债券作为中国最重要也是当前唯一合法的地方债，其形成经历了尝试阶段（1949～1979 年）、零星发展阶段（1980～1993 年）、全面禁止阶段（1994～2007 年）、实践探索阶段（2008～2014 年）和有序发展阶段（2015 年至今）五个阶段；融资平台公司作为中国地方政府在法律禁止下变相举债的重要载体，其形成经历了孵化期（1987～1996 年）、发展期（1997～2007 年）、繁荣期（2008～2014 年）和转型期（2015 年至今）四个阶段；隐性债务作为中国地方政府自 2015 年拥有合法举债权之后利用各种融资渠道在法律之外违规变相融资而形成的债务，随着宏观形势和监管政策的变化而波动起伏。综上所述，中国地方债形成具有复杂性、多样性、隐蔽性的特点，是地方政府为增长而竞争的"副产品",直接或间接地成为政策调控的工具,反映出了中国中央和地方政府之间博弈的体制特征。

在梳理了中国地方债发展历程的基础之上,本章接着对其形成机理进行了剖析,分别从资金供给和资金需求两个方面进行阐释。将中国地方债形成的资金需求方和供给方的整个过程进行全景呈现,在全景图中从主动和被动两方面解析每一环节的行为动机和成因,进而挖掘出债务形成表面之下的体制和机制,较全面地展示出中国地方债形成的微观机理。

在中国,地方政府举债的体制约束极度缺失,并引发了市场约束的同步失效。这种分级分层不明确、信用界限模糊不清的问题成为中国地方债的独有特色。

为此,应从以下方面着手完善地方债管理制度。

第一,重视举债发展的成本和效益,完善政绩考核体系。本书的研究成果表明,晋升激励是促使地方政府主动举债的重要原因,是导致地方债无序扩张的制度根源。因此,应改变过去"唯 GDP 论"的干部选拔和任用考核制度,把举债的成本和效益纳入考核指标,避免为经济增长而盲目举债。而债务密集度兼顾了举债发展的成本和效益,能有效反映经济增长的质量和水平,因此可以考虑将其作为绩效考核的指标之一。

第二,重构政府间收支分配关系,改善财政垂直不平衡状况。本书研究成果表明,财权与事权不匹配,财力与支出责任不对等是促使地方政府被动举债的重要原因,也是滋生预算软约束、救助预期和公共池激励的制度根源。因此,应以分税制作为财力分配的基础,依据效率原则明确支出责任,重构政府间收支分配关系,改善财政垂直不平衡状况。

第三,理顺地方政府与地方性金融机构的关系,强化市场约束。本书的研究成果表明,金融机构作为债务资金的供给方,未形成有效的市场监督和限制,造成的市场软约束是促使地方债无序扩张的原因之一。因此,应理顺地方政府与地方性金融机构的关系,切断地方政府控股的金融机构与地方政府举债之间的联系,杜绝地方政府对金融机构的干预,强化市场约束。

第 4 章

中国地方债的事实特征

4.1 中国地方债规模测算

4.1.1 测算方法

对地方债规模的测算大致有两种思路：第一，直接法。即从融资端出发，着眼于政府获取债务收入的不同渠道，分类收集数据，进而加总得到债务总规模。这种方法依赖于对地方政府融资途径的深入了解和相关数据的准确收集，比如蒲丹琳和王善平（2014）的实证研究基于融资平台的贷款数据。边泉水（2015）从融资渠道的角度来统计债务数据，主要包括融资平台贷款、债券市场融资、信托贷款、委托贷款、BT 和垫资施工、财政部代发的地方政府债券六部分。姜超和朱征星（2018）从银行贷款（包括政策性银行）、发行债券、设立政府基金、融资租赁和其他非标融资（包括券商资管计划、基金子公司、信托、保险债权投资计划等）等筹资渠道汇总估算了 2017 年地方政府隐性债务规模。第二，间接法。从投资端出发，着眼于政府债务资金的运用，通过加总具体支出项目反推政府自有资金缺口，进而得到借债规模。这种方法依赖于对地方债资金运用的深入了解和政府现金流量平衡式的准确构建，采用此方法测算的有张忆东和李彦霖（2013）、吕健（2015）、魏涛（2018）等。

直接法和间接法各有优劣。直接法简单直观，但对数据挖掘要求较高，其最大的缺点是对债务测算可能存在遗漏——一是无法包含无息债务，二是随着地方政府绕道，借债方式复杂化隐蔽化，即使是有息债务部分也可能难以做到穷尽。间接法比较迂回，数据收集难度相对较低，而且能够弥补直接法在债务测算中的遗漏，但缺点是由于忽略了社会资金在基础设施建设中的投入，因此测算结果可能存在一定高估。本书借鉴张忆东和李彦霖（2013）、吕健（2015）的测算公式并进行一定的修正，采取直接与间接相结合的方法测算地方债务规模。由于地方债务主要用于基础设施建设投资，因此可以从投资端倒推出债务规模，此为间接法。而自2008年中央启动以棚户区改造为重要内容的保障性安居工程以来，保障性住房成为地方政府的投资重点，由此累积的债务规模逐年增加，因此需将其纳入地方债务测算的范围，但由于数据可得性的限制，无法直接获知保障性住房投资的年度数据，因此对这部分投资所形成的债务采取从融资端出发进行测算，此为直接法。最后将间接法和直接法测算得到的数据进行加总，进而获得最终的地方债务规模。

4.1.2 测算公式

对于间接法测算部分，地方政府用于基础设施建设投资的资金支出与资金来源存在如表4-1所示的平衡关系。

表4-1 **地方政府基础设施建设投资的资金收支平衡关系**

地方政府投资资金支出	地方政府投资资金来源	
基础设施建设投资 （国有控股-中央项目）	自有资金投入	（1）国家预算内资金
		（2）土地出让纯收益
		（3）投资项目的盈利现金流入
	新增债务	

根据地方政府投资资金支出＝地方政府投资资金来源，可得到地方债的测算公式：

$$新增债务 = \frac{基础设施建设中}{地方投资额} - \frac{地方财政预}{算内资金} - \frac{土地出让}{纯收益} - \frac{投资项目的盈}{利现金流入}$$

$$(4-1)$$

基础设施建设投资：根据国家统计局的分类标准，基础设施建设投资主要包括：电力、燃气及水的生产和供应业；交通运输、仓储和邮政业；科学研究、技术服务和地质勘查业；水利、环境和公共设施管理业；教育；卫生、社会保障和社会福利业；公共管理和社会组织。本书将这七个行业固定资产投资额作为基础设施建设投资额，用对应的国有股减去中央项目数额得到其中的地方政府投资额。

国家预算内资金：基础设施建设投资的来源之一是财政收入，即国家预算内资金。本书用上述七个行业固定资产投资中国家预算内资金来作为第一项自有资金投入。根据国家统计局对国家预算内资金的指标解释，各级政府债券也归入其中。由于本书测算地方政府全口径债务规模，地方政府债券这部分显性债务也应包括在内，故按照间接法测算得到债务规模结果后，需把作为国家预算内资金被扣掉的地方政府债券这部分债务重新加上，这部分统计将在下文直接法测算部分详细说明。

土地出让纯收益：国有土地出让金收入是地方政府用于基础建设的重要资金来源，但土地出让金收入在可用于投资之前需弥补征地拆迁等费用支出。因此本书将上地出让纯收益作为第二项自有资金投入。需要说明的是，土地收储也是地方政府举债的重要用途。根据《土地储备项目预算管理办法（试行)》文件的说明，"土地储备是指县级（含）以上自然资源主管部门为调控土地市场、促进土地资源合理利用，依法取得土地，组织前期开发、储存以备供应的行为。"[1] 由此可见土地收储是土地出让前的各项准备活动，其相关开支最终都对应着土地出让的相应收入。根据该文件附则中公布的《土地储备预算管理报表》可以看到土地储备成本包括征地和拆迁补偿支出、土地开发支出和其他支出。道路、供水、供气等土地开发支出是与储备土地相关的基础设施建设支出，这部分已在上文的基础设施建设投资额中予以计算。而征地和拆迁补偿支出依据土地储备与土地出让相对应的原则也在计算土地出让纯收益时予以扣除，减计收入即是增加支出，因此这部分支出也计算在内。如果储备的土地并未在同年实现出让，那么储备支出和出让收入可能出现年度的不对等，但通常来说，土地从依法取得到出让之间的周期并不长。而且从年度土地总收支平衡的角度来看，土地出让收入与征地和拆迁补偿支出基本能保持一定比例关系，因

---

[1]　财政部和自然资源部：《关于印发〈土地储备项目预算管理办法（试行〉〉的通知》，中国政府网，2019 年 5 月 20 日。

此本书不再对土地收储项目单独计算。

投资项目的盈利现金流入：投资项目的盈利现金流入是可用于投资的第三项自有资金投入。本书借鉴魏涛（2018）的做法，用 EBITDA 利润率，即息税折旧及摊销前收入这一指标来代表投资收益。但由于该指标是付息前的收益，因此需扣除掉利息支出，才能得到盈利现金流入。考虑到2015 年之后地方债务通过置换大大降低了利息负担，因此 2015 年前后利率水平应存在明显差异。根据 2016 年政府工作报告中透露的 2015 年"发行地方政府债券置换存量债务 3.2 万亿元，降低利息负担约 2000 亿元"①，可推出置换后比置换前利率水平降低了 6.25 个百分点。结合 2015 年发行地方政府置换债的利率水平普遍在 3% 左右，说明之前存量债务利率平均水平为 9.25%。因此我们按 9.25% 的利率水平计算利息支出，而 2015 年之后的利息支出需在此基础之上再扣除因置换债而节约的利息。

对于直接法测算部分，主要针对地方政府债券和保障性住房投资的举债两部分进行统计。对于地方政府债券，为了保持与新增债务口径一致，本书统计的是地方政府债券的新增部分，即用一般公共预算和政府性基金预算两本预算中的地方政府债券收入减去地方政府债券还本支出得到。2015 年地方政府才拥有合法举债权，能够自发自还地方政府债券，但在2009 年中央政府便开始进行了财政部"代发代还"地方政府债券的探索，因此对地方政府债券的统计从 2009 年财政部代理发行地方政府债券为起点。

目前中国保障性住房的建设方式包括政府投资自建、政府贴息企业贷款建设和企业自建政府回收三种，各方式最终的支出责任都直接或间接地落在政府身上，成为地方政府举债的重要用途之一。从固定资产投资统计的行业标准来看，保障性住房属于房地产开发投资类别，其投资主体包括房地产企业和非房地产企业的项目建设单位。根据国家统计局口径，由房地产企业开发的保障性住房纳入房地产开发投资中，而由项目建设单位等非房地产开发企业开发的保障性住房，则不计入房地产开发投资数据中。因此无法从统计数据中直接获取保障性住房投资数额，也就无法从投资端间接测算因保障性住房投资而产生的地方债。而转为采用直接法测算这部分债务需了解保障性住房举债的资金来源方式和相应规模。保障性住房举债的资金来源方式包括发行债券、银行贷款、保险资金、社保基金、住房公积金、民间资本等。其中地方政府债券上文已作统计，银行贷款是最重

① 国务院：《政府工作报告》，中国政府网，2016 年 3 月 5 日。

要的资金来源方式，其他几项融资渠道则占比不大。例如，住房公积金从用于发放保障性住房项目贷款试点的 2009 年开始到 2018 年底截止，累计发放的贷款总额仅为 872.15 亿元[①]。因此鉴于重要性和数据可得性的考虑，本书将保障性住房开发贷款作为近似口径来测算保障性住房投资形成的非政府债券类地方债务。1995 年中国实施"安居工程"，开始推行保障性住房。但 2008 年启动的以棚户区改造为重要内容的保障性安居工程才是促使地方政府大力投资保障性住房的起点，尤其在 2009 年之后投资需求猛增，资金缺口巨大。鉴于此并兼顾数据可得性，本书保障性住房开发贷款数据的统计从 2010 年开始。

综上所述，地方政府全口径债务测算结果由三部分加总得到。

全口径新增债务＝间接法测算部分＋直接法测算部分＝基建投资形成的非政府债券类地方新增债务＋保障性住房投资形成的非政府债券类地方新增债务＋地方政府债券新增部分

在得到全口径地方新增债务的基础之上，通过历年累加可得全口径地方债务存量：

$$全口径债务存量 = \sum_{i=1}^{n} 全口径新增债务_i (n \text{ 为样本期}) \quad (4-2)$$

需要说明的是，债务存量之所以可以通过新增债务累加直接得到，是因为从上述测算过程可知，本书测算的新增债务相当于当年地方政府总收支的缺口，是地方债务的净增加值，是考虑了举债和还本之后的数额，该数额可能为正，可能为零，也可能为负。如果当年新增债务为正，说明举借额大于还本额，债务存量增加；如果当年新增债务为零，说明举借额等于还本额，债务存量保持不变；如果当年新增债务为负，说明举借额小于还本额，债务存量缩减。

4.1.3　测算数据及结果

根据审计署的审计报告显示，1996 年以来地方政府举债现象已经非常普遍。但政府债务规模迅速扩张开始于 2000 年后，再加上受数据可得性的限制，我们将样本期起点定在 2004 年。用于测算的指标数据来自历年

---

① 《住房和城乡建设部　财政部　中国人民银行关于印发〈全国住房公积金 2018 年年度报告〉的通知》，中国政府网，2019 年 6 月 15 日。

《中国统计年鉴》《中国国土资源统计年鉴》《中国固定资产投资统计年鉴》《金融机构贷款投向统计报告》《中国财政年鉴》、全国和各省财政预决算报告及 Wind 数据库。测算结果如表 4-2 所示。

表 4-2　　　　2004~2022 年全国地方政府新增债务和债务存量　　单位：亿元

项目	2004 年	2005 年	2006 年	2007 年	2008 年	2009 年	2010 年
新增债务	7839.88	10700.35	12883.69	13640.72	17631.22	26063.36	28761.47
债务存量	7839.88	18540.23	31423.92	45064.64	62695.87	88759.23	117520.70
项目	2011 年	2012 年	2013 年	2014 年	2015 年	2016 年	2017 年
新增债务	28029.15	31808.08	35601.20	50594.70	66470.61	87137.37	99817.38
债务存量	145549.90	177357.90	212959.10	263553.80	330024.40	417161.80	516979.20
项目	2018 年	2019 年	2020 年	2021 年	2022 年		
新增债务	73819.19	89579.36	106513.36	114989.26	115654.25		
债务存量	590798.39	680377.75	786891.11	901880.37	1017534.60		

资料来源：根据笔者计算得到。

从测算结果可以看到，2014~2022 年地方新增债务均大于零且不断增加，说明地方总收支始终处于赤字状态，且收支缺口越来越大。由此累积起来的债务余额也自然呈递进式增长态势。而且在测算中发现，从 2009 年开始，非政府债券类债务的利息额超过了盈利性现金流入，即投资收益无法完全覆盖利息费用（此处的利息并不包含地方政府债券利息，地方政府债券利息已在财政预算表中的地方政府债券利息支出项目中予以支付）。随着债务余额叠加，利息负担越来越重，投资收益与利息的差距也越来越大。从 2015 年开始实施的债券置换对利息负担的降低起到了重要作用，尤其是 2017 年直接降低利息负担 1.2 万亿元①，改变了投资收益与利息差距继续扩大的趋势，否则状况会更加恶化。

另外，地方政府隐性债务（表外债务）的积累开始于 2015 年，故本书对 2015~2022 年显性债务和隐性债务进行比较，具体如表 4-3 所示。从表中可以看到显性债务增长缓慢，但隐性债务增长迅速，隐显比（隐性债务/显性债务）从 2015 年的 1.06 上升到了 2017 年的 2.13。孙付

① 国务院：《政府工作报告》，中国政府网，2018 年 3 月 5 日。

（2018）在2017年对东、中部一些地区的调研中发现地方政府全口径债务的体量约为表内债务的3~8倍，即隐性债务是显性债务的2~7倍，说明本书的测算结果与调研情况基本相符。闫衍（2018）提到2017年中国地方政府整体隐性债务规模在26.5万亿~35.9万亿元之间，约为显性债务的1.6~2.2倍，这与本书的测算结果非常相近。

表4-3　　　2015~2022年地方政府显性债务与隐性债务对比情况

项目	2015年	2016年	2017年	2018年	2019年	2020年	2021年	2022年
债务总额（亿元）	330024.40	417161.80	516979.20	590798.39	680377.75	786891.11	901880.37	1017534.60
显性债务（亿元）	160074.30	153164.01	165099.80	184619.00	213098.00	256611.00	304700.00	350653.00
隐性债务（亿元）	169950.10	263997.79	351879.40	406179.39	467279.75	530280.11	597180.37	666881.60
隐显比（比值）	1.06	1.72	2.13	2.20	2.19	2.07	1.96	1.90

4.2　中国地方债的规模特征

4.2.1　绝对规模

从测算结果来看，全国地方政府的新增和存量债务规模均呈现逐年攀升的发展态势，将表4-1数据更加直观地展现在图形上，如图4-1所示。

由于我国地区之间存在较大差异，因此我们用本书4.1节的测算方法对我国各省政府债务规模进行测算。需要说明的是，由于缺乏各省基础设施建设投资的国有控股、中央项目、预算内资金和投资收益数据，因此本书采取间接方法进行处理：按照各省全社会固定资产投资占全国的比例作为权重去计算全国地方政府基础设施建设投资中属于各省的数额；由于缺乏金融机构保障性住房开发贷款的分省数据，考虑到财政预算内资金作为保障性住房项目资本金的重要支撑，与贷款资金存在正向比例关系，因此本书按各省份财政预算内住房保障支出数额占全国的比例作为权重去计算全国各金融机构保障性住房开发贷款中属于各省的数额。限于篇幅，本书只将 2016 年各省地方债的新增和存量规模列表显示，具体如表 4－4 所示。地方债绝对规模呈现东高西低的区域分布态势。规模最高的省份是江苏、山东、广东、河南和河北，均在 20000 亿元以上，其中是江苏省最高，超过 30000 亿元；其次较高的是浙江、湖南、辽宁、四川和湖北，在 10000 亿元~20000 亿元之间；规模较低的是西藏、海南、青海、宁夏、北京和上海，均未超过 5000 亿元。

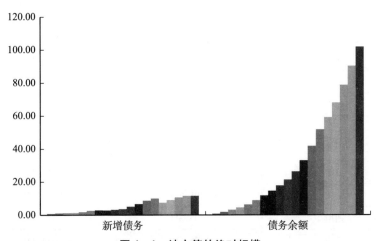

图 4－1　地方债的绝对规模

注：从左至右年份从 2004 年至 2022 年依次递增。

资料来源：根据本书 4.1 节测算结果整理绘制。

表 4－4　　　　　**2016 年全国分省地方政府新增债务和债务余额**　　　　单位：亿元

省份	新增债务	债务余额
北京	555.797	2763.287
天津	1497.460	7542.499
河北	4722.449	24500.740
山西	2153.040	10504.589
内蒙古	2692.593	15950.733
辽宁	3630.562	22717.672
吉林	2173.090	11514.213
黑龙江	1615.888	8537.456
上海	834.503	6991.013

省份	新增债务	债务余额
江苏	7150.343	39213.619
浙江	4210.821	22646.788
安徽	3031.485	15363.374
福建	3063.260	13714.385
江西	2957.688	14764.894
山东	6639.796	32331.135
河南	4924.266	24908.441
湖北	3728.597	16858.247
湖南	3897.096	18182.120
广东	5118.791	29111.547
广西	2562.647	12218.763
海南	309.352	1165.487
重庆	1705.628	7280.271
四川	3705.211	17324.982
贵州	1458.619	5833.431
云南	2324.464	11168.524
西藏	201.691	1013.944
陕西	3158.556	15509.194
甘肃	1410.487	6528.376
青海	528.360	2377.033
宁夏	608.960	2929.185
新疆	1626.425	7185.707

资料来源：根据笔者测算得到。

4.2.2 相对规模

地方债的绝对规模只是反映债务状况的一个指标，债务规模的大小与经济实力、偿债能力等因素密切相关，因此考察地方债的相对指标能更加全面地了解中国地方债状况。常见的相对规模指标包括负债率、债务率、债务依存度等。

4.2.2.1 负债率指标

负债率是用年末债务余额除以当年 GDP 得到，它是衡量经济总规模对地方债的承载能力或依赖程度的指标。2004~2022 年，中国地方债规模和 GDP 的变化情况如表 4-5 所示。从表中可以看到，中国地方政府负债率指标呈逐年上升的发展趋势，截至 2017 年底达到 62.99%。若是加上中央政府债务，那么全国政府负债率已超过欧盟警戒线。而中国地区差距较大，负债率指标在不同省份之间也呈现差异。

表 4-5 2004~2022 年全国地方政府负债率

项目	2004 年	2005 年	2006 年	2007 年	2008 年	2009 年	2010 年
债务余额（亿元）	7839.88	18540.23	31423.92	45064.64	62695.87	88759.23	117520.7
GDP（亿元）	161840.2	187318.9	219438.5	270092.3	319244.6	348517.7	412119.3
负债率（%）	4.84%	9.90%	14.32%	16.68%	19.64%	25.47%	28.52%

项目	2011 年	2012 年	2013 年	2014 年	2015 年	2016 年	2017 年
债务余额（亿元）	145549.9	177357.9	212959.1	263553.8	330024.4	417161.8	516979.2
GDP（亿元）	487940.2	538580	592963.2	641280.6	685992.9	740060.8	820754.3
负债率（%）	29.83%	32.93%	35.91%	41.10%	48.11%	56.37%	62.99%

项目	2018 年	2019 年	2020 年	2021 年	2022 年		
债务余额（亿元）	590798.39	680377.75	786891.11	901880.37	1017534.60		
GDP（亿元）	900309	990865	1015986	1143670	1210207		
负债率（%）	65.62%	68.67%	77.45%	78.86%	84.08%		

注：数据来源于国家统计年鉴和笔者测算结果，经笔者计算得到。

以 2016 年分省地方政府负债率指标为例，负债率较低的是上海、北京、广东、天津和重庆，均在 40% 以下；负债率在 40%~60% 的有浙江、山东、江苏、福建、海南、黑龙江、四川、湖北、湖南、河南和安徽；负债率在 60%～70% 的是广西、河北、吉林、新疆和云南；负债率在 70%～80% 的是江西、山西、内蒙古、陕西、辽宁和西藏；负债率超过 80% 的是宁夏、甘肃、青海和贵州，全是西部省份，尤其是贵州最高达到 89.97%。全国共有 15 个省份的负债率超过了警戒线 60%，占到全国的几乎一半。与图 4-2 对比发现，债务绝对规模和相对规模呈相反的地区分布趋势，绝对规模东高西低，而负债率东低西高。

我们按三大经济区域划分，对地方债的区域分布情况进行比较。如图 4-2 所示，东、中、西部三大区域的平均债务余额依次降低，而平均负债率却依次升高。说明东部省份虽然普遍债务绝对规模大，但由于其经济实力雄厚，债务的承受力也强，因而负债率不高；而西部省份虽然债务规模绝对量没有东部高，但经济实力弱小，导致负债率反而较高，同时也说明西部省份的经济发展对地方债的依赖性较大。而且西部地区的负债率为70.43%，超过 60% 的国际警戒线，债务风险值得关注。

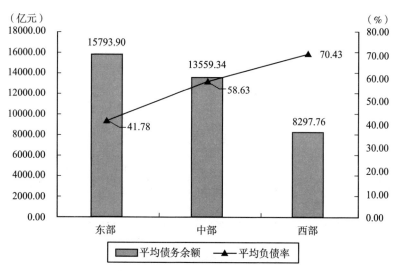

图 4-2　2016 年地方债的区域分布情况（三大经济区域划分）

注：三大经济区域划分中，东部地区包括北京、天津、河北、辽宁、上海、江苏、浙江、福建、山东、广东、海南共 11 个省份；中部地区包括山西、吉林、黑龙江、安徽、江西、河南、湖北、湖南共 8 个省份；西部地区包括内蒙古、广西、云南、四川、重庆、贵州、西藏、陕西、甘肃、青海、宁夏和新疆共 12 个省份。

资料来源：根据笔者测算得到。

随着中国经济社会加速发展，区域分化呈现新特征，为此我们进一步按四大经济区域（东部、中部、西部和东北地区）来更为详细地考察地方债分布情况。如图 4-3 所示，在四大经济区域划分标准下，东、中、西部地区仍然呈现平均债务余额依次降低而平均负债率依次升高的分布状况。值得关注的是，东北地区的平均债务余额和负债率均偏高，平均债务余额超过 10000 亿元，平均负债率超过 60%，在四大区域中分别排名第三和第二。

中国地方政府负债率指标的情况说明，从全国范围来看，债务规模未超过国际警戒线，尚处于可控的安全范围。但区域间差异明显，有接近一半的省份负债率超过国际警戒线，应重点关注，控制增速。而且债务风险较大的地区集中在西部和东北地区。

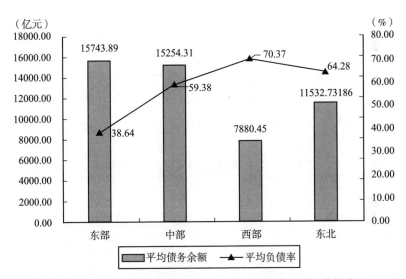

图 4-3　2016 年地方债的区域分布情况（四大经济区域划分）

注：四大经济区域划分中，东部地区包括北京、天津、河北、上海、江苏、浙江、福建、山东、广东、海南共 10 个省份；中部地区包括山西、安徽、江西、河南、湖北、湖南共 6 个省份；西部地区包括广西、云南、四川、重庆、贵州、西藏、陕西、甘肃、青海、宁夏和新疆共 11 个省份。东北地区包括辽宁、内蒙古、吉林、黑龙江共 4 个省份。

资料来源：根据笔者测算得到。

4.2.2.2　债务率指标

债务率是用地方债余额除以当年地方政府综合财力得到。其中，综合财力是衡量政府持续稳定的可支配收入的指标。债务偿还的直接来源是地方可支配收入，因此债务率是防控地方债务风险的重要参考指标。依据国际货币基金组织 IMF 的标准，债务率的参考范围在 90% ~ 150%。2017 年财政部颁布的《关于印发〈新增地方政府债务限额分配管理暂行办法〉的通知》明确规定了地方财力的计算公式：

$$某地区政府财力 = 某地区一般公共预算财力 + 某地区政府性基金预算财力 \tag{4-3}$$

$$某地区一般公共预算财力 = 本级一般公共预算收入 + 中央一般公共预算补助收入 - 地方一般公共预算上解 \tag{4-4}$$

$$某地区政府性基金预算财力 = 本级政府性基金预算收入 + 中央政府性基金预算补助收入 - 地方政府性基金预算上解 \tag{4-5}$$

计算综合财力的各项数据来源于 2010 ~ 2017 年全国财政决算报告，由于无法获得 2010 年之前的地方政府性基金收入数据，因此只能计算得到 2010 ~ 2017 年的地方政府债务率。如表 4 - 6 所示，2010 年全国地方政府债务率已超过 100%，之后逐年上升，2015 年超过了 IMF 参考标准 150%，2017 年超过 200%。由此可见，中国地方政府债务率水平偏高，应引起重视。

表 4 - 6　　　　　　　2010 ~ 2017 年全国地方政府债务率指标

项目	2010 年	2011 年	2012 年	2013 年	2014 年	2015 年	2016 年	2017 年
债务余额（亿元）	111772.70	136050.85	165572.93	197527.59	241045.77	294757.45	363616.91	443838.23
综合财力（亿元）	107296.10	131647.25	141836.17	166481.57	178828.81	177658.43	190215.36	215161.67
债务率（%）	104.17	103.34	116.74	118.65	134.79	165.91	191.16	206.28

资料来源：根据笔者测算得到。

鉴于区域差异性，我们分别计算出各省债务率指标以进行区域比较。以 2016 年为例，我们计算出数据完整的 26 个省份的债务率（不含山西、安徽、江西、湖北和西藏）。如图 4 - 4 所示，各省份债务率指标差异巨大，从 53.21% ~ 329.03% 不等。处于安全范围内（IMF 标准 150% 以下）的仅有上海、北京、海南、重庆四个地区，其中前三名都来自东部地区；有超过一半的地区债务率超过 200%，债务率最高的前五名分别是辽宁、河北、陕西、内蒙古和吉林，其中三个都来自东北地区，债务率最高省份是辽宁，达到 329.03%，可见东北地区债务情况不容乐观。

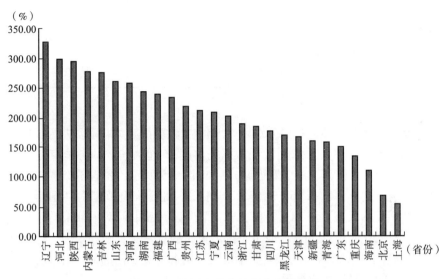

图 4 - 4　2016 年分省地方政府债务率

　　注：由于山西、安徽、江西、湖北和西藏五个地区的相关数据不完整，故未作展示。本图只列示了除以上地区之外的 26 个省份的债务率情况。

　　资料来源：数据来自各省 2016 年财政决算报告，经笔者整理测算得到。

4.2.2.3　债务依存度指标

　　债务依存度是用当年地方政府新增债务除以当年地方政府财政支出总额得到的。其中，财政支出总额是地方政府一般公共支出和政府性基金支出之和。债务依存度是衡量地方财政支出对债务收入的依赖程度，国际公认的安全线是 15% ~ 20%。

　　计算地方政府财政支出总额的各项数据来源于 2010 ~ 2017 年全国财政决算报告，由于无法获得 2010 年之前的地方政府性基金收入数据，因此只能计算得到 2010 ~ 2017 年的地方政府债务依存度。如表 4 - 7 所示，除了 2011 年和 2013 年债务率在 20% 以下，其余年份均超过 20%。2016 年和 2017 年债务率进一步升高，超过了 30%。由此可见，中国地方政府财政支出对债务收入的依赖程度偏高，且在持续走高的发展路径上。

表 4 – 7 2010 ~ 2017 年全国地方政府债务依存度指标

项目	2010 年	2011 年	2012 年	2013 年	2014 年	2015 年	2016 年	2017 年
新增债务（亿元）	25013.47	24278.15	29522.08	31954.66	43518.18	53711.69	68859.46	80221.32
财政支出（亿元）	105551.54	130523.43	141344.04	167481.92	177715.45	189658.24	204339.82	231513.33
债务依存度（%）	23.70	18.60	20.89	19.08	24.49	28.32	33.70	34.65

资料来源：根据笔者测算得到。

　　鉴于区域差异性，我们分别计算出各省债务依存度指标以进行区域比较。以 2016 年为例，我们计算出数据完整的 26 个省份的债务依存度（不含山西、安徽、江西、湖北和西藏）。如图 4 – 5 所示，各省份债务依存度指标有明显差异，从 4.86% ~ 53.28% 不等。处于安全范围内（国际标准 20% 以下）的仅有上海、北京和辽宁三个地区，其中前两个都来自东部地区；债务依存度超过 50% 同时也是排名较高的省份是贵州和陕西，分别达到 53.28% 和 52.87%，均来自西部地区。由此可见，西部地区财政支出对债务收入的依赖程度更严重。

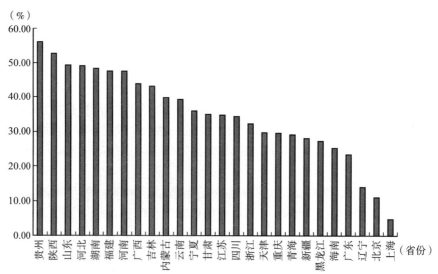

图 4 – 5　2016 年分省地方政府债务依存度

　　注：由于山西、安徽、江西、湖北和西藏五个地区的相关数据不完整，故未作展示。本图只列示了除以上地区之外的 26 个省份的债务率情况。

　　资料来源：数据来自各省 2016 年财政决算报告，经笔者整理测算得到。

4.2.2.4　债务密集度指标

债务密集度指标是由国家金融与发展实验室理事长李扬提出来的，他认为"债务密集度"上升是一个全球的现象，"也就是说对于定量的 GDP 增长，现在比过去需要更多的债务来支持"。本书将债务密集度定义为新增债务增量对产出增量的比值，将其应用于地方债务即地方债务密集度 = 地方新增债务增量/产出增量。该指标反映了地方新增债务对经济增长的拉动作用，即为了增加 1 个单位的产出所需增加的新增债务量，其本质是对地方新增债务经济效应的反映。地方新增债务的经济效应越大，则地方债务密集度越低，反之则地方债务密集度越高。基于上文对全口径地方债务的测算结果，用 GDP 表示产出值，便可得到 2004 ~ 2017 年中国地方债务密集度的变化情况，如表 4 - 8 所示。

表 4 - 8　　　　　　　　2004 ~ 2017 年地方债务密集度变化情况

项目	2004 年	2005 年	2006 年	2007 年	2008 年	2009 年	2010 年
新增债务（亿元）	7839.88	10700.35	12883.69	13640.72	17631.22	26063.36	28761.47
新增债务增量（亿元）	—	2860.47	2183.34	757.03	3990.50	8432.14	2698.11
GDP 增量（亿元）	24418.20	25478.70	32119.60	50653.80	49152.30	29273.10	63601.60
债务密集度（比值）	—	0.11	0.07	0.01	0.08	0.29	0.04

项目	2011 年	2012 年	2013 年	2014 年	2015 年	2016 年	2017 年
新增债务（亿元）	28029.15	31808.08	35601.20	50594.70	66470.61	87137.37	99817.38
新增债务增量（亿元）	-732.32	3778.93	3793.12	14993.50	15875.91	20666.76	12680.02

续表

项目	2011 年	2012 年	2013 年	2014 年	2015 年	2016 年	2017 年
GDP 增量（亿元）	75820.90	50639.80	54383.20	48317.40	44712.30	54067.90	80693.50
债务密集度（比值）	-0.01	0.07	0.07	0.31	0.36	0.38	0.16

资料来源：根据笔者测算得到。

　　由于本书对地方债务测算的起点为 2004 年，因此表 4－8 反映的是 2005～2017 年的新增债务增量和债务密集度。从表 4－8 中可以看到地方债务密集度的变化趋势是：2013 年之前呈波动中缓慢升高态势，2013 年之后呈迅速升高态势。在 2005 年增加 1 个单位的产出只增加 0.11 个单位的新增债务，而在 2016 年需要增加 0.38 个单位的新增债务。地方债务密集度逐渐攀升说明地方新增债务的经济效应在逐渐降低。图 4－6 更加直观地显示出了地方债务密集度的变化趋势。

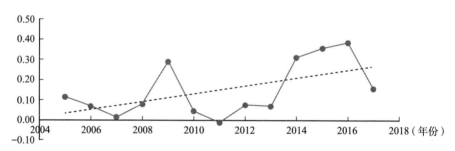

图 4－6　地方债密集度（地方新增债务增量/GDP 增量）
资料来源：根据笔者测算得到。

　　由于中国对地方政府债务资金用途有严格限制，规定只能用于公共投资，即遵循"黄金法则"，而公共投资的资金来源包括自有资金和债务资金两部分，因此可对政府债务密集度作如下变形和分解。

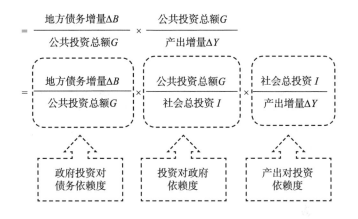

其中，M 表示地方债密集度，经过变形和分解，地方债密集度 M 由三个比重构成：$\Delta B/G$ 衡量了政府公共投资的债务融资比重，反映政府投资对债务的依赖程度；G/I 衡量了社会总投资中公共投资的比重，反映政府投资与民间投资的比例关系，即社会投资对政府的依赖程度；$I/\Delta Y$ 衡量了投资对经济增长的拉动比例，反映产出对投资的依赖程度。三个比重共同决定地方债密集度的大小，各比重越高，那么地方债密集度就会越大。将中国 2014～2017 年地方债密集度进行如上分解，结果如图 4-7 所示，第一张图是地方债务密集度 $\Delta B/\Delta Y$，第二张、第三张、第四张图分别是其分解子项政府投资对债务依赖度 $\Delta B/G$、投资对政府依赖度 G/I、产出对投资依赖度 $I/\Delta Y$。从图中可以看到，第一张图和第四张图

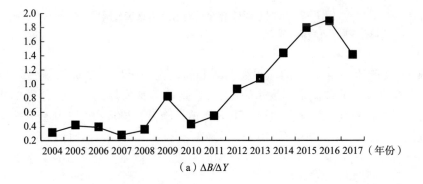

（a）$\Delta B/\Delta Y$

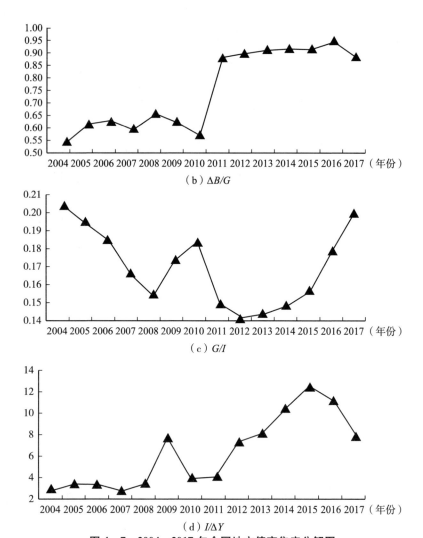

图 4 - 7 2004 ~ 2017 年全国地方债密集度分解图

资料来源：根据笔者测算得到。

的变化趋势是非常相似的，都在不断升高，说明产出对投资依赖度 $I/\Delta Y$ 的升高是导致地方债密集度 $\Delta B/\Delta Y$ 持续走高的重要原因。第三张图的投资对政府依赖度 G/I 存在波动，2008 年前在降低，2008 ~ 2012 年受到金融危机的冲击经历了先上升又迅速下降的变化，2012 年后开始稳步上升，2015 年后增势迅猛。另外，第二张图政府投资对债务依赖度 $\Delta B/G$ 在 2010

年前后有重大变化，2010 年前基本维持在 0.55～0.65 之间水平波动，2011 年后猛然提升到 0.9 的水平并在之后年度持续维持高水平，这个转折点与 $\Delta B / \Delta Y$ 基本相同，说明这也是导致地方债密集度升高的因素之一。

4.2.3　其他规模特征

4.2.3.1　地方政府投资的债务依赖度

地方政府总投资持续增长，其资金来源于自有资金和债务资金两个渠道。自有资金包括地方财政预算内资金、土地出让金纯收益和投资项目的盈利现金流入三个方面。债务资金即为新增债务（测算情况 1 的结果，即利息超过投资收益的部分由财政资金偿付）获得的收入。2014～2017 年全国地方政府总投资的资金来源对比情况如表 4－9 所示，2004～2017 年地方政府总投资规模不断扩大，其收入来源自有资金和债务资金均呈逐年增加态势，且后者债务资金增加得更多。2004～2017 年地方政府总投资的资金来源如图 4－8 所示，资金来源中债务资金所占比重呈逐渐上升的趋势。由此可见，中国地方政府总投资对债务的依赖度在不断提高。

表 4－9　　　　2004～2017 年全国地方政府总投资的资金来源　　　单位：亿元

项目	2004 年	2005 年	2006 年	2007 年	2008 年	2009 年	2010 年
自有资金	6526.12	6607.19	7487.49	9239.95	9115.41	15135.41	21361.07
债务资金	7839.88	10700.35	12883.69	13640.72	17631.22	26063.36	28761.47
项目	2011 年	2012 年	2013 年	2014 年	2015 年	2016 年	2017 年
自有资金	22468.34	23451.00	32313.71	32542.30	34395.80	39874.81	47949.86
债务资金	28029.15	31808.08	35601.20	50594.70	66470.61	87137.37	99817.38

注：表中自有资金数据由笔者整理计算得到，债务资金数据即为前文测算得到的新增债务数据。

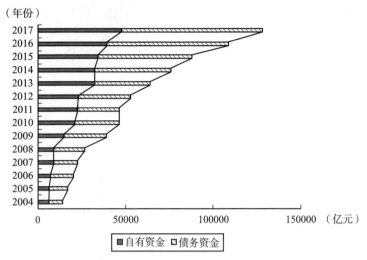

图 4 – 8　2004～2017 年地方政府总投资的资金来源

资料来源：根据笔者测算得到。

4.2.3.2　地方债规模扩张的利息负担

盈利性现金流入由投资收益（EBITDA）减去债务利息后得到，如表 4 – 10 所示，2009 年之前投资收益都大于利息支出，意味着投资收益在支付利息后还可用于投资，但由于债务利息逐年上升，导致可用于投资的数额逐年递减。从 2009 年开始债务利息超过了投资收益，意味着投资收益已无法完全覆盖利息支出，需要借债来偿付利息。随着债务存量累积，利息负担越来越重，投资收益与利息的差距越来越大。从 2015 年开始实施的债券置换对利息负担的降低起到了重要作用，尤其是 2017 年直接降低利息负担 1.2 万亿元[①]，改变了投资收益与利息差距继续扩大的趋势，否则状况会更加恶化。由此可见，由于地方政府投资主要集中在公益性和准公益性项目，来源于项目的直接收益较低，在债务规模不大时，基本能覆盖债务利息费用。但随着债务不断累积，利息负担越来越重，项目的直接收益很难承受利息负担，极有可能出现借债还息的现象。

---

①　国务院：《政府工作报告》，中国政府网，2018 年 3 月 5 日。

表4-10　　　　2004～2017年全国地方政府总投资的资金来源　　　单位：亿元

项目	2004年	2005年	2006年	2007年	2008年	2009年	2010年
投资收益（EBITDA）	2232.84	2648.15	3140.71	3724.88	4417.71	5239.40	6376.30
利息支出	—	725.19	1714.97	2906.71	4168.48	5799.37	8025.23
投资收益减去利息支出	2232.84	1922.96	1425.74	818.17	249.23	-559.97	-1648.93

项目	2011年	2012年	2013年	2014年	2015年	2016年	2017年
投资收益（EBITDA）	6361.80	7474.50	9511.20	11598.70	13983.90	16472.70	20145.80
利息支出	10338.97	12584.70	15315.50	18271.30	20296.73	25265.06	19634.56
投资收益减去利息支出	-3977.17	-5110.20	-5804.30	-6672.60	-6312.83	-8792.36	511.24

注：表中自有资金数据由笔者整理计算得到，债务资金数据即为前文测算得到的新增债务数据。

4.2.3.3　地方债的隐显比（隐性债务/显性债务）

表4-3已展示出全国地方债的隐显比情况，从表4-3中可以看到显性债务增长缓慢，但隐性债务增长迅速，隐显比（隐性债务/显性债务）从2015年的1.06上升到了2017年的2.13。进一步，我们将2016年分省地方债的隐显比进行比较，结果如图4-9所示，大部分地方政府的隐显比在1.0～2.0之间；河北、吉林、甘肃、江西、湖北、山东和江苏的隐显比水平较高，在2.0～3.0之间；隐显比超过3.0的有西藏、河南和山西，其中西藏最高。影响隐显比的因素主要有两个方面：第一，2015年之后地方政府变相举债动机越强烈，隐性债务会越多，那么隐显比越高；第二，地方政府广义债务中纳入显性债务的规模越小，那么隐显比越高。因此隐显比实质上反映出了地方政府举债扩张的激进程度和与上级政府博弈时的"议价能力"。

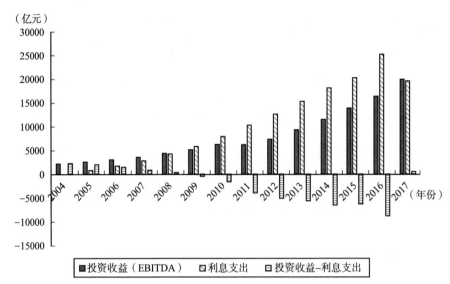

图 4 - 9　2004～2017 年地方政府投资收益与利息支出对比情况
资料来源：根据笔者测算得到。

　　再进一步，我们将 2016 年分省地方债按照显性和隐性标准来分别考察负债率情况。根据前述的分省测算结果发现，显性负债率和隐性负债率的区域分布情况有所不同。显性负债率较高的地区是贵州、青海和云南，其中只有贵州的显性负债率超过了 60%，达到 73.96%，而其他地区均在 60% 以下；隐性负债率较高的地区是西藏、甘肃和山西，其中只有西藏的隐性负债率超过了 60%，达到 74.88%，而其他地区均在 60% 以下。贵州、青海和云南具有显性负债率高而隐性负债率低的特点；而西藏、山西和河南正好相反，具有显性负债率低而隐性负债率高的特点。

4.3　中国地方债的结构特征

　　受到数据的限制，无法准确获知全国地方债的结构特征，我们仅以西部 S 省的债务情况为例，对地方债的结构特征进行分析。S 省地方债中的显性债务数据来源于公开的财政预算报告，而隐性债务数据由作者调研收集获得。全国各省的情况存在差异，S 省地方债结构特征并不能反映全国地方债的全貌，但前文的分析表明地方债务问题较为突出的地区集中在西部，因此西部 S 省的地方债情况具有一定的代表性。需要说明的是，调研数据为截至 2018 年 8 月末的隐性债务。由于形成背景和产生年份的不同，显性债务和隐性债务的结构特征必然存在差异。显性债务主要产生于 2015 年《预算法》（2014 年修正）实施之前，而隐性债务产生于 2015 年后，因此本章所用调研数据主要反映 2015～2018 年地方政府新举借的"非公开"债务结构特征。

4.3.1　债务资金的来源结构

2015 年《预算法》（2014 年修正）颁布实施后，政府债券是地方债唯一合法形式，2015 年之前经过清理甄别的地方政府性债务通过 2～3 年时间大部分都已置换为合法的债券形式，因此从资金来源角度看，地方政府显性债务的类型较为简单，就是地方政府债券以及少量的其他债务形式。根据管理方式的不同，显性债务可划分为一般债务和专项债务两大类：一般债务是地方政府为弥补财政赤字，缓解地方政府临时资金紧张而举借或形成的债务，资金用于纯公益性项目，纳入地方一般公共预算管理，由一般公共预算资金进行偿还；专项债务是地方政府为建设某转型工程而举借或形成的债务，资金用于有一定收益的项目，纳入地方政府性基金预算管理，由政府性基金或对应的项目收益进行偿还。两类债务都可根据债务的具体形式划分为债券类和非债券类。债券类债务即地方政府债券，可通过全国银行间债券市场和证券交易所债券市场两类场所发行。银行间债券市场是依托银行间同业拆借中心、中央国债登记结算公司和银行间市场清算所股份有限公司进行债券买卖和回购的市场。证券交易所债券市场是依托证券交易所固定收益证券综合电子平台进行债券买卖交易的市场，交易者包括机构投资者和个人。

从资金来源角度看，地方政府隐性债务可分为两大类：融资平台公司债务和政府中长期支出责任债务。前者是地方政府借助平台公司举借或形成的各种债务，后者是地方政府直接作为债务人而举借或形成的各类债务，具体分类情况如图 4-10 所示。

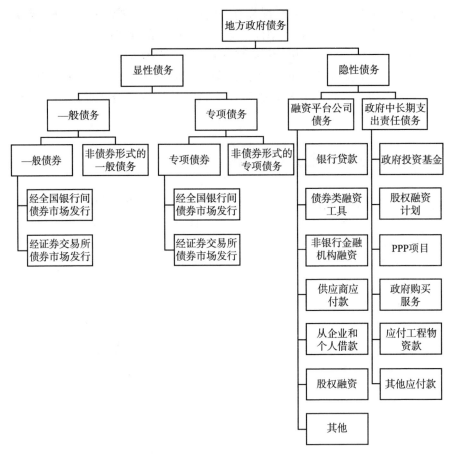

图 4 – 10　地方债资金来源结构

　　将 S 省显性债务和隐性债务的相关数据进行整理和计算，可得到地方债的资金来源结构比重。如图 4 – 11 所示，地方债中 34.04% 属于显性债务，66.96% 属于隐性债务。显性债务由 58.49% 的一般债券、41.22% 的专项债券和 0.29% 的非债券类债券构成。隐性债务由 60.06% 的融资平台公司债务和 39.94% 的政府中长期支出责任债务构成。其中，融资平台公司债务资金大部分都来源于银行贷款；政府中长期支出责任债务中政府购买服务所占比重较高。

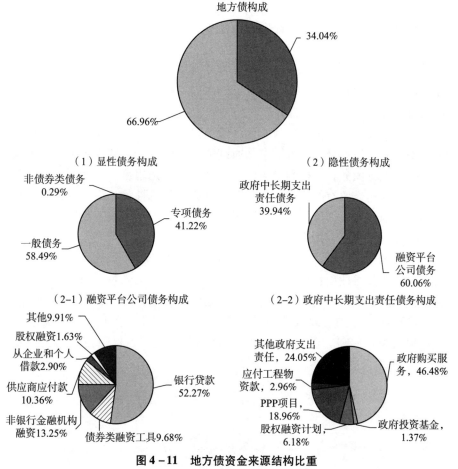

图 4 - 11　地方债资金来源结构比重

注：显性债务为截至 2018 年 12 月底 S 省的显性债务数据，来源于该省《2018 年预算执行情况和 2019 年预算草案的报告及相关表格》；隐性债务为截至 2018 年 8 月底 S 省隐性债务数据，由笔者调研收集。图中各结构比重经笔者整理计算得到。

4.3.2　债务资金的用途结构

中国地方债资金主要用于基础设施等公共投资，符合"黄金法则"的规定。根据国家统计局的分类标准，基础设施建设投资主要包括：电力、燃气及水的生产和供应业；交通运输、仓储和邮政业；科学研究、技术服务和地质勘查业；水利、环境和公共设施管理业；教育；卫生、社会保障和社会福利业；公共管理和社会组织。这七个行业也是地方债资金的主要投向。

从显性债务来看，地方政府显性债务分为一般债务和专项债务。专项债务具体可分为普通专项债和项目收益专项债。与普通专项债不同的是，项目收益专项债券所对应的项目必须具有持续稳定的现金流入，并且能够完全覆盖专项债券的还本付息。可见，中国项目收益债类似于美国市政债的收益债券。

项目收益债是防范中国地方债风险、化解地方隐性债务的重要手段之一，基于满足地方合理融资需求，通过"开前门"的方式规范地方举债模式，完善地方债务管理机制。因此，项目收益债是用公开、透明、节约的方式替换掉地方原有的隐蔽、高风险、高成本的隐性债务融资方式，其资金用途与地方隐性债务是基本相同的。因此，我们运用地方隐性债务数据来分析地方债务资金用途结构，具有一定代表性。

如图4-12所示，地方债资金的用途主要可分为公益性和非公益性项目，其中非公益性项目仅占3.54%，大部分都属于公益性项目。公益性项目主要包括有铁路、公路、机场、市政建设、土地储备、保障性住房、生态建设和环境保护、政权建设、教育、科学、文化、医疗卫生、社会保障、粮油物资储备、农林水利建设、港口等。其中，保障性住房占比最高，达到29.10%。

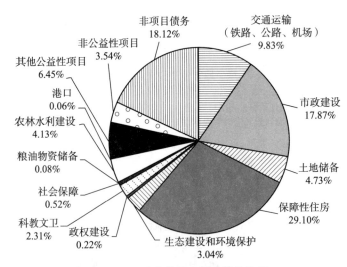

图4-12 地方债资金用途结构比重

注：图中数据来源于笔者对截至2018年8月末S省隐性债务调研情况收集，经整理计算得到。

4.3.3　债务资金的期限结构

隐性债务及各组成部分的期限结构如图 4 - 13 所示。从未来偿债年度看，2018 年 9 月至 12 月、2019 年到期需偿还的隐性债务分别占 11.94% 和 13.78%，2020 ~ 2028 年到期需偿还的分别占 11.13%、9.70%、8.74%、7.62%、5.41%、5.65%、5.36%、4.37% 和 3.34%，呈逐年下降趋势，2029 年及以后到期需偿还的占 12.96%。由此可见，隐性债务前期偿还压力较大，之后逐渐降低。将各年到期债务比重作为权重，对偿还期限进行加权平均，具体如式（4 - 6）所示，计算可得整体隐性债务的平均偿还期限为 4.87 年。

$$平均偿还期限 = \sum \left(某年到期债务比重 \times 偿还期限 \right) \qquad (4 - 6)$$

隐性债务由融资平台公司债务和政府中长期支出责任债务两部分构成，二者的期限结构存在差异。融资平台公司债务的偿债年度变化趋势与总体隐性债务类似，2018 年 9 ~ 12 月、2019 年到期需偿还的债务分别占 12.08% 和 17.48%，2020 ~ 2028 年到期需偿还的分别占 13.21%、11.04%、9.24%、6.35%、4.78%、5.13%、4.64%、3.79% 和 2.83%，呈逐年下降趋势，2029 年及以后到期需偿还的占 9.42%。这说明融资平台公司债务也存在前期偿还压力较大，之后逐渐降低的特征。运用上文同样的方法求得融资平台公司债务的平均偿还期限为 4.29 年，略低于总体隐性债务，说明融资平台公司债务是隐性债务中期限较短的类型。

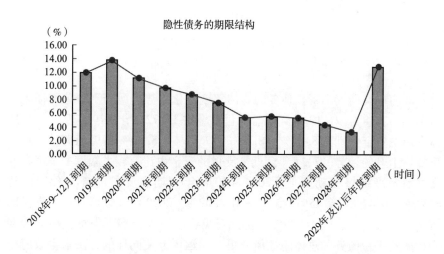

图中标题：隐性债务的期限结构

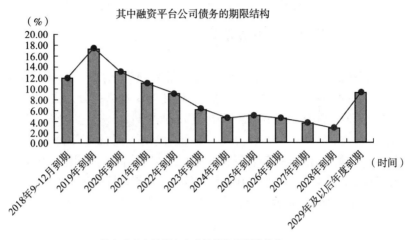

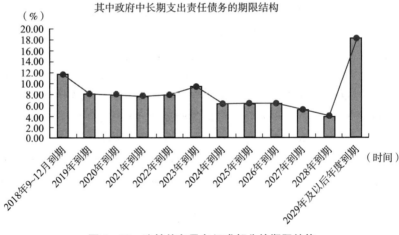

图 4 – 13　隐性债务及各组成部分的期限结构

注：图中数据来源于笔者对截至 2018 年 8 月末 S 省隐性债务调研情况收集，经整理计算得到。

政府中长期支出责任债务的偿债年度变化趋势与融资平台公司债务有所不同，2018 年 9 ~ 12 月到期需支付资金占 11.72%，2019 ~ 2023 年到期需支付的资金分别占 8.20%、8.01%、7.69%、8.00% 和 9.51%，呈现先下降后上升的趋势。2024 年到期需支付的资金占比有较大幅度的下降，并在之后年度缓慢波动降低，2024 ~ 2028 年到期需支付的资金分别占比 6.34%、6.44%、6.45%、5.24% 和 4.09%。2029 年及以后到期需支付的资金占比较高，达到 18.29%。由此可见，政府中长期支出责任债务的期限比融资平台债务和总体隐性债务更长。运用上文同样的方法求得政府中长期支出责任债务的平均偿还年限为 5.75 年。因此，隐性债务、融资平台公司债务和政府中长期支出责任债务的平均偿债年限分别为 4.87 年、4.29 年和 5.75 年，如图 4 - 14 所示。

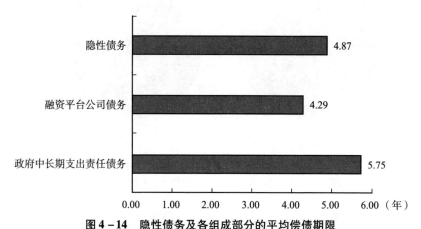

图 4 - 14　隐性债务及各组成部分的平均偿债期限

注：图中数据来源于笔者对截至 2018 年 8 月末 S 省隐性债务调研情况收集，经整理计算得到。

4.3.4　债务资金的层级结构

本书将债务资金的层级结构分为纵向和横向两个方面，纵向层级结构指按政府层级划分的各部分所占比例，包括省级、市级和县级及以下；横向层级结构指按省会和其他地区划分的各部分所占比例。

中国 S 省债务资金的纵向层级结构呈现随政府层级下降债务规模上升的特征，而且在这一特征上隐性债务比显性债务表现得更加突出。如图 4 - 15 所示，显性债务规模的各部分占比分别为省级 6%、市级 28%、县级及以下 66%；而隐性债务规模的各部分占比分别为省级 2.59%、市级 18.94%、县级及以下 78.47%。由此可见，越往基层走，地方债规模越庞大，债务问题越严重。

中国 S 省债务资金的横向层级结构呈现向省会城市集中的趋势特征，而且在这一特征上隐性债务比显性债务表现得更加突出。如图 4 - 16 所示，显性债务规模中省会城市占到全省的 26%，其他地区只占 74%；而隐性债务规模中省会城市更是占到全省的 32%，其他地区只占 68%。由此可见，对于 S 省来说，省会城市占用了大量的债务资源，债务资金的市级分配可能不够公平。

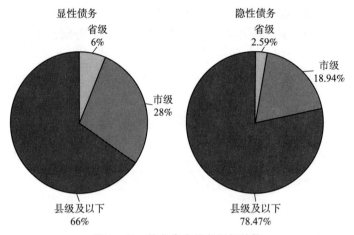

图4-15 债务资金纵向层级结构

注：图中数据来源于笔者对截至2018年8月末S省隐性债务调研情况收集，经整理计算得到。

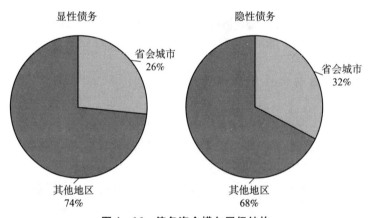

图4-16 债务资金横向层级结构

注：图中数据来源于笔者对截至2018年8月末S省隐性债务调研情况收集，经整理计算得到。

进一步将S省隐性债务按纵向层级划分来比较各层级的债务资金来源特点，具体如图4-17所示，发现各层级的债务来源中融资平台公司债务均超过中长期支出责任债务，但各层级对融资平台的依赖程度不同：省级举债对融资平台公司的依赖程度最高，达到78.29%；市级举债对融资平台公司的依赖程度次之，达到63.12%；而县级及以下对融资平台公司的依赖程度最低，为55.44%，剩下接近一半的债务来源于政府购买服务、PPP项目、政府投资基金等中长期支出责任。结合前文各层级债务规模结构来看，资金来源之所以呈现如此特征，可能存在两方面原因：一是省市级政府融资规模相对较小，因而只需要依赖融资平台公司渠道即可满足融资需求，而县级及以下政府融资规模较大，除了通过融资平台借债，还需要依赖政府购买服务、PPP 项目、政府投资基金等变相渠道来满足融资需求；二是省市级融资平台公司通过银行贷款、发行债券等方式获得资金更为容易，而县级及以下地方政府则需更为多样化的融资手段。

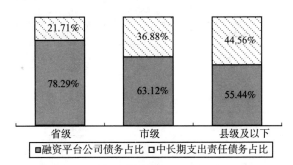

图 4 - 17　各层级地方债的资金来源结构

注：图中数据来源于笔者对截至 2018 年 8 月末 S 省隐性债务调研情况收集，经整理计算得到。

4.4　中国地方债与经济增长的事实特征

4.4.1　地方债与经济增长的描述性统计

描述性统计是运用统计方法对变量进行数据分析，进而深入了解变量的统计特征，为发现问题和推断实证提供帮助，其内容包括集中趋势、离散程度、分布特征和频数分析等。我们首先对地方债和经济增长变量进行描述性统计分析，如表 4 - 11 所示。

表 4 - 11　　　　　　　　　　　　变量的描述性统计

统计指标	地方债	GDP	地方债（取对数）	GDP（取对数）
均值	4902.812	14726.825	7.656	9.114
标准误差	303.003	704.266	0.074	0.056

续表

统计指标	地方债	GDP	地方债 （取对数）	GDP （取对数）
中位数	2527. 953	11164. 300	7. 835	9. 320
标准差	6082. 738	14138. 048	1. 485	1. 115
方差	36999704. 416	199884398. 569	2. 204	1. 243
变异系数	1. 241	0. 960	0. 194	0. 122
峰度	5. 562	4. 653	− 0. 431	0. 601
偏度	2. 144	1. 970	− 0. 437	− 0. 773
区域	39191. 355	80634. 570	7. 474	5. 905
最小值	22. 264	220. 340	3. 103	5. 395
最大值	39213. 619	80854. 910	10. 577	11. 300
求和	1975833. 220	5934910. 430	3085. 188	3672. 964
观测数	403	403	403	403

注：地方债以债务余额表示，数据来源于前文测算，GDP 数据来源于国家统计年鉴，样本包含 2004～2016 年中国 30 个省份的 403 个观测值，单位均为亿元，取对数后无量纲。

从集中趋势来看，地方债的均值为 4902. 812，中位数为 2527. 953，中位数明显小于均值，说明样本更多集中在低值区域，少数债务规模较大的样本拉高了债务的平均值。GDP 的均值为 14726. 825，中位数为 11164. 300，中位数也小于均值，但差异程度不大。取对数后地方债的均值为 7. 656，中位数为 7. 835，较好地修正了均值与中位数偏离的情况。GDP 亦同样如此，取对数后均值为 9. 114，中位数为 9. 320，二者更为接近。

从离散程度来看，地方债的标准差为 6082. 738，远大于均值，说明数据离散程度较大，从最小值 22. 264 和最大值 39213. 619 的差异程度也可反映出来，二者的跨度即区域值达到 39191. 355。GDP 的标准差为 14138. 048，与均值差异程度不大，说明数据的离散程度也偏大，从最小值 220. 340 和最大值 80854. 910 的差异程度也可见一斑，二者的跨度即区域值达到 80634. 570。取对数后地方债的标准差为 1. 485，远小于均值 7. 656，GDP 的标准差为 1. 115，也远小于均值 9. 114，离散程度大大缩小。另外，离散程度也可从变异系数上更为直观地反映出来，地方债的变异系数取对数后从 1. 241 下降到 0. 194，GDP 的变异系数则从 0. 960 下降到 0. 122，均有较大改观，离散程度缩小能大大提升集中趋势值的代表性。

从分布特征来看，地方债和 GDP 的偏度均远大于零，分别为 2. 144 和 1. 970，说明两个样本均为正偏态分布（正态分布的偏度为零）。二者的峰度分别为 5. 562 和 4. 653，也远大于零，说明两个样本的峰态较为陡峭，呈现高尖型分布（正态分布的峰度为零）。通过取对数，二者的偏度和峰度得到较大修正，偏度分别为 - 0. 437 和 - 0. 773，峰度分别为 - 0. 431 和 0. 601，更接近于零，为近似正态分布。以上内容反映在图表上则更为直观：图 4 - 18 显示了地方债的频数和概率密度，可以看到取对数前频数分布曲线的高峰左移且陡峭，长尾向右侧延伸，呈正偏态高尖型分布特征，取对数后更接近正态分布；图 4 - 19 显示了 GDP 的频数和概率密度，可以看到取对数前频数分布曲线的高峰左移且陡峭，长尾向右侧延伸，也呈正偏态高尖型分布特征，取对数后更接近正态分布。

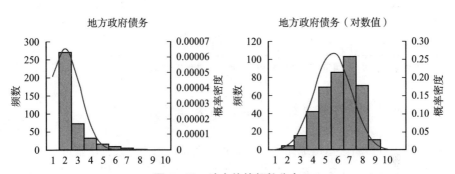

图 4 - 18　地方债的频数分布

资料来源：根据笔者测算得到。

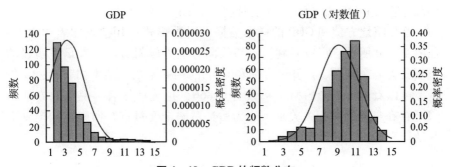

图 4 - 19　GDP 的频数分布

资料来源：根据《中国统计年鉴》相关数据整理。

为更加准确地判断分布特征，我们对变量进行偏度－峰度检验（sk-test），得到检验结果如表4－12所示，地方债和GDP两个变量的P值均小于0.05，因此拒绝正态分布的原假设，说明二者的分布为非正态。取对数后，P值仍然小于0.05，说明也不是正态分布。

表4－12   偏度－峰度检验（Skewness/Kurtosis tests for Normality）

Variable	Obs	Pr（Skewness）	Pr（Kurtosis）	adj chi2（2）	Prob > chi2
地方债	403	0	0	—	0
GDP	403	0	0	—	0
地方债（取对数）	403	0.001	0.029	14.680	0.001
GDP（取对数）	403	0	0.036	30.290	0

资料来源：根据《中国统计年鉴》相关数据经笔者测算得到。

4.4.2 地方债与经济增长的相关性分析

相关性分析是运用统计方法考察变量之间的相关关系，这是进行回归实证研究的基础。相关关系分为三类：正相关、负相关和不相关。如果变量之间完全不相关，那么彼此的依赖关系（回归分析）也就不会存在。由于相关分析以变量正态分布为前提，因此本节分析地方债和GDP的相关关系时均使用符合近似正态分布（4.4.1节已证明）的log（对数）形式。

首先将地方债和GDP的样本数据（对数形式）用散点图表示出来，如图4－20所示。可以看到，趋势线向右上方倾斜，两个变量呈明显的正相关关系。接着，计算地方债和GDP的相关系数，结果如表4－13所示。可以看到，二者的相关系数为0.866，且统计显著，说明地方债与GDP存在显著的正相关关系，这为后文对两个变量进行回归实证提供了基础。

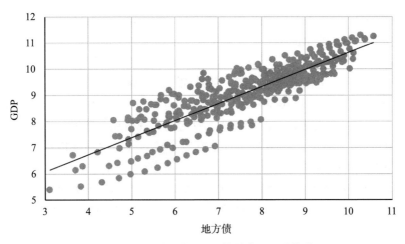

图 4 – 20 地方债与 GDP 的散点图和趋势线

资料来源：根据《中国统计年鉴》相关数据经笔者测算得到。

表 4 – 13 地方债与 GDP 的相关系数

变量	地方债	GDP
地方债	1.000	–
GDP	0.866 * (0.000)	1.000

注：地方债与 GDP 数据为取对数后的值。＊表示 $p < 0.05$ 的显著水平。

资料来源：根据《中国统计年鉴》相关数据经笔者测算得到。

4.5 中国地方债与货币供给的事实特征

4.5.1 中国地方债与货币供给的描述性分析

中国地方债从被动负债到主动举债，从自由放任到明令遏止，从变相违规到有法可依，其发展历程可谓几经波折，逐渐呈现为当前债务形式多样、类别复杂的格局。目前唯一合法的地方债形式是地方政府债券，但依据实质重于形式的原则来看，相对于地方政府债券这种"显性负债"，地方政府还存在着"隐性负债"，隐性负债主要由两部分构成：一部分是因融资平台公司尚未完成转型，仍然继续扮演着地方融资角色而产生的债务；另一部分是地方政府及相关机构通过 PPP、购买服务、产业投资基金等各种方式变相积累的中长期支出责任，实质上也是债务。

自新中国成立以来，地方政府债券的发展经历了尝试阶段（1949～1979 年）、零星发展阶段（1980～1993 年）、全面禁止阶段（1994～2007 年）、实践探索阶段（2008～2014 年）和有序发展阶段（2015 年至今）。2015 年后地方政府举债合法化，地方政府债券规模逐年攀升。图 4 – 21 展示了自 2017 年 9 月至 2020 年 9 月地方债余额的月度数据（以预算表内的合法债务为统计口径）。从图中可以看到，债务总额在 2018 年之前相对稳定，保持在 16 万亿～17 万亿元之间，从 2018 年开始，债务增速提升，债务总额从 16 万亿元增长到当前超过 25 万亿元，月均增速为 1.28%。

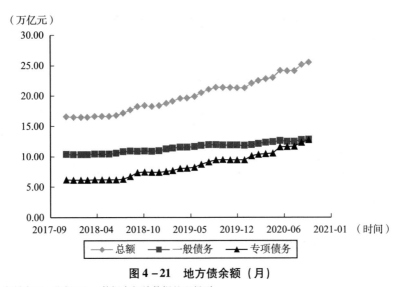

图 4 – 21　地方债余额（月）

资料来源：根据 Wind 数据库相关数据整理得到。

地方债增速（月）如图 4 – 22 所示。其中，一般债务略有增长，保持在 10 万亿～13 万亿元之间，月增速最高为 2020 年 8 月的 2.51%。随着项目收益债的政策推进，专项债务自 2018 年 7 月后增长明显，从 6 万亿元增长到当前接近 13 万亿元，几乎与一般债务总额持平。专项债务增速多次大幅超过一般债务，多个月增幅超过 4%，月增速最高的两次是 2018 年 9 月和 2020 年 6 月。

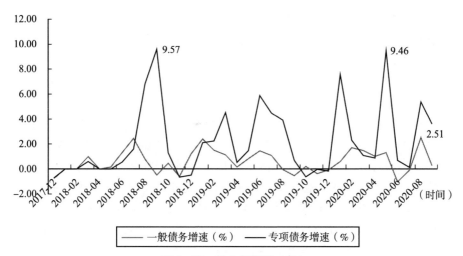

图4-22　地方债增速（月）

资料来源：根据 Wind 数据库数据整理得到。

地方政府债券发行额的月度数据如图4-23所示。从图中可以看出，债券发行的时间分布由集中逐步转变为相对分散。2018年发行额从3月开始逐月递增，发行量波峰集中于下半年的7~9月。2019年为了避免发行量过于集中对债券市场造成冲击，将当年一部分的发行任务提至上半年，呈

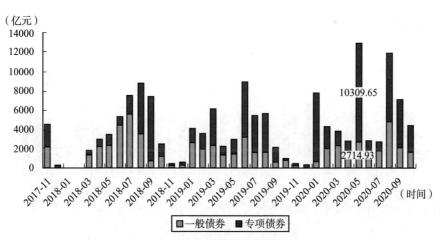

图4-23　地方政府债券发行额（月）

资料来源：根据 Wind 数据库数据整理得到。

现出上半年 1 ~ 3 月和下半年 7 ~ 9 月两个集中发行时间段。2020 年受到疫情和经济形势冲击，市场对政府资金需求迫切，发行规模大、任务重，发行时间提前到了 1 月，当月发行量达到 7148.21 亿元，之后在 5 月、7 月、8 月均发行了较大规模的债券，5 月的发行量为全年最高，达到了 10309.65 亿元。

　　从发行结构上看，一般债券占比在逐渐下降，而专项债券占比在逐渐上升。2018 年上半年一般债券占比较高，而下半年的发行则更集中于专项债券。2019 年两类债券发行比例基本相当，而到 2020 年专项债券发行占比明显高于一般债券。地方政府债券按用途划分的发行额如图 4 - 24 所示。从用途结构来看，新增债券占比逐渐上升，再融资债券占比逐渐下降。2018 年前三个发行月份基本都是再融资债券，6 月开始新增债券规模较大。再融资债券用于置换 2015 年以来已发行的到期债券，说明 2018 年是集中到期时段，前期发行的中短期债券（3 年、5 年期）逐渐到期，而地方政府自有资金存在偿付困难，因此在年初集中发行了再融资债券予以偿付，避免发生流动性风险。2019 年全年发行量中新增债券占比都远超再融资债券。2020 年 1 月和 2 月较大规模的债券发行都属于新增债券，4 月、6 月、7 月、10 月，再融资债券占比略高，但总额并不大；其他各月份均以新增债券为主，其规模大、占比高。

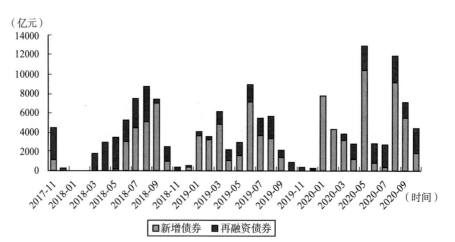

图 4 - 24　地方政府债券发行额：按用途划分（月）

资料来源：根据 Wind 数据库数据整理得到。

从发行期限来看，2015 年发行的一般债券有 1 年、3 年、5 年、7 年、10 年期 5 种期限，专项债券有 1 年、2 年、3 年、5 年、7 年、10 年期 6 种期限；2018 年开始发行项目收益专项债券后，期限进一步延长，新增 15 年、20 年和 30 年三档期限。图 4 - 25 反映了地方政府债券平均发行期限的月度数据，2018 ~ 2020 年期间平均发行期限呈逐渐上升的趋势。2018 年平均期限为 6 年。2019 年开始上升，到年末平均期限升至 10 年。2020 年则进一步攀升，在 3 月达到最高为 15.7 年，之后略有下降，截至年末平均期限为 15 年。其中，一般债券平均期限从 2019 年开始迅速提升，在 2020 年 3 月达到最高 18.5 年，此时一般债券与专项债券的平均期限差距也拉到最大，相差 4 年。专项债券平均期限从 2020 年开始大幅提升，从 2019 年底的 9 年直接攀升到 2020 年初的 13.7 年。2020 年 4 月之后两类债券的平均期限差距收窄，逐渐相近。

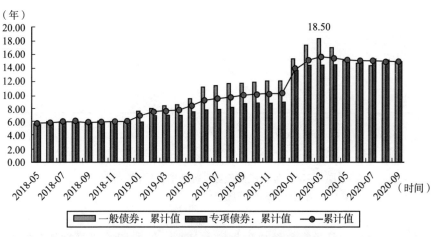

图 4 - 25　地方政府债券平均发行期限（月）

资料来源：根据 Wind 数据库数据整理得到。

地方政府债券发行利率如图 4 - 26 所示。从发行利率来看，2009 ~ 2020 年期间地方政府债券票面利率（3 年期）整体在 1.5% ~ 4.5% 之间波动。由于地方政府债券经历了从实践探索（2008 ~ 2015 年）到有序发展（2015 年至今）阶段的转变，其利率的形成机制存在不同。2015 年之前的地方政府债券实际是由中央政府财政部代理发行，其特点是发行规模较小，发行频次和利率偏低。从图 4 - 26 中可以看到，2009 年初发行的地方政府债券利率只有 1.61%，与当时的国债利率水平相近，甚至出现了"利率倒挂"的现象。之后利率走势也与国债 3 年期的发行利率走势保持一致。因此，此时从信用能力和风险溢价来看，地方政府债券与国债并无显著差别，除了市场对中央政府隐性担保预期的原因之外，也是政府干预的结果（王治国，2018）。而且，此时的发行频次很低，发行日期主要集中在 4 个月，每个月集中在 1 天完成。2015 年后发行频次明显增多，此时债券完全由地方政府自主发行，发行日期更加分散，不过，"利率倒挂"现象仍然存在。2017 年后地方政府债券的发行利率市场化特征逐步增强，与同期限结构的国债保持合理的发行利差。

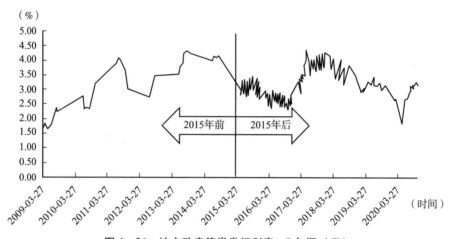

图 4 - 26　地方政府债券发行利率：3 年期（日）
资料来源：根据 Wind 数据库数据整理得到。

　　以上分析的是预算系统内的地方债特征，即所谓的"显性债务"。但存在于预算系统外的"隐性债务"也长期存在，且规模不小，是不可忽视的问题。图 4 - 27 展示了 2009 ~ 2020 年期间"隐性债务"的代表之一——城投债的发行额和发行利率月度数据。从发行规模来看，2009 ~ 2011 年发行总额维持在 1000 亿元以下的较低水平，2012 年开始逐渐攀升并呈现波动特征。2012 年底至 2013 年初出现第一个波峰，最高达到 1501.10 亿元（2013 年 3 月），之后下降；2014 年年中出现第二个波峰，最高达到 2722.43 亿元（2014 年 4 月），此间受到规范地方债的政策冲击，在《预算法》（2014 年修正）实施前的最后一个时间窗口城投债发行规模猛增；

2015 年受到融资平台转型政策的压制，城投债发行规模锐减，但随着 2015
年底至 2016 年初为稳基建带来的政策松动，城投债发行规模又激增，到
2016 年 3 月创下单月发行量新高 4673.00 亿元；受到新冠肺炎疫情和货币
政策宽松的冲击，单月发行量记录在 2020 年 4 月被再一次刷新，达到
5925.17 亿元。由此可见，城投债的发行规模和以此为表征的融资平台举
债规模具有极强的政策效应，同政策的变动密切相关。从另一个角度看，
城投债的发行规模也与货币政策的松紧程度有较强的相关关系，在 2013 年
12 月至 2016 年 10 月和 2018 年 1 月至 2020 年 4 月的利率下行区间，发行
量都呈波动增长态势。

图 4-27 城投债发行额和发行利率（月）

资料来源：根据 Wind 数据库数据整理得到。

在现代银行信用体系下，货币供给包含多个层次。从创造机制来看，
货币可分为基础货币和存款货币两个层次。基础货币由中央银行创造，是
流通于银行体系之外被社会公众持有的现金与商业银行体系持有的存款准
备金（包括法定存款准备金和超额准备金）的总和，表现为中央银行资产
负债表中的储备货币（包括货币发行、金融性公司存款和非金融机构存
款）。而存款货币是由银行体系通过贷款创造存款产生的货币。

从流动性来看，货币可分为 $M0$、$M1$、$M2$ 等多个层次，其流动性逐次
递减。$M0$ 指流通中的现金，是最窄的货币口径，其流动性最高，但随着
金融和移动支付的发展，人们对现金的需求逐渐降低；$M1$ 是在 $M0$ 的基础

上加上活期存款和支票存款，衡量现实购买力，也称为狭义货币；$M2$ 是在 $M1$ 的基础上加上定期存款和储蓄存款，衡量潜在购买力，也称为广义货币。在后文的模型中，货币口径度量采用广义货币层次即 $M2$，相当于模型中居民所持有的货币 m 与居民储蓄 d 之和。

图 4-28 展示了 2009 年 1 月至 2020 年 7 月间的货币供应量同比增长率的月度数据。从图中可以看到，$M0$ 波动频率更高，但波幅较小，且具有非常明显的季度特征，即每年第一季度变化剧烈，之后较为平稳，这与居民使用现金的习惯相关。$M1$ 波动频率较低，但波幅较大，在 2010 年前后和 2016 年期间货币供应量较大，处于货币宽松阶段。$M2$ 波动频率最低，其走势与 $M1$ 相近，在 2010 年前后其与 $M1$ 的增长基本同步，说明这个阶段的货币政策极度宽松；在 2016 年 $M1$ 的增长区间 $M2$ 相对平稳，并略有下降。

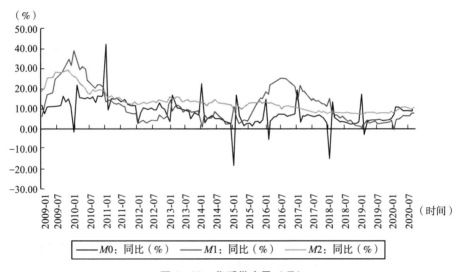

图 4-28　货币供应量（月）

资料来源：根据 Wind 数据库数据整理得到。

图 4-29 展示了货币供应量与物价水平的环比月度数据。以广义货币 $M2$ 作为货币供应量的度量，以消费价格指数 CPI 表示物价水平。从图中可以看到，货币供应量与物价水平环比变动频率较高，且二者存在一定的同步性。按照货币数量论的观点来看，政府发行更多的货币进行支出所带来的新增需求是在与私人部门争夺有限的实际产出，这会带来

更高的价格，因此货币供应量增加是因，通货膨胀是果；但反对货币数量论的观点认为，当价格水平上升时，企业生产成本会随之上升，那么它就需要向银行申请更多的贷款。如果企业能够通过银行的资信审查，那么新增的贷款就会带来更多的银行存款。因此，现实中的因果联系应该是从价格到货币数量。由此可见，货币供应量和物价水平之间的关系十分复杂，即使存在同步性，也不可妄下结论，需通过严密论证明确传导机制再定因果。

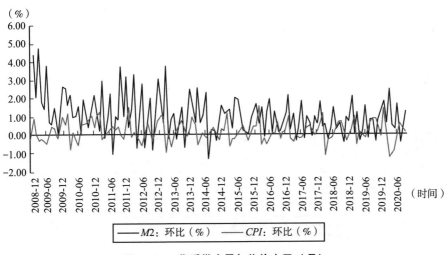

图 4 - 29 货币供应量与物价水平（月）

资料来源：根据 Wind 数据库数据整理得到。

4.5.2 地方债与货币供给的波动相关性——基于 HP 滤波

为了更清晰地观察地方债与货币供给的特征事实，本小节运用 HP 滤波算法对数据进行处理，去掉趋势项，得到波动项，更直观地展示二者波动的相关性。具体做法是：将地方债和货币供应量的数据取对数值，然后用 HP 滤波得到波动部分。

图 4 - 30 展示了 2018 年 3 月至 2020 年 9 月地方债余额与货币供应量月度数据之间的波动关系。从图中可以看到，地方债余额与 $M0$ 的波动相关性不大，$M0$ 的波动较大，而对方政府债务余额波动相对较小，甚至有的部分二者的变化方向相反。地方债余额与 $M1$ 的波动相关性明显提升，

二者波动区间相近，在 2019 年 2 月之前二者波动方向几乎刚好相反，之后同步性增强，尤其在 2019 年 2 ~ 6 月和 2020 年 1 ~ 9 月的区间内有较强的同步性。地方债余额与 $M2$ 的波动相关性更高，尽管波动幅度有所不同，但波动方向基本一致，在 2018 年 3 ~ 5 月、2018 年 12 月至 2019 年 6 月和 2019 年 12 月至 2020 年 9 月的区间内同步性较高，甚至出现走势重叠的情况。由此可见，地方债与 $M2$ 的相关性较高，在研究地方债与货币政策协同配合机制时以 $M2$ 作为货币供给的度量指标更为合适，既符合货币供给内生的理论机制也符合现实情况。

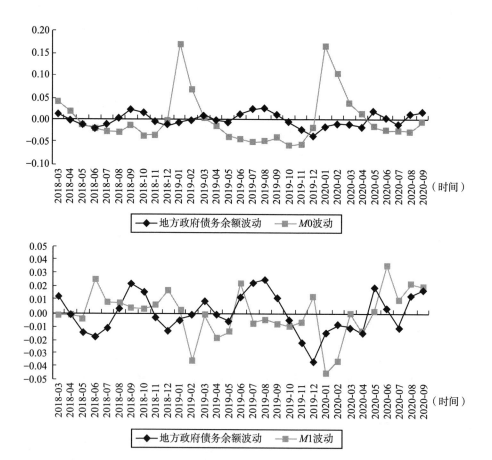

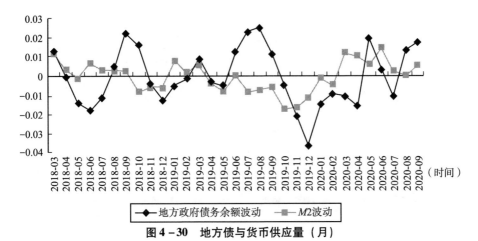

图 4-30 地方债与货币供应量（月）

资料来源：根据 Wind 数据库数据整理得到。

货币政策的传导路径除了数量渠道，还有价格渠道。图 4-31 展示了 2018 年第二季度至 2020 年第三季度地方债与市场利率季度数据的波动相关性。此处仍然以债务余额度量地方债情况，以金融机构人民币贷款加权平均利率度量市场利率变化，该指标反映了非金融企业和个人的贷款成本。从图中可以看到，地方债余额波动与贷款利率波动具有较高的正向相关性，这印证了前文分析的地方政府举债会推高市场利率的理论机制，因为如果贷款利率波动是因，地方债波动是果，那么二者应该呈现反向相关性。

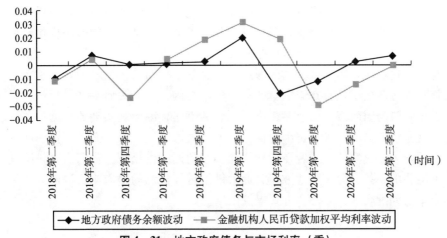

图 4-31 地方政府债务与市场利率（季）

资料来源：根据 Wind 数据库数据整理得到。

图 4 – 32 展示了 2018 年第二季度至 2020 年第三季度地方债与 $M_2/$ GDP 季度数据的波动相关性。此处以地方政府债券发行额作为地方债的衡量指标，GDP 为当季值。从图中可以看到，二者之间具有较强的正向相关性，这印证了前文分析的地方政府举债的货币扩张效应，且广义货币供给的上升比例超过产出。

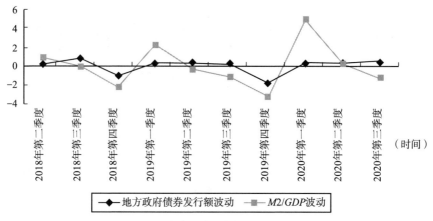

图 4 – 32　地方政府债务与 *M2/GDP*（季）

资料来源：根据 Wind 数据库数据整理得到。

尽管以上观察到的波动相关性特征与前文的理论机制结论相一致，但仍需通过构建理论模型进行详细论证，这是因为导致地方债与货币供给之间呈现出相关性结果的逻辑存在以下几种可能：一是基于货币内生供给原理，地方政府举债具有货币扩张效应，此时地方政府举债是因，货币供给是果，这也正是本书欲证明的观点；二是基于货币外生供给原理，货币政策对地方政府举债存在影响，即货币供给是因，地方政府举债是果；三是货币政策与财政部门已经存在协同配合的事实，因而观察到的数据相关性本就是协调后的结果。正因为存在以上这些可能，所以我们需要证明哪一种可能才是真实的，或者在多种可能机制的同时作用下，我们需要排除其他路径的干扰，分离出地方债对货币供给传导机制的净影响，进而为货币政策协同配合的必要性和方式提供依据。

4.6 本章小结

本章首先将直接法与间接法相结合进行测算，得到中国地方债的基本情况。然后分别从规模特征、结构特征和描述性统计三个方面反映中国地方债的特征事实，发现债务增速快、形式多样、隐蔽性强。

从规模特征来看，全国地方政府的新增和存量债务的绝对规模均呈现逐年攀升的发展态势；分省绝对规模显示各省的规模差距较大且总体来看呈现东高西低的区域分布态势，但相对规模呈现相反的局面；负债率指标东低西高，截至2017年底负债率达到54.08%，若加上国债则中国政府债务规模已超过国际警戒线60%。债务率指标偏高的地区集中在东北地区。从债务依存度指标来看，中国地方政府财政支出对债务收入依赖程度偏高，且持续走高，分区域看西部地区依赖程度最为严重。债务密集度在波动中攀升，尤其在2013年之后急速上升。地方政府投资对债务的依赖度不断上升。随着债务规模扩张，利息负担逐渐加大，从2009年开始债务利息超过了投资收益。显性债务增长缓慢，但隐性债务增长迅速。

从结构特征来看，显性债务与隐性债务比大致为34∶66。从债务资金来源结构看，显性债务中一般债券占比最高，接近60%，隐性债务中融资平台公司类债务占比超过60%，且其中银行贷款占比最大，而在中长期支出责任债务中政府购买服务占比最大。从债务资金用途结构来看，隐性债务中保障性住房用途占比最高，其次是市政建设、交通运输等。从债务资金的期限结构来看，平均偿还期限在4.87年，隐性债务中融资平台类债务期限偏短而中长期支出责任类债务期限偏长。从债务资金的层级结构来看，市县级债务占据了大部分规模，省级占比很小，而省会城市获得的债务资源占比较高，而且政府层级越低其隐性债务中中长期支出责任类债务占比越高。

从描述性统计来看，地方债的中位数明显小于均值，说明样本更多集中在低值区域，债务规模的区域差距偏大。GDP的中位数也小于均值，但差异程度不大。债务规模和GDP的离散程度都偏大，二者均为正偏态分布，峰态较为陡峭，对二者进行取对数变换后更接近正态分布。根据相关性分析显示，地方债规模和GDP存在显著的正相关关系，且相关程度达到0.866。而且，地方债与M_2、M_2/GDP季度数据都存在较强的正向相关性。

第 5 章

中国地方债的乘数效应
及实体和金融挤出效应

5.1 基于中国地方债特征的理论假设

根据上文对一般作用机制、发展历程、形成机理及特征事实的分析可以看到，中国地方债拥有公共债务的一些共性，同时具有浓厚的自身特殊性，因此在前提假设、模型设定等方面应充分考量这些因素，兼顾一般性和特殊性，以构建符合中国特色的地方债经济效应理论模型，进而提升模型对现实的解释力。故本节将结合中国地方债特征，提出有针对性的理论假设，为下文模型构建奠定基础。

5.1.1 举债渠道假设

根据前文对一般作用机制和中国地方债发展历程、形成机理及特征事实的分析可以看到，在债务举借环节，由于法律制度约束，中国地方政府举债主要通过融资平台公司举借，资金来源主要是银行等金融机构，而非居民个人。2015 年地方政府开始以债券形式举借债务，但仅在银行间市场进行交易，2019 年地方政府专项债券才开始面向居民个人兜售。因此，中国地方债在筹集环节的作用机理与国债和其他国家的地方公债有所不同，它直接作用于金融中介，通过影响信贷市场的货币供求来对私人投资产生挤出效应，而直接作用于居民个人的财富效应和资产效应则表现不明显。结合这一特征提出相应的理论假设 1。

假设 1：地方政府的举债行为不会对居民消费产生直接影响。

5.1.2　债务用途假设

根据上文对一般作用机制和中国地方债发展历程、形成机理及特征事实的分析可以看到，在债务使用环节，许多国家对地方债管理严格遵循"黄金法则"，即举债资金不能用于消费性支出，只能用于生产性和资本性支出。尤其在中国，地方债务资金主要用于交通运输、棚户区改造、市政工程、保障性住房等基础设施建设和民生投资领域，投资项目大都具有公益性或准公益性，形成了地区发展必需的公共资本。因此，中国地方债在使用环节的作用机理不用再作消费性和生产性支出的分类研究，债务资金支出的作用相当于公共投资的经济效应。结合这一特征故提出相应的理论假设 2。

假设 2：地方政府收入来源于收税和举债，全部支出都用于公共投资。

5.1.3　付息方式假设

根据上文对一般作用机制和中国地方债发展历程、形成机理及特征事实的分析可以看到，在债务利息偿付环节，应根据实际偿付方式作区别对待。通常来说，债务利息应作为预算支出纳入预算安排，即用税收偿付；但从上文的测算过程中可以看到，可用于债务利息偿付的资金来源还包括土地出让金、投资收益等；2009 年开始，投资收益无法覆盖债务利息，随着债务累积叠加，利息压力越来越大，且地方债拥有"准国债"信用，行政和市场的软约束都导致地方政府拥有超强的再融资能力，因此为了实现债务滚动，举借新债也极有可能称为偿付利息的资金来源之一。税收、土地出让金和投资收益可以看作广义的政府收入，都属于财政自有资金，因此可将债务利息偿付方式划分成财政自由资金和举借新债两大类。结合以上分析提出相应的理论假设 3。

假设 3：政府通过财政自有资金和/或举借新债来偿付债务利息。

5.1.4　其他假设

中央政府通过转移支付影响地方政府的总收支，并且其本身也通过举借国债和公共支出影响着市场和产出。因此纳入中央政府行为会使研究更加全面，但由于中央政府行为并不是本书的研究重点，即使将其纳入分析也不会影响核心结论，故为了使分析过程简洁、研究结论直观、讨论重点突出，本书理论模型只考虑地方政府行为，而未将中央政府行为纳入分析框架。

另外，本书假设地方债偿还方式是收税和举债，并未考虑发行货币的偿还方式。因为货币发行权直接归属于中央政府而不是地方政府，因此地方政府债券和国债有本质不同。国债是名义债券，它可以直接通过货币发行来调整实际存量规模，不用实际偿还；而地方政府债券是实际债券，最终必须实际偿还（Sargent & Wallace，1981）。因此本书不考虑地方债货币化问题。

5.2　基于 IS – LM 的基准模型

5.2.1　模型设定和求解

我们首先构建不含地方债的基准模型，并将此作为拓展模型的参照进行比较。此时，地方政府仅通过征收收入税为公共投资筹集资金，具体设定如下。

5.2.1.1　产品市场

产品需求 $y_d = c + i + g$，其中居民消费 $c = \alpha + \beta(1-\tau)y$，$\alpha$ 表示自主消费，β 表示边际消费倾向，τ 表示收入税税率；私人投资 $i = \bar{\iota} - er$，$\bar{\iota}$ 表示自主投资，e 表示私人投资的利率弹性；公共投资 $g = \tau y$；产品供给为 y_s。

由产品市场均衡条件 $y_d = y_s$ 整理得到：

$$y = \frac{\alpha + \bar{\iota} - er}{(1-\beta)(1-\tau)} \tag{5-1}$$

5.2.1.2　货币市场

货币需求 $m_d = ky - hr$，货币供给 $m_s = \bar{m}$，其中 $\bar{m}$ 表示真实货币数量。

由货币市场均衡条件 $m_d = m_s$ 整理得到：

$$y = \frac{\bar{m}}{k} + \frac{h}{k}r \tag{5-2}$$

5.2.1.3　产品市场和货币市场同时均衡

$$\begin{cases} y = \dfrac{\alpha + \bar{\iota} - er}{(1-\beta)(1-\tau)} \\[3mm] y = \dfrac{\bar{m}}{k} + \dfrac{h}{k}r \end{cases} \tag{5-3}$$

由式（5-3）可得出此时均衡产出 y 和均衡利率 r，求解可得均衡产出

$$y_0 = \frac{h(\alpha + \bar{\iota}) + \bar{m}e}{h(1-\beta)(1-\tau) + ek} \tag{5-4}$$

5.2.2　经济效应分解

从基准模型的设定和求解中可以发现，地方政府的存在只对产品市场产生直接影响：收入税会直接降低居民的可支配收入，进而对消费产生抑制，在乘数效应作用下降低均衡产出和国民收入；而公共投资会直接增加产品需求，在乘数效应作用下增加均衡产出和国民收入。因此产品市场均衡的变化由以上税收和公共投资两种乘数效应的相对大小决定。为了分解税收和公共投资两种乘数效应，我们将无地方政府存在情况下的产品需求 y_d^0、地方政府收税情况下的产品需求 y_d^τ 和收税并用于公共投资情况下的产品需求 $y_d^{\tau+g}$ 通过图形的方式直观呈现出来，具体如图 5-1 所示。

当不存在地方政府时，产品需求 $y_d^0 = \alpha + i + \beta y$，是从纵截距 $\alpha + i$ 出发斜率值为 β 的向右上方倾斜的直线。一旦产品需求和产品供给相等，市场出清，此时均衡产出和国民收入为 y_0。现在地方政府以税率 τ 对国民收入征税，可支配收入减少，产品需求变为 $y_d^\tau = \alpha + i + \beta(1-\tau)y$。同样，这是一条从纵截距 $\alpha + i$ 出发向右上方倾斜的直线，但斜率值减小到 $\beta(1-\tau)$。因此产品需求曲线从 y_d^0 向顺时针方向转动到 y_d^τ 的位置，均衡产出和国民收入也从 y_0 下降到 y_1，$y_1 y_0$ 即为税收乘数效应的大小。

地方政府将征税收入 τy 用于公共投资 g，会直接增加产品需求，此时的产品需求函数变为 $y_d^{\tau+g} = \alpha + i + \beta(1-\tau)y + \tau y$。这是一条同样纵截距 $\alpha + i$ 出发斜率向右上方的直线，但斜率值增加到 $\beta + \tau(1-\beta)$。因此产品需求曲线又从 y_d^τ 向逆时针方向旋转到 $y_d^{\tau+g}$ 的位置，均衡产出和国民收入也从 y_1 增加到 y_2，$y_2 y_1$ 即为公共投资乘数效应的大小。

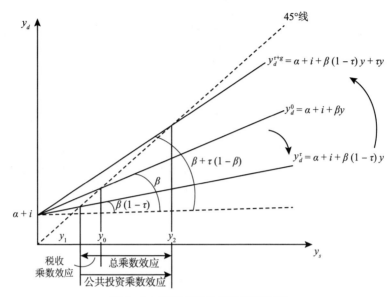

图 5 - 1　基准模型的产品市场均衡

根据以上分析可知，地方政府征税用于公共投资会对经济增长产生正向促进作用，使产出从 y_0 增加到 y_2。该作用由税收乘数效应 $y_1 y_0$（其值为负）和公共投资乘数效应 $y_2 y_1$（其值为正）两部分构成，其大小 $y_2 y_0 = y_1 y_0 + y_2 y_1$。由于税收乘数效应 $y_1 y_0$ 的绝对值小于公共投资乘数效应 $y_2 y_1$，因此总乘数效应 $y_2 y_0$ 为正。各乘数效应的关系式为：

总乘数效应（$y_2 y_0$）= 税收乘数效应（$y_1 y_0$）+ 公共投资乘数效应（$y_2 y_1$）

虽然地方政府的存在并不会对货币市场产生直接影响，但会产生间接影响。地方政府征税用于公共投资所带来的产出和国民收入增加，会传导到货币市场，引发基于交易动机和预防动机的货币需求（与国民收入正相关）上升。在货币供给不变的情况下（货币供给不由地方政府控制），货币需求单方面的提高必然会导致市场利率上升，进而抑制投资，产生挤出效应，对产出和国民收入带来负面影响。因此，我们进一步运用 IS - LM 曲线全面分析经济效应的构成，具体如图 5 - 2 所示。从图 5 - 2 中可以看到，由于地方政府的存在只对产品市场产生直接影响，因此只会引起 IS 曲线的变动，自始至终 LM 曲线都没有发生任何变化。但随着 IS 曲线的位移，其与 LM 曲线相交的均衡点也跟着变化，进而带来产出和利率水平的变动。具体分析如下。

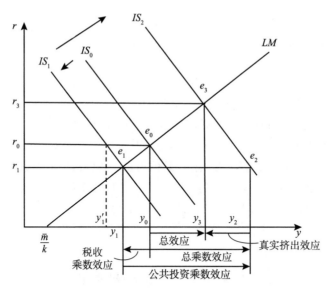

图 5 - 2　基准模型的产品市场与货币市场均衡

当不存在地方政府时，产品市场均衡曲线 IS_0 与货币市场均衡 LM 曲线相交于 e_0 点，此时产品市场和货币市场同时均衡，均衡利率和产出水平分别为 y_0 和 r_0。现在地方政府以税率 τ 对国民收入征税，导致 IS_0 曲线向左移动至 IS_1 的位置，与 LM 曲线相交于点 e_1，此时均衡利率和产出水平分别下降至 r_1 和 y_1。$y_1 y_0$ 即为税收乘数效应，其值为负。但严格来说，$y_1 y_0$ 只是税收乘数效应的净值，税收乘数效应的原始值是 $y_1' y_0$，这是产品市场均衡的结果。但当产出下降时，货币市场中基于交易动机和预防动机（与国民收入正相关）的货币需求也随之下降，在货币供给不变的情况下，必然导致市场利率下降，进而促进投资和产出增加，这一挤入效应即为 $y_1 y_1'$，其值为正，故税收乘数效应的净值 $y_1 y_0$ 的绝对值小于原始值 $y_1' y_0$ 的绝对值。由于税收乘数效应不是本书研究的重点，故不作详细分解，而是把其净值 $y_1 y_0$ 作为原始值的近似代表，特此说明。

当地方政府将税收收入用于公共投资，会增加产品市场需求，促进产出增加，导致 IS_1 曲线向右移动至 IS_2 的位置，与 LM 曲线相交于 e_3 点，此时的均衡利率和产出水平分别提高至 r_3 和 y_3。这一变化过程是由公共投资乘数效应和挤出效应两个分解效应形成的：首先，在产品市场，地方政府的公共投资行为会增加产品需求，因而刺激产出和国民收入增加，该乘数

效应大小为 $y_2 y_1$，其值为正；其次，随着国民收入的提高，货币市场的利率也会发生变化，因为基于交易动机和预防动机（与国民收入正相关）的货币需求也会随之增加，在货币供给不变的情况下，推动市场利率上升，由 r_1 上升至 r_3 的水平，进而抑制投资，导致产出下降，由 y_2 下降至 y_3 的水平，$y_3 y_2$ 即为挤出效应的大小，其值为负。其中，公共投资乘数效应与真实挤出效应是一旦存在公共投资则必然会产生的两种经济效应，即二者同时存在或同时消失，因此二者之和可称为公共投资的净乘数效应，其值为正，大小为 $y_3 y_1$。最终的总效应为 $y_3 y_0$，其值为正。各经济效应的关系式为：

$$总效应(y_3 y_0) = 总乘数效应(y_2 y_0) + 真实挤出效应(y_3 y_2)$$
$$= 税收乘数效应(y_1 y_0) + 公共投资乘数效应(y_2 y_1) + 真实挤出效应(y_3 y_2)$$
$$= 税收乘数效应(y_1 y_0) + 公共投资净乘数效应(y_3 y_1)$$

5.3 引入地方债的拓展模型

5.3.1 模型设定和求解

在基准模型基础之上，本节引入地方债对 $IS - LM$ 模型进行拓展。由于地方政府的举债行为必然涉及资金筹集和资金使用两个方面，因此拓展模型也将从两个角度对其进行体现：一是在 IS 方程中加入由举债用于公共投资的政府支出部分来体现债务资金的使用，这是既有研究的惯常做法；二是在 LM 方程中将举债作为货币需求的一部分来体现债务资金的筹集，这是本书的创新之处。这样设定的理由详细说明如下。

首先，体现债务收支的平衡性。债务资金并非天上掉下来的馅儿饼，在考虑债务支出经济效应的同时，债务举借环节对经济的影响同样不容忽视，否则研究政府债务的经济效应便与研究公共投资的经济效应没有区别。既然公共投资的资金来源于税收融资的部分会在国民收入中通过税率的形式体现出来，那么来源于债务融资的部分也应该在模型中得到相应的体现。而由于债务资金来自货币市场，因此其体现自然反映在代表货币市场均衡的 LM 方程之中。

其次，全面反映挤出效应。弗里德曼提出了真实挤出效应和金融挤出效应的区别，而许多学者混淆了这两个概念。真实挤出效应取决于经济资源是否得到充分利用。如果资源得到充分利用，政府在经济产出中所占据的更大份额以私营部门份额的减少为代价；而如果资源未充分利用，政府支出可以刺激投资，增加私人支出，导致挤入效应。金融挤出是指政府通过发行有息债券来填补赤字而产生的经济影响。有的文献考察政府债务支出对实际投资的影响，这便是真实挤出效应，而有的文献通过分析政府债务对企业债务的影响来研究挤出效应，这便是金融挤出效应。二者的传导路径和影响机制是完全不同的。政府债务的真实挤出效应更关注的是债务支出角度，可以理解为政府公共投资对私人部门投资机会的挤出，而政府债务的金融挤出效应更关注的是债务举借角度，可以理解为政府举债对金融市场流动性的挤占是对私人部门融资机会的挤出。众所周知，投资机会和融资约束是制约私人投资的两个重要因素，缺一不可。因此只研究任意一种挤出效应都不够全面。全面理解和分析挤出效应才能对现实情况有更强的解释力。

真实挤出效应和金融挤出效应传导机制的不同还可以从 $IS - LM$ 模型中反映出来。债务支出所产生的真实挤出效应的传导机制是首先直接作用于 IS 产品市场，在公共投资的乘数效应作用之下国民收入提高，进而间接影响到 LM 货币市场中基于交易动机和预防动机的货币需求使其增加（与国民收入正相关），在货币供给不变的情况下促使市场利率抬升，进而挤出私人投资。而债务举借所产生的金融挤出效应的传导机制是直接作用于 LM 货币市场，由于直接增加了货币需求，在货币供给不变的情况下促使市场利率抬升，抬高了融资门槛而挤出私人投资；或者可以理解为地方政府发行债券增加了金融市场中的债券供给，导致债券价格下跌，利率上升，私人部门融资更加困难，进而挤出私人投资。

最后，模型设定的现实证据。地方政府债券的发行是否会对流动性产生冲击，可以从地方债发行与基础货币的变化关系中找到事实支撑。图 5 - 3 为 2016 年 1 月至 2019 年 9 月间地方政府债券发行规模与储备货币的月度变化情况。由于中央银行可能通过投放增量货币来缓解地方债集中发行时市场资金面的紧张，因此地方债券发行和储备货币间没有明显的负相关关系，但在 2016 年 3 月、2017 年 7 月、2019 年 1 月地方债新增债券剧增时，其对市场流动性的冲击还是能明显体现出来。

综上所述，将地方政府举债行为作为货币需求的一部分体现在货币市场 LM 的均衡方程中是合理且十分必要的。与举债相对应，地方政府偿还债务时也必然通过释放流动性而带来货币需求量的负增加。因此，如果地

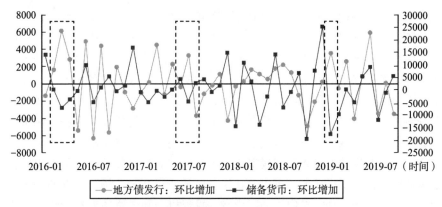

图 5 - 3　地方政府债券发行规模与基础货币变化

资料来源：地方政府债券发行数据来自中国债券信息网站，基础货币数据来自中国人民银行网站，经笔者整理得到。

方政府通过发行置换债或者再融资债券来偿还到期债务时，举债所带来的货币需求增量与还债所带来的货币需求减量正好相等，相互抵销，即借新替旧的举债不会对货币需求产生实质影响（忽略期限结构效应），而只有实际的新增债务才会带来货币需求的净增量。

另外，根据是否考虑债务利息以及债务利息的偿付方式不同，我们分三种情况对模型进行设定和讨论，具体设定如下。

5.3.1.1　不考虑债务利息的情况

地方政府通过收税和举债为公共投资融资，其预算约束为 $g = \tau y + d$，其中新增债务 $d = b_{+1} - b$，b 表示当期期初债务余额，b_{+1} 表示下一期期初债务余额。其他设定与基准模型相同。

（1）产品市场。

$$\begin{cases} y = c + i + g \\ c = \alpha + \beta(1 - \tau)y \\ i = \bar{\iota} - er \\ g = \tau y + d \end{cases} \Rightarrow \quad y = \frac{\alpha + \bar{\iota} + d}{(1 - \beta)(1 - \tau)} - \frac{e}{(1 - \beta)(1 - \tau)}r$$

$$(5 - 5)$$

（2）货币市场。

$$\bar{m} = ky - hr + d \quad \Rightarrow \quad y = \frac{\bar{m} - d}{k} + \frac{h}{k}r \qquad (5 - 6)$$

（3）产品市场和货币市场的同时均衡。

$$\begin{cases} y = \dfrac{\alpha + \bar{\iota} + d}{(1-\beta)(1-\tau)} - \dfrac{e}{(1-\beta)(1-\tau)}r \\ y = \dfrac{\bar{m}-d}{k} + \dfrac{h}{k}r \end{cases} \Rightarrow \quad y = \dfrac{h(\alpha + \bar{\iota}) + \bar{m}e + (h-e)d}{h(1-\beta)(1-\tau) + ek}$$

$$(5-7)$$

从以上公式中可以看到，模型设定中产品市场 IS 方程的公共投资等式和货币市场 LM 方程的货币需求等式与基准模型相比有所变化，均加入了新增债务 d 这一变量。公共投资等式加入新增债务体现举债支出环节的经济影响，货币需求等式加入新增债务体现举债融资环节的经济影响。这样的处理带来的最终均衡产出的变化在于，分子多了 $(h-e)d$ 这一部分，反映了新增债务的两种经济效应，即举债支出的净乘数效应和举债筹集的金融挤出效应，总效应由二者的相对大小决定。该大小与货币需求的收入弹性成正比，与投资的利率弹性成反比。

5.3.1.2　债务利息由财政自有资金偿付

不考虑债务利息时，地方债仅以新增债务这种流量的形式进入方程并影响市场均衡。由于债务利息与债务余额密切相关，因此当考虑债务利息时，地方债存量便会进入方程进而影响市场均衡。需要说明的是，债务利息在期初支付，即当期利息支出为 br。

（1）产品市场。

$$\begin{cases} y = c + i + g \\ c = \alpha + \beta(1-\tau)y \\ i = \bar{\iota} - er \\ g = \tau y + d - br \end{cases} \Rightarrow \quad y = \dfrac{\alpha + \bar{\iota} + d}{(1-\beta)(1-r)} - \dfrac{e+b}{(1-\beta)(1-\tau)}r \quad (5-8)$$

（2）货币市场。

$$\bar{m} = ky - hr + d \quad \Rightarrow \quad y = \dfrac{\bar{m}-d}{k} + \dfrac{h}{k}r \qquad (5-9)$$

（3）产品市场和货币市场的同时均衡。

$$\begin{cases} y = \dfrac{\alpha + \bar{\iota} + d}{(1-\beta)(1-\tau)} - \dfrac{e+b}{(1-\beta)(1-\tau)}r \\ y = \dfrac{\bar{m}-d}{k} + \dfrac{h}{k}r \end{cases} \Rightarrow$$

$$y = \frac{h(\alpha + \bar{\iota}) + \bar{m}e + (h - e)d + (\bar{m} - d)b}{h(1 - \beta)(1 - \tau) + ek + kb} \tag{5-10}$$

从以上公式中可以看到，模型设定中产品市场 *IS* 方程的公共投资等式与不考虑债务利息的情况相比增加了债务利息支出部分，即税收和举债的收入在扣除了债务利息之后才能用于公共投资，如果债务存量越大，债务利息支付越多，那么能用于公共投资的规模就会越小。最终的均衡产出与不考虑债务利息的情况相比分子分母都有变化，分子多了 $(\bar{m} - d)b$ 项，分母多了 kb 项。

5.3.1.3　债务利息由举借新债偿付

随着债务规模扩张，债务利息负担加大，当地方政府财政困难时，可能通过举借新债来偿付利息，此时地方政府的预算等式将不包含债务利息部分，而举债规模增加了债务利息部分，货币需求随之提高，主要表现在货币需求方程将增加 br 项。

（1）产品市场。

$$\begin{cases} y = c + i + g \\ c = \alpha + \beta(1 - \tau)y \\ i = \bar{\iota} - er \\ g = \tau y + d \end{cases} \Rightarrow \quad y = \frac{\alpha + \bar{\iota} + d}{(1 - \beta)(1 - \tau)} - \frac{e}{(1 - \beta)(1 - \tau)}r$$

$$\tag{5-11}$$

（2）货币市场。

$$\bar{m} = ky - hr + d + br \quad \Rightarrow \quad y = \frac{\bar{m} - d}{k} + \frac{h - b}{k}r \tag{5-12}$$

（3）产品市场和货币市场的同时均衡。

$$\begin{cases} y = \dfrac{\alpha + \bar{\iota} + d}{(1 - \beta)(1 - \tau)} - \dfrac{e}{(1 - \beta)(1 - \tau)}r \\ y = \dfrac{\bar{m} - d}{k} + \dfrac{h - b}{k}r \end{cases} \Rightarrow \quad y = \frac{h(\alpha + \bar{\iota}) + \bar{m}e + (h - e)d - db}{(h - b)(1 - \beta)(1 - \tau) + ek}$$

$$\tag{5-13}$$

从以上公式中可以看到，当债务利息由举借新债偿付时，财政空间将不再受到债务存量的压缩，新增债和税收可全部用于公共投资，进而避免了对乘数效应的削弱。但货币市场上的货币需求增加了债务利息部分的融资，因而会进一步推高市场利率，产生第二重金融挤出效应。最终的均衡产出与不考虑债务利息的情况相比分子分母都有变化，分子多了 $-db$ 项，分母多了 $-b(1-\beta)(1-\tau)$ 项。

5.3.2　经济效应分解

5.3.2.1　不考虑债务利息的情况

在不考虑债务利息的情况下，举债后的产出增量 $\Delta y_1 = y_1 - y_0 = \dfrac{(h-e)d}{h(1-\beta)(1-\tau)+ek}$。为了更加清晰地对地方政府经济效应进行分解，我们将举债前和举债后的情况反映在图形上。如图 5-4 所示，与基准模型相比，IS 曲线向右平行移动的距离为 $\dfrac{d}{(1-\beta)(1-\tau)}$，$LM$ 曲线平行向左移动到横截距为 $\dfrac{\bar{m}-d}{k}$ 处，二者相交于新的均衡点 e_2，此时均衡产出和均衡利率分别变为 y_1 和 r_1，产出从 y_0 增加到了 y_1，即地方债对经济增长的总效应为 $y_1 y_0$，它是乘数效应和真实及金融挤出效应共同作用的结果。乘数效应和真实挤出效应分别是 $y_1' y_0$ 和 $y_1'' y_1'$，其作用原理与基准模型相同，一旦有

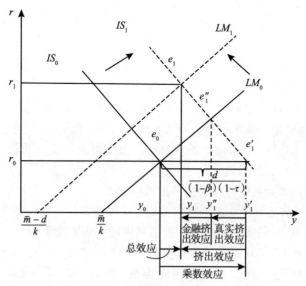

图 5-4　不考虑债务利息情形下产品市场与货币市场均衡

举债支出则二者必同时存在，因此二者之和称为净乘数效应；不同的是地方举债增加了金融挤出效应 $y_1 y_1''$，它是由于地方政府举债直接增加货币需求，挤占货币市场的流动性，导致 LM 曲线发生改变向左平移，利率再次上升，进而挤出私人投资造成的。各经济效应的关系式为：

$$总效应(y_1 y_0) = 乘数效应(y_1' y_0) + 挤出效应(y_1 y_1')$$
$$= 乘数效应(y_1' y_0) + 真实挤出效应(y_1'' y_1') + 金融挤出效应(y_1 y_1'')$$
$$= 净乘数效应(y_1'' y_0) + 金融挤出效应(y_1 y_1'')$$

为了比较各经济效应的数值大小，我们将各产出水平的图形位置和数值求解总结如下，具体如表 5 - 1 所示。

表 5 - 1 产出水平图形位置和数值求解

产出水平	图形位置	求解
y_0	IS_0 与 LM_0 交点处对应的产出（e_0）	$\dfrac{h(\alpha + \bar{\iota}) + \bar{m}e}{h(1-\beta)(1-\tau) + ek}$
y_1'	IS_1 曲线上利率等于 r_0 时对应的产出（e_1'）	$\dfrac{h(\alpha + \bar{\iota}) + \bar{m}e}{h(1-\beta)(1-\tau) + ek} + \dfrac{d}{(1-\beta)(1-\tau)}$
y_1''	IS_1 与 LM_0 交点处对应的产出（e_1''）	$\dfrac{h(\alpha + \bar{\iota}) + \bar{m}e + hd}{h(1-\beta)(1-\tau) + ek}$
y_1	IS_1 与 LM_1 交点处对应的产出（e_1）	$\dfrac{h(\alpha + \bar{\iota}) + \bar{m}e + (h-e)d}{h(1-\beta)(1-\tau) + ek}$

通过求解比较，可以得到各产出水平的大小排序。

（1） $y_0 \leqslant y_1'' \leqslant y_1'$ 必然成立。当 $h = \infty$ 时取等，此时货币需求对利率完全富有弹性，LM 是一条水平线；当 $h = 0$ 时，仅 y_0 和 y_1'' 取等，此时货币需求对利率完全无弹性，LM 是一条垂直线。由此可见，在一般情况下乘数效应必然为正，真实挤出效应必然为负，而且乘数效应必然大于真实挤出效应的绝对值，即乘数效应 + 真实挤出效应为正。

（2） $y_1 < y_1''$ 必然成立，则挤出效应 2 必然为负。

（3） y_0 和 y_1 的大小不确定，则总效应的正负不确定。

由于受到 $IS - LM$ 方程各参数变量取值不同的影响，y_0 和 y_1 的关系无法确定，即总效应 $\Delta y_1 = y_1 - y_0$ 可能为正、可能为负，还可能为零。综上所述，将地方债的各种经济效应总结如表 5 - 2 所示。

表 5 – 2　　　　　　　　　　　　地方债的经济效应分解

经济效应	①乘数效应	挤出效应		总效应
		②真实挤出效应	③金融挤出效应	
产出变化	$y_1' - y_0$	$y_1'' - y_1'$	$y_1 - y_1''$	$y_1 - y_0$
正负号	正	负	负	不确定（①＋②＋③）
	正（净乘数效应 ＝ ①＋②）		负	不确定（①＋②＋③）

5.3.2.2　债务利息由财政自有资金偿付

当债务利息由财政自有资金偿付时，举债后的产出增量 $\Delta y_1^r = y_1^r - y_0 =$ $\dfrac{h(\alpha + \bar{\iota}) + \bar{m}e + (h - e)d + (\bar{m} - d)b}{h(1 - \beta)(1 - \tau) + ek + kb} - \dfrac{h(\alpha + \bar{\iota}) + \bar{m}e}{h(1 - \beta)(1 - \tau) + ek}$，为了区分不考虑债务利息情况下的产出变量符号，此处在产出变量右上方增加 r 标识以表示考虑债务利息情况下的各产出变量。产出增量的式子变得更为复杂，为了更加清晰地对地方政府经济效应进行分解，我们将举债前和举债后的情况反映在图形上。如图 5 – 5 所示，与基准模型相比，IS 曲线向右平行移动到横截距为 $\dfrac{\alpha + \bar{\iota} + d}{\lambda}$ 处，再以横截距为轴心逆时针转动到斜率值为 $-\dfrac{e + d}{\lambda}$ 的位置，LM 曲线平行向左移动到横截距为 $\dfrac{\bar{m} - d}{k}$ 处，二者相交于新的均衡点 e_1，此时均衡产出和均衡利率分别变为 y_1^r 和 r_1^r，产出从 y_0 增加到了 y_1^r，即地方债对经济增长的总效应为 $y_1^r y_0$，它是乘数效应和真实及金融挤出效应共同作用的结果。乘数效应和真实挤出效应分别是 $y_1'' y_0$ 和 $y_1''' y_1''$，其作用原理与基准模型相同；不同的是地方举债还增加了金融挤出效应 $y_1' y_1'''$，它是由于地方政府举债直接增加货币需求，挤占货币市场的流动性，导致 LM 曲线发生改变向左平移，利率再次上升，进而挤出私人投资造成的。此时考虑债务利息由财政自有资金偿付和不考虑债务利息的区别就在于当期存量债务利息部分，因此比较两种情形能清晰看到由存量债务带来的利息负担给各分解经济效应造成的影响。通过在图形中加入辅助线，可以明显看到债务利息对举债净乘数效应的降低和对金融挤出效应的增进，导致总效应小于不考虑债务利息的情况。产出水平数值大小的具体变化在表 5 – 3 中进行了详细对比。

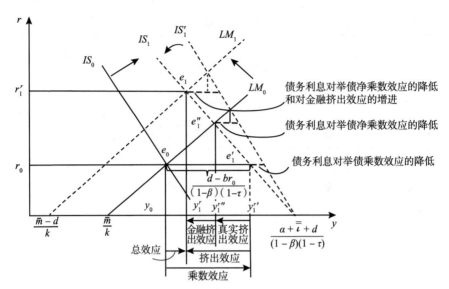

图 5 – 5　债务利息由财政自有资金偿付情形下产品市场与货币市场均衡

表 5 – 3　　　　　　　　　　　　产出水平图形位置和数值求解

产出水平的图形位置	数值求解 （不考虑债务利息）	数值求解 （债务利息由财政资金偿付）
IS_0 与 LM_0 交点处对应的产出（e_0）	$y_0 = \dfrac{h(\alpha+\bar{\iota})+\bar{m}e}{h(1-\beta)(1-\tau)+ek}$	$y_0 = \dfrac{h(\alpha+\bar{\iota})+\bar{m}e}{h(1-\beta)(1-\tau)+ek}$
IS_1 曲线上利率等于 r_0 时对应的产出（e_1'）	$y_1' = \dfrac{h(\alpha+\bar{\iota})+\bar{m}e}{h(1-\beta)(1-\tau)+ek}$ $+\dfrac{d}{(1-\beta)(1-\tau)}$	$y_1'' = \dfrac{h(\alpha+\bar{\iota})+\bar{m}e}{h(1-\beta)(1-\tau)+ek}$ $+\dfrac{d-br_0}{(1-\beta)(1-\tau)}$
IS_1 与 LM_0 交点处对应的产出（e_1''）	$y_1'' = \dfrac{h(\alpha+\bar{\iota})+\bar{m}e+hd}{h(1-\beta)(1-\tau)+ek}$	$y_1^r = \dfrac{h(\alpha+\bar{\iota})+\bar{m}e+hd+\bar{m}b}{h(1-\beta)(1-\tau)+ek+kb}$
IS_1 与 LM_1 交点处对应的产出（e_1）	$y_1 = \dfrac{h(\alpha+\bar{\iota})+\bar{m}e+(h-e)d}{h(1-\beta)(1-\tau)+ek}$	$y_1^r = \dfrac{h(\alpha+\bar{\iota})+\bar{m}e+(h-e)d+(\bar{m}-d)b}{h(1-\beta)(1-\tau)+ek+kb}$

　　如表 5 – 3 所示，考虑债务利息的各产出水平值均小于不考虑债务利息的对应产出值，且减小的程度逐渐递增。总效应的变化是由各分解效应即乘数效应和真实及金融挤出效应变化的总和构成，其值必然小于不考虑债务利息的情形。将地方债的各种经济效应总结如表 5 – 4 所示。

表 5 - 4　　　　　　　　　　　　　地方债的经济效应分解

经济效应	①乘数效应	挤出效应		总效应
		②真实挤出效应	③金融挤出效应	
产出变化	$y_1^{r\prime} - y_0$	$y_1^{r\prime\prime} - y_1^{r\prime}$	$y_1^r - y_1^{r\prime\prime\prime}$	$y_1^r - y_0$
正负号	正	负	负	不确定（①＋②＋③）
	正（①＋②）		负	不确定（①＋②＋③）
与不考虑债务利息相比	减少	减少		减少

5.3.2.3　债务利息由举借新债偿付

当债务利息由举借新债偿付时，举债后的产出增量 $\Delta y_1^r = y_1^r - y_0 =$ $\dfrac{h(\alpha + \bar{\iota}) + \bar{m}e + (h - e)d - db}{(h - b)(1 - \beta)(1 - \tau) + ek} - \dfrac{h(\alpha + \bar{\iota}) + \bar{m}e}{h(1 - \beta)(1 - \tau) + ek}$，为了区分不考虑债务利息情况下的产出变量符号，此处在产出变量右上方增加 r 标识以表示考虑债务利息情况下的各产出变量。产出增量的式子变得更为复杂，为了更加清晰地对地方政府经济效应进行分解，我们将举债前和举债后的情况反映在图形上。如图 5 - 6 所示，与基准模型相比，IS 曲线向右平行移动到横截距为 $\dfrac{\alpha + \bar{\iota} + d}{\lambda}$ 处，LM 曲线平行向左移动到横截距为 $\dfrac{\bar{m} - d}{k}$ 处，再以横截距为轴心逆时针转动到斜率值为 $\dfrac{h - b}{k}$ 的位置，二者相交于新的均衡点 e_1，此时均衡产出和均衡利率分别变为 y_1^r 和 r_1^r，产出从 y_0 增加到了 y_1^r，即地方债对经济增长的总效应为 $y_1^r y_0$，它是乘数效应和真实及金融挤出效应共同作用的结果。乘数效应和真实挤出效应分别是 $y_1^{r\prime} y_0$ 和 $y_1^{r\prime\prime\prime} y_1^{r\prime}$，其作用原理与基准模型相同；不同的是地方举债还增加了金融挤出效应 $y_1^r y_1^{r\prime\prime\prime}$，它是由于地方政府举债直接增加货币需求，挤占货币市场的流动性，导致 LM 曲线发生改变，利率再次上升，进而挤出私人投资造成的。与债务利息由财政自有资金偿付情况不同的是，当债务利息由举借新债偿付时，LM 曲线的改变可分解为两部分：一是为公共投资而举借的债务促使 LM 曲线平行向左移动至 $LM_1^\prime$，与 IS_1 相交于 $e_1^{r\prime\prime}$，对应产出水平 $y_1^{r\prime\prime}$，此时产生的金融挤出效应为 $y_1^{r\prime\prime} y_1^{r\prime}$；二是为偿付债务利息而举借的债务促使 LM 曲线以横截距

为轴心向左转动至 LM_1，与 IS_1 相交于 e_1，对应产出水平 y_1^r，此时产生的金融挤出效应为 $y_1^r y_1'''$。因两部分都是通过增加货币需求挤占流动性而产生挤出效应，故都属于金融挤出效应，于是可将金融挤出效应划分为第一重金融挤出效应和第二重金融挤出效应。由此可见，债务利息由举借新债偿付和由财政自有资金偿付的重要不同在于，前者多了第二重挤出效应，而后者的乘数效应更小。产出水平数值大小的具体变化在表5-5中进行了详细对比。

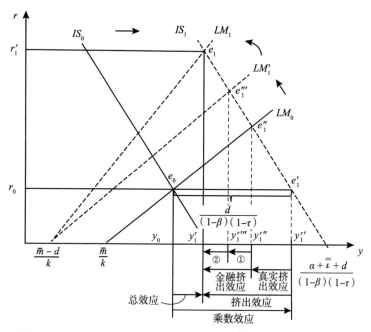

图5-6　债务利息由举借新债偿付情形下产品市场与货币市场均衡
注：图中"①"表示第一重金融挤出效应，"②"表示第二重金融挤出效应。

如表5-5所示，债务利息由举借新债偿付时的产出水平值 y_0、y_1''、y_1''' 分别与不考虑债务利息时的产出水平值 y_0、y_1'、y_1'' 相等，而由于存在第二重金融挤出效应，所以最终产出水平值 y_1^r 比 y_1 更小。与债务利息由财政自有资金偿付时相比，债务利息由举借新债偿付时的产出水平值 y_0、y_1''、y_1''' 均更大，但二者最终产出水平值 y_1^r 取决于各参数值的具体取值，因此在给定具体情况前暂时无法确定二者的大小关系。表5-6对各种经济效应进行了总结。

表 5－5　产出水平图形位置和数值求解

产出水平的图形位置	数值求解（不考虑债务利息）	数值求解（债务利息由财政自有资金偿付）	数值求解（债务利息由举借新债偿付）
IS_0 与 LM_0 交点处对应的产出（e_0）	$y_0 = \dfrac{h(\alpha + \bar{i}) + \bar{m}e}{h(1-\beta)(1-\tau) + ek}$	$y_0 = \dfrac{h(\alpha + \bar{i}) + \bar{m}e}{h(1-\beta)(1-\tau) + ek}$	$y_0 = \dfrac{h(\alpha + \bar{i}) + \bar{m}e}{h(1-\beta)(1-\tau) + ek}$
IS_1 曲线上利率等于 r_0 时对应的产出（e_1'）	$y_1' = \dfrac{h(\alpha + \bar{i}) + \bar{m}e}{h(1-\beta)(1-\tau) + ek} + \dfrac{d}{(1-\beta)(1-\tau)}$	$y_1' = \dfrac{h(\alpha + \bar{i}) + \bar{m}e}{h(1-\beta)(1-\tau) + ek} + \dfrac{d - br_0}{(1-\beta)(1-\tau)}$	$y_1' = \dfrac{h(\alpha + \bar{i}) + \bar{m}e}{h(1-\beta)(1-\tau) + ek} + \dfrac{d}{(1-\beta)(1-\tau)}$
IS_1 与 LM_0 交点处对应的产出（e_1''）	$y_1'' = \dfrac{h(\alpha + \bar{i}) + \bar{m}e + hd}{h(1-\beta)(1-\tau) + ek}$	$y_1''' = \dfrac{h(\alpha + \bar{i}) + \bar{m}e + hd + \bar{m}b}{h(1-\beta)(1-\tau) + ek + kb}$	$y_1'' = \dfrac{h(\alpha + \bar{i}) + \bar{m}e + hd}{h(1-\beta)(1-\tau) + ek}$
IS_1 与 LM_1' 交点处对应的产出（e_1'''）	—	—	$y_1''' = \dfrac{h(\alpha + \bar{i}) + \bar{m}e + (h-e)d}{h(1-\beta)(1-\tau) + ek}$
IS_1 与 LM_1 交点处对应的产出（e_1）	$y_1 = \dfrac{h(\alpha + \bar{i}) + \bar{m}e + (h-e)d}{h(1-\beta)(1-\tau) + ek}$	$y_1 = \dfrac{h(\alpha + \bar{i}) + \bar{m}e + (h-e)d + (\bar{m}-d)b}{h(1-\beta)(1-\tau) + ek + kb}$	$y_1'''' = \dfrac{h(\alpha + \bar{i}) + \bar{m}e + (h-e)d - db}{(h-b)(1-\beta)(1-\tau) + ek}$

表 5 - 6　　　　　　　　　　　地方债的经济效应分解

经济效应	①乘数效应	挤出效应			总效应
		②真实挤出效应	③第一重金融挤出效应	④第二重金融挤出效应	
产出变化	$y_1''-y_0$	$y_1'''-y_1''$	$y_1'-y_1'''$	$y_1'-y_1'''$	$y_1'-y_0$
正负号	正	负	负	负	不确定（①+②+③+④）
与不考虑债务利息相比	不变	不变	不变	增加	减少
与债务利息由财政资金自有偿付相比	增加	减少	减少	增加	不确定

　　如果地方政府同时采用财政自有资金和举借新债偿付债务利息，那么其经济效应即是上述两种情况的综合，最终产出水平取决于两种偿付方式所占比重的大小。

5.4　均衡比较分析

5.4.1　举债与税收的经济效应比较

　　举债和税收是地方政府满足公共支出需要的两种融资方式，二者对经济的传导路径和作用机制截然不同，而举债往往成为政府面对经济降速实施减税政策时的工具依赖。那么比较这两种融资方式对产出水平的影响，就是验证减税政策是否有效的重要依据。延续前文的研究范式，本节在 IS - LM 模型的基础上对举债和收税的经济效应进行比较。比较的具体思路是：假定公共支出不变，求解完全用税收筹集资金和完全用举债筹集资金的均衡产出水平，通过比较两种融资方式下产出水平的大小，来验证减税型举债的经济效果，并找寻政策有效性的条件和区间。

前文基准模型求解便是在公共支出全部由税收融资的情况下得到的产出结果，于是可直接作为此处收税情形下的产出水平，即 $y_\tau = \dfrac{h(\alpha+\bar\iota)+\bar me}{h(1-\beta)(1-\tau)+ek}$，论证过程不再赘述。为了便于比较，对等式稍作变形可得到

$$y_\tau = \frac{h(\alpha+\bar\iota)+\bar me}{h(1-\beta-\tau)+ek+h\beta\tau} \tag{5-14}$$

接下来求解举债融资下的产出水平。由于假定公共支出不变，因此举债融资情形下的公共支出水平与收税时相同，即仍然为 $g=\tau y$。但与收税不同的是，此时的 τy 来源于货币市场的资金举借，会增加货币需求。求解具体过程如下。

（1）产品市场。

$$\begin{cases} y=c+i+g \\ c=\alpha+\beta y \\ i=\bar\iota-er \\ g=\tau y \end{cases} \Rightarrow \quad y=\frac{\alpha+\bar\iota}{1-\beta-\tau}-\frac{e}{1-\beta-\tau}r \tag{5-15}$$

（2）货币市场。

$$\bar m=ky-hr+\tau y \quad \Rightarrow \quad y=\frac{\bar m}{k+\tau}+\frac{h}{k+\tau}r \tag{5-16}$$

（3）产品市场和货币市场的同时均衡。

$$\begin{cases} y=\dfrac{\alpha+\bar\iota}{1-\beta-\tau}-\dfrac{e}{1-\beta-\tau}r \\ y=\dfrac{\bar m}{k+\tau}+\dfrac{h}{k+\tau}r \end{cases} \Rightarrow \quad y=\frac{h(\alpha+\bar\iota)+\bar me}{h(1-\beta-\tau)+ek+e\tau} \tag{5-17}$$

由此可以得到举债融资下的产出水平 $y_Z=\dfrac{h(\alpha+\bar\iota)+\bar me}{h(1-\beta-\tau)+ek+e\tau}$，与收税融资下的产出水平 $y_\tau=\dfrac{h(\alpha+\bar\iota)+\bar me}{h(1-\beta-\tau)+ek+h\beta\tau}$ 进行比较发现，两者分子完全相同，分母的前两项也完全相同，唯一不同的是分母最后一项。因此比较两种融资方式经济效应可以转为比较 $e\tau$ 与 $h\beta\tau$ 的大小，若两者相等则说明收税与举债完全等价，减税型举债无效；若前者大于后者，则说明收税的经济效应小于举债，举债优于税收，减税型举债是有效的；若前者小于后者，则说明收税的经济效应大于举债，收税优于举债，减税型举债反而会有害于经济增长。e、h 和 β 分别表示投资的利率弹性、货币需求的收入弹性和边际消费倾向。因此我们可以进一步得到如下结论，具体如

表 5-7 所示：只有当 $e > h\beta$，即投资的利率弹性大于货币需求的收入弹性与边际消费倾向之积时，依靠举债弥补减税缺口的政策才是有效的，反之或者对经济没影响，或者产生负面作用。

表 5-7　　　　　　　　　收税与举债的经济效应比较

前提条件	经济含义	经济效应比较	政策有效性
$e = h\beta$	投资的利率弹性等于货币需求的收入弹性与边际消费倾向之积	收税与举债等价	减税型举债无效
$e > h\beta$	投资的利率弹性大于货币需求的收入弹性与边际消费倾向之积	举债优于收税	减税型举债有效
$e < h\beta$	投资的利率弹性小于货币需求的收入弹性与边际消费倾向之积	收税优于举债	减税型举债无效

5.4.2　债务累积叠加的总效应变化趋势

上节比较收税与举债的经济效应是在公共支出不变的前提下，此时的举债相当于减税型举债，而更加符合中国地方政府举债特征的是增支型举债，即为了扩大公共投资而举借债务。增支型举债的单期经济效应已在前文深入分析，但多期连续的经济效应比较前文并未涉及，这便是本节的研究重点。

在不考虑利息的情况下，当新增债务为零时，当期债务存量与上一期相等，保持不变；当新增债务大于零时，当期债务存量升高；当新增债务小于零时，当期债务存量下降。债务存量的连续变化将每一期的举债经济效应联系起来，关注随着债务存量累积而带来的每一期经济效应的变化趋势，即对举债经济效应的多期比较分析。从中国地方债特征（见本书第 4 章）来看，新增债务始终处于大于零的情况，意味着债务存量不断累积升高，始终处于扩张态势。为此本节考察了多期等量举债序列的产出增量变化趋势，以分析债务密集度等指标的变化特征。通过上文分析已知，债务利息的不同偿付方式将带来作用机制和经济效应的差异，因此本节依然分别按照两种付息方式探讨债务累积叠加的总效应（产出增量）变化趋势。

5.4.2.1　债务利息由财政自有资金偿付

上文通过对财政自有资金偿付债务利息情形下举债的单期经济效应分析得到均衡产出水平为 $y_1^r = \dfrac{h(\alpha + \bar{\iota}) + \bar{m}e + (h - e)d + (\bar{m} - d)b}{h(1 - \beta)(1 - \tau) + ek + kb}$，可以看出产出水平与当期的新增债务 d 和债务存量 b 密切相关。而每一期的新增债务和债务存量是不断变化的。

假定地方政府每一期的新增债务额相等，均为 $d(d > 0)$，则每一期的债务存量即期初债务余额为 $b_j = (j - 1)d$，其中 $j = 1,2,\cdots,n$。第 j 期产品市场和货币市场均衡的求解过程如下。

（1）产品市场。

$$\begin{cases} y = c + i + g \\ c = \alpha + \beta(1 - \tau)y \\ i = \bar{\iota} - er \\ g = \tau y + d - (j - 1)dr \end{cases} \Rightarrow \quad y = \frac{\alpha + \bar{\iota} + d}{(1 - \beta)(1 - \tau)} - \frac{e + (j - 1)d}{(1 - \beta)(1 - \tau)}r$$

$$(5 - 18)$$

（2）货币市场。

$$\bar{m} = ky - hr + d \quad \Rightarrow \quad y = \frac{\bar{m} - d}{k} + \frac{h}{k}r \qquad (5 - 19)$$

（3）产品市场和货币市场的同时均衡。

$$\begin{cases} y = \dfrac{\alpha + \bar{\iota} + d}{(1 - \beta)(1 - \tau)} - \dfrac{e + (j - 1)d}{(1 - \beta)(1 - \tau)}r \\ y = \dfrac{\bar{m} - d}{k} + \dfrac{h}{k}r \end{cases}$$

$$\Rightarrow y = \frac{h(\alpha + \bar{\iota}) + \bar{m}e + [h - e + \bar{m}(j - 1)]d - (j - 1)d^2}{h(1 - \beta)(1 - \tau) + ek + k(j - 1)d} \qquad (5 - 20)$$

从以上求解过程可以看到，随着地方债累积，IS 方程的截距项始终保持不变，只与当期新增债务相关；而斜率项与期数 j 相关，斜率值会随着地方债累积而逐渐变小；LM 方程的截距项也只与当期新增债务相关，斜率始终保持不变。将其反映在图形上则更为直观。

如图 5 - 7 所示，在第 1 期，举债使得 IS_0 曲线平行向右移动至 IS_1 处，此时横截距为 $\dfrac{\alpha + \bar{\iota} + d}{(1 - \beta)(1 - \tau)}$。与此同时，举债使得 LM_0 曲线平行向左移动至 LM_1 处，横截距从 $\dfrac{\bar{m}}{k}$ 变为 $\dfrac{\bar{m} - d}{k}$。IS_1 与 LM_1 相交形成新的均衡点 e_1，

此时产出水平为 y_1，举债使得产出水平增加了 Δy_1。在第 2 期，举债使得 IS_0 曲线向右移动并以 $\dfrac{\alpha + \bar{\bar{\iota}} + d}{(1-\beta)(1-\tau)}$ 为轴心逆时针转动至 IS_2 处，而 LM_2 曲线的位置与 LM_1 相同，保持不变。IS_2 与 LM_2 相交形成新的均衡点 e_2，此时产出水平为 y_2，举债使得产出水平增加了 Δy_2。显而易见的是，$\Delta y_2 <$ Δy_1，也就是说，虽然两期的新增债务规模相同，但举债对产出的增进作用在下降。同理，第 3 期举债使得 IS_0 曲线向右移动并以 $\dfrac{\alpha + \bar{\bar{\iota}} + d}{(1-\beta)(1-\tau)}$ 为轴心逆时针转动至 IS_3 处，而 LM_3 曲线的位置与 LM_1 相同，保持不变。IS_3 与 LM_3 相交形成新的均衡点 e_3，此时产出水平为 y_3，举债使得产出水平增加了 Δy_3。显而易见的是，$\Delta y_3 < \Delta y_2 < \Delta y_1$，也就是说，虽然新增债务规模与前两期均相同，但举债对产出的增进作用却进一步下降。至此可同理推至第 j 期的境况，随着时间推移，债务存量不断累积，举债的经济效应在逐渐递减，意味着债务密集度（$d/\Delta y_j$）在不断攀升。

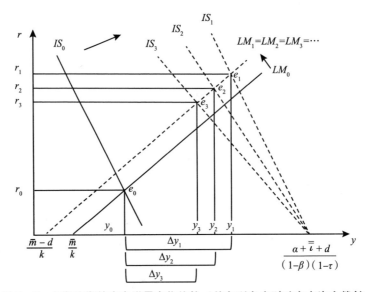

图 5 − 7　多期均衡的产出增量变化趋势（债务利息由财政自有资金偿付）

5.4.2.2　债务利息由举借新债偿付

上文通过对举借新债偿付债务利息情形下举债的单期经济效应分析得

到均衡产出水平为 $y_1^r = \dfrac{h(a+\bar{\iota}) + \bar{m}e + (h-e)d - db}{(h-b)(1-\beta)(1-\tau) + ek}$，可以看出产出水平与当期的新增债务 d 和债务存量 b 密切相关。而每一期的新增债务和债务存量是不断变化的。

假定地方政府每一期的新增债务额相等，均为 $d(d>0)$，则每一期的债务存量即期初债务余额为 $b_j = (j-1)d$，其中 $j=1, 2, \cdots, n$。第 j 期产品市场和货币市场均衡的求解过程如下。

（1）产品市场。

$$\begin{cases} y = c + i + g \\ c = \alpha + \beta(1-\tau)y \\ i = \bar{\iota} - er \\ g = \tau y + d \end{cases} \Rightarrow \quad y = \frac{\alpha + \bar{\iota} + d}{(1-\beta)(1-\tau)} - \frac{e}{(1-\beta)(1-\tau)}r$$

$$(5-21)$$

（2）货币市场。

$$\bar{m} = ky - hr + d + (j-1)dr \quad \Rightarrow \quad y = \frac{\bar{m}-d}{k} + \frac{h-(j-1)d}{k}r \quad (5-22)$$

（3）产品市场和货币市场的同时均衡。

$$\begin{cases} y = \dfrac{\alpha + \bar{\iota} + d}{(1-\beta)(1-\tau)} - \dfrac{e+(j-1)d}{(1-\beta)(1-\tau)}r \\ y = \dfrac{\bar{m}-d}{k} + \dfrac{h}{k}r \end{cases} \Rightarrow$$

$$y = \frac{h(\alpha+\bar{\iota}) + \bar{m}e + (h-e)d - (j-1)d^2}{[h-(j-1)d](1-\beta)(1-\tau) + ek} \qquad (5-23)$$

从以上求解过程可以看到，随着地方债累积，IS 方程始终保持不变，截距项与当期新增债务相关；LM 方程的截距项保持不变，只与当期新增债务相关，而斜率项与期数 j 相关，斜率值会随着地方债累积而逐渐变小。将其反映在图形上则更为直观。

如图 5-8 所示，在第 1 期，举债使得 IS_0 曲线平行向右移动至 IS_1 处，此时横截距为 $\dfrac{\alpha + \bar{\iota} + d}{(1-\beta)(1-\tau)}$。与此同时，举债使得 LM_0 曲线平行向左移动至 LM_1 处，横截距从 $\dfrac{\bar{m}}{k}$ 变为 $\dfrac{\bar{m}-d}{k}$，此时产出水平为 y_1，举债使得产出水平增加了 Δy_1。之后各期由于存在利息负担，导致 LM_1 逆时针转动，且随着期数增加和债务累积，利息负担越来越重，进而逆时针转动幅度越来越大。显而易见的是，$\Delta y_3 < \Delta y_2 < \Delta y_1$，也就是说，虽然新增债务规模与前两期均相同，但举债对产出的增进作用却进一步下降。因此可同理推出第 j 期的境况，随着时间推移，债务存量不断累积，举债的经济效应在逐渐递减，意味着债务密集度（$d/\Delta y_j$）在不断攀升。

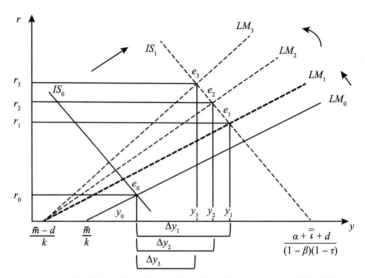

图 5 - 8　多期均衡的产出增量变化趋势（债务利息由举借新债偿付）

5.4.3　债务累积叠加的分解效应变化趋势

上节反映的是产出增量即经济总效应的变化趋势——随着地方债累积叠加，地方新增债务对产出的拉动作用在逐渐降低。而该总效应是由乘数效应、真实挤出效应和金融挤出效应之和构成的，那么本小节进一步分析各个分解效应的变化趋势，以深入挖掘地方新增债务对产出拉动作用逐渐降低的根源。同样，根据债务利息偿付方式的不同，多期比较分两种情况展开。

5.4.3.1　债务利息由财政自有资金偿付

根据上文可以得到乘数效应、真实挤出效应和金融挤出效应的数值求解如表 5 - 8 所示。

表 5 - 8　　各分解效应的变化趋势（债务利息由财政自有资金偿付）

分解效应		数值求解	正负号		变化趋势
①乘数效应	净乘数效应（①+②）	$y_j'y_0 = y_j' - y_0 = \dfrac{d[1-(j-1)r_0]}{\lambda}$	正	正	递减
②真实挤出效应		$y_j''y_j' = y_j'' - y_j' = \dfrac{d(1-r_j'')}{\lambda + ek/h} - \dfrac{d(1-r_0)}{\lambda}$	负		
③金融挤出效应		$y_jy_j'' = y_j - y_j'' = \dfrac{d(r_j''-r_j-e)}{\lambda + ek/h}$	负		递减
总效应（①+②+③）		$y_jy_0 = y_j - y_0 = \dfrac{h(\alpha+\bar{\iota}) + \bar{m}e + (h-e)d + (\bar{m}-d)b}{h(1-\beta)(1-\tau) + ek + kb}$ $- \dfrac{h(\alpha+\bar{\iota}) + \bar{m}e}{h(1-\beta)(1-\tau) + ek}$	不确定		递减

　　从表 5 - 8 中可以看到，乘数效应为正，真实挤出效应和金融挤出效应为负，而总效应取决于三种效应的相对大小，因此总效应的符号不确定。随着债务累积叠加，乘数效应加上真实挤出效应得到的净乘数效应递减，金融挤出效应也递减（绝对值递增），因此由各分解效应加总得到的总效应必然递减。接下来，分别将各分解效应展示在图形上，使其变化趋势更为直观。

　　（1）乘数效应。地方举债的乘数效应大小为 $y_j'y_0 = y_j' - y_0 = \dfrac{d[1-(j-1)r_0]}{\lambda}$，其值为正。如图 5 - 9 所示，随着地方债存量的累积叠加，利息负担越来越重，当债务利息由财政自有资金偿付时将压缩预算中的财政空间。在新增债务规模 d 不变的情况下，可用于公共投资的数额将不断减少，因而举债的乘数效应逐渐递减，递减速率为 $\dfrac{dr_0}{\lambda}$。

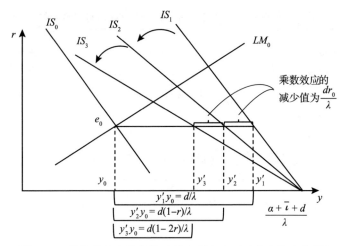

图 5 – 9 乘数效应变化趋势（债务利息由财政自有资金偿付）

（2）净乘数效应（乘数效应＋真实挤出效应）。地方举债的净乘数效应由乘数效应和真实挤出效应之和构成，其大小为 $y_j''y_0 = y_j'' - y_0 = \dfrac{d(1 - r_j'')}{\lambda + ek/h} - \dfrac{d(1 - r_0)}{\lambda}$，其值为正。随着地方债存量的累积叠加，可用于公共投资的资金量不断减少，乘数效应逐渐降低，真实挤出效应经历了先降低后升高的过程，但二者之和得到的净乘数效应始终在逐渐降低，具体如图 5 – 10 所示。

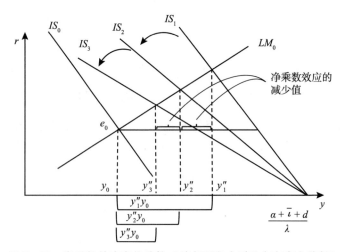

图 5 – 10 净乘数效应变化趋势（债务利息由财政自有资金偿付）

（3）金融挤出效应。随着地方债存量的累积叠加，债务利息负担逐渐加重，尽管债务利息已通过财政自有资金偿付，但新增债务的金融挤出效应的绝对值仍然随着债务存量的累积而提高。如图 5 – 11 所示，新增债务的金融挤出效应的绝对值 $|y_j y_j''|$ 在逐渐增大，但因其值为负数，故金融挤出效应在逐渐降低。

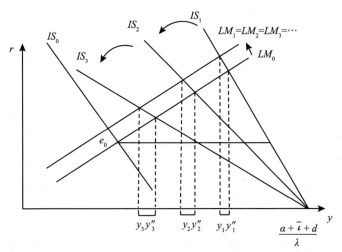

图 5 – 11　金融挤出效应变化趋势（债务利息由财政自有资金偿付）

5.4.3.2　债务利息由举借新债偿付

当债务利息由举借新债偿付时各分解效应的传导机制和数值大小发生变化，根据前文的求解，可以得到此时乘数效应、第一重挤出效应和第二重挤出效应的数值求解，具体如表 5 – 9 所示。

表 5 – 9　各分解效应的变化趋势（债务利息由举借新债偿付）

分解效应	数值求解	正负号	变化趋势
①乘数效应	$y_j' y_0 = y_j' - y_0 = \dfrac{d[1 - (j-1)r_0]}{\lambda}$	正	不变
②真实挤出效应	$y_j'' y_j' = y_j'' - y_j' = \dfrac{d(1 - r_j'')}{\lambda + ek/h} - \dfrac{d(1 - r_0)}{\lambda}$	负	不变
③第一重金融挤出效应	$y_j'' y_j'' = y_j'' - y_j'' = \dfrac{d(r_j'' - r_j - e)}{\lambda + ek/h}$	负	不变

续表

分解效应	数值求解	正负号	变化趋势
④第二重金融挤出效应	$y_j y_j''' = y_j - y_j'' = \dfrac{h(\alpha+\bar{\iota})+\bar{m}e+(h-e)d-(j-1)d^2}{[h-(j-1)d](1-\beta)(1-\tau)+ek} - \dfrac{h(\alpha+\bar{\iota})+\bar{m}e+(h-e)d}{h(1-\beta)(1-\tau)+ek}$	负	递减
总效应（①+②+③+④）	$y_j y_0 = y_j - y_0 = \dfrac{h(\alpha+\bar{\iota})+\bar{m}e+(h-e)d+(\bar{m}-d)b}{h(1-\beta)(1-\tau)+ek+kb} - \dfrac{h(\alpha+\bar{\iota})+\bar{m}e}{h(1-\beta)(1-\tau)+ek}$	不确定	递减

当债务利息由举借新债偿付时，随着地方债的累积叠加，乘数效应、真实挤出效应和第一重金融挤出效应都保持不变，只有第二重金融挤出效应在变化，因此第二重金融挤出效应的变化趋势即反映出总效应的变化趋势。随着债务累积叠加，债务利息负担越来越重，为偿付利息而举借的新债规模也随之提高，导致第二重金融挤出效应逐渐递减，即绝对值逐渐递增。将第二重金融挤出效应用图形表示，如图 5－12 所示，第二重金融挤出效应的绝对值$|y_j y_j'''|$随着地方债的累积叠加而增加，因此最终总效应在逐渐递减。

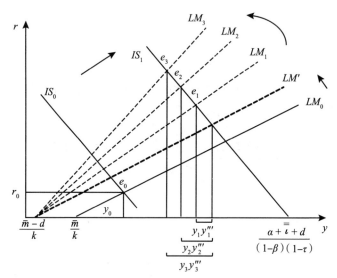

图 5－12　第二重金融挤出效应变化趋势（债务利息由举借新债偿付）

5.5　本章小结

本章在结合中国地方债影响经济增长的一般性和特殊性基础上，提出了理论假设，构建了中国地方债影响经济增长的理论模型，将挤出效应分解为真实挤出效应和金融挤出效应。

研究发现，当投资的利率弹性大于货币需求的收入弹性与边际消费倾向之积时，依靠举债弥补减税缺口的政策才是有效的，否则或者对经济没影响，或者产生负面作用。针对增支型举债，本书探讨了债务累积叠加的总效应和分解效应变化趋势。当债务利息由财政自由资金偿付时，债务累积叠加的总效应（产出增量）在逐渐递减，进而呈现债务密集度攀升的态势；各分解效应的变化趋势是净乘数效应逐渐递减，金融挤出效应不断加重。当债务利息由举借新债偿付时，债务累积叠加的总效应（产出增量）在逐渐递减，进而也会呈现债务密集度攀升的态势；各分解效应的变化趋势是净乘数效应和第一重金融挤出效应保持不变，第二重金融挤出效应逐渐加重。当以上两种债务利息的偿付方式同时存在时，其经济效应是两种分析的综合，具体效应大小取决于两种偿付方式所占比重，虽然传导机制和经济效应值存在差异，但总效应递减即债务密集度攀升是共有的趋势。

第 6 章

从新增与存量视角看中国
地方债的经济效应

6.1 研究设计

6.1.1 待检验命题

地方债务密集度逐渐攀升的现象反映出了地方新增债务经济效应逐渐降低的事实，因此寻找地方债务密集度攀升的内在逻辑，需深入剖析地方新增债务经济效应的作用机理。从债务产生到消亡的全周期来看，地方债务由举借、使用、付息到偿还的多个环节构成，每一个环节都会对经济产生影响，仅关注其中任一个方面都无法全面反映地方债务的经济效应。

在债务举借环节，无论通过发行债券等直接融资方式，还是通过银行贷款等间接融资方式获取债务资金收入，地方政府此时作为资金的需求方必然会增加全社会的资金需求，在全社会资金供给不变的情况下，将挤占流动性推高市场利率，进而产生挤出效应，抑制产出。若此时资金供给相应增加，比如中央银行增加货币供应量，或者由于区域间金融市场的流动性导致资金从其他地区流入本地区从而增加了本地区的资金供给，那么地方政府举债对全社会或者本地区的挤出效应将相应减弱。但若此时资金供给降低，比如中央银行降低货币供应量，或者金融资金从本地区流出，那么地方政府举债对全社会或者本地区的挤出效应将变得更加严重。

在债务使用环节，地方政府将债务资金用于公共投资，会增加全社会投资总需求，进而在短期内产生乘数效应，拉动经济增长。根据《全国政府性债务审计结果》（2013）显示，中国地方债务主要用于基础设施建设和公益性项目等公共投资，符合地方债务资金使用的"黄金法则"。通过债务资金的运用，形成了大量优质资产，进而对短期和长期的经济增长提供助力。将债务举借和使用环节分离开来单独剖析，能更加清晰地分解新增债务的经济效应，增强对现实的解释力。比如现实中存在的债务资金使用低效的问题，债务举借后资金放在财政账户上迟迟不支出或支出缓慢，此时挤出效应在举借时已经发生，但由于债务资金还未转化为实际投资因而支出环节的乘数效应并未产生，造成新增债务的乘数效应和挤出效应脱节，加重对经济增长的负面影响。

在债务还本付息环节，根据还本付息的方式不同，地方债务对经济增长的影响路径有所差异。如果还本付息的资金完全来源于财政自有资金，那么还本付息额会增加财政负担，压缩财政空间，降低财政可用于公共投资的规模，进而限制财政政策的发挥，削弱乘数效应，不利于产出增加。如果还本付息的资金来源于金融市场，即通过举借新债的方式予以偿付，那么会再次挤占流动性，产生挤出效应，抑制产出。由于该笔债务在新举借时已经产生了一次挤出效应，那么此时是第二重挤出效应。

以上对地方债务每一环节的作用机理分析，是在假设其他环节不变的情况下的局部推导，地方债务的总体经济效应是各局部效应的总和。债务的举借和使用环节与新增债务密切相关，反映了地方债务流量与经济增长的关系；债务的付息和偿还环节与债务余额密切相关，反映了地方债务存量与经济增长的关系。将以上各环节的理论分析总结在机制图上，如图 6-1 所示。新增债务在当期以流量的形式产生经济影响，表现为举借环节即收入端通过挤占流动性产生第一重挤出效应（挤出效应 1），进而抑制产出；使用环节即支出端通过增加公共投资产生乘数效应，进而促进产出。新增债务在未来期累积为债务余额，以存量的形式产生经济影响，表现为如果用财政自有资金偿付本息，将压缩公共投资规模，削弱乘数效应，进而抑制产出；如果用举借新债的方式偿付本息，将再次挤占流动性，产生第二重挤出效应（挤出效应 2），进而抑制产出。将以上各局部效应进行加总，便可得到地方债务对经济增长的总效应或净效应。

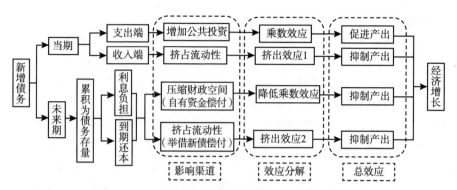

图6-1 地方债对经济增长的影响渠道和经济效应

前文对地方新增债务经济效应的作用机制的剖析，为解释地方债务密集度不断攀升现象提供了依据。理论分析发现，新增债务只有在当期才会产生正效应，即在债务支出环节产生乘数效应，而且该正效应还会因资金供给充裕状况的不同而受到一定程度的削弱，即债务举借环节的挤出效应1；新增债务一旦转化为债务存量，便主要对经济增长产生负效应，即偿付本息带来的降低乘数效应或者产生挤出效应2，或者二者兼有之。静态来看，如果新增债务的正效应能超过各负效应的总和，那么在当期地方新增债务的总效应为正，否则为负。随着时间推移，如果新增债务一直为正，就意味着债务存量在不断累积增加（目前中国地方债务的发展态势正属于此种情况），那么每期新增债务的正效应都将扣除与累积债务存量相关的不断扩大的负效应，因此地方新增债务的总效应将逐渐递减，进而呈现出新增债务对经济增长的拉动作用越来越难，地方债务密集度不断攀升的现象。

基于以上分析，可以得到四个待检验命题假说。

H1：地方新增债务对经济增长的拉动作用受到债务存量的影响，随着债务存量的累积叠加，其拉动作用逐渐递减，进而导致地方债务密集度攀升。

H2：地方新增债务通过增加公共投资和挤占流动性两个渠道影响经济增长，并分别产生乘数效应和挤出效应（挤出效应1）。

H3：当由财政自有资金偿付本息时，地方债务存量通过压缩地方新增债务中可用于公共投资的规模，而削弱新增债务的正向乘数效应，进而抑制产出。

H4：当由举借新债偿付本息时，地方债务存量会挤占流动性产生挤出效应（挤出效应2），并加重当期新增债务的挤出效应（挤出效应1），进而抑制产出。

在以上四个待检验命题假说中，命题 H1 是对地方债务总效应的验证，也是对地方债务密集度攀升的直接解释；命题 H2、命题 H3 和命题 H4 是对地方新增债务总效应作用机制的验证，对命题 H1 形成证据支撑，进而对地方债务密集度攀升内在逻辑进行解释。根据偿付本息的现实情况不同，命题 H3 和命题 H4 可能存在其一，也可能同时存在，实证结果可成为现实情况的印证。

6.1.2　实证策略

为了检验以上四个命题，本书运用有中介的调节效应模型来进行实证，具体的实证策略和步骤如下。

第一步，验证地方新增债务的总效应，即命题 H1。由上文的理论分析可知，地方新增债务的总效应由地方新增债务与存量债务的交互作用产生。因此本书将地方新增债务作为解释变量，地方债务存量作为调节变量，产出作为被解释变量，构建调节效应模型，以验证地方债务存量对地方新增债务经济效应的调节作用，即地方新增债务对产出的影响是否会随着地方债务存量的不同而变化，以及这种变化趋势如何，具体如图 6-2 所示。

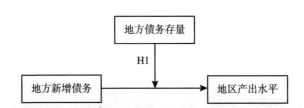

图 6-2　地方债务存量对地方新增债务经济效应的调节效应模型

第二步，验证地方新增债务对经济增长的影响渠道，即命题 H2。由上文的理论分析可知，地方新增债务通过增加公共投资和挤占流动性两个渠道影响经济增长。因此本书将地方新增债务作为解释变量，公共投资和流动性作为中介变量，产出作为被解释变量，构建中介效应模型，以验证公共投资和流动性是否成为影响渠道，以及对应的乘数效应和挤出效应1的大小，具体如图 6-3 所示。

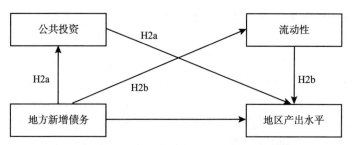

图6-3 地方新增债务经济效应的中介效应模型

第三步，验证地方债务存量对公共投资和流动性这两个影响渠道的调节作用，即命题 H3 和命题 H4。由上文的理论分析可知，地方债务存量通过降低公共投资和/或挤占流动性两个渠道削弱新增债务的正向乘数效应和/或产生挤出效应2并加重新增债务的挤出效应1。因此本书将地方债务存量作为调节变量，放入公共投资和流动性的两个中介变量中，构建有中介的调节效应模型，以验证地方债务存量对公共投资和流动性的调节作用，即乘数效应和挤出效应是否随地方债务存量的不同而变化，以及这种变化趋势如何，同时对地方债务存量是否通过挤占流动性产生挤出效应2进而抑制产出进行验证。根据理论分析，地方债务存量只在中介效应的前半路径发挥调节作用，因此只在公共投资和流动性中介的前半路径加入地方债务存量进行验证，如图6-4所示。

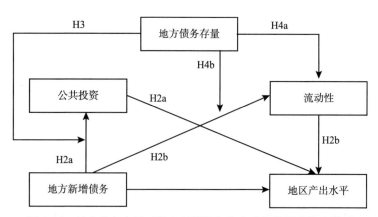

图6-4 地方债务存量对地方新增债务中介路径的调节效应模型

6.2　模　型　设　定

6.2.1　调节效应模型设定

根据实证策略，将对命题 H1 的检验转化为对地方债务存量是否调节地方新增债务经济效应的验证，为此将调节效应模型设定如下。

$$GDP_{it} = \alpha + \beta new\_debt_{it} + \gamma new\_debt_{it} \times debt_{i,t-1} + \sigma debt_{i,t-1} + \delta X_{it} + \mu_i + \omega_t + \varepsilon_{it}$$

$$(6-1)$$

式（6-1）中，GDP_{it} 是地区生产总值，代表地区产出水平。new_debt_{it} 是地方新增债务。$debt_{i,t-1}$ 是期初地方债务存量，用滞后一期的地方债务存量表示，设定基于假设新增债务在下一期开始计息。X_{it} 是一系列控制变量，对控制变量的选择主要基于三个方面的考虑：一是反映宏观经济发展和稳定因素的变量，包括人口增长率和物价等；二是考虑到在样本期间中国正值经济结构转型，因此对产业结构、城市化和对外贸易等影响经济增长的变量进行控制；三是由于本书实证使用省级面板数据，无法反映省内部市县之间横向竞争产生的外溢性等因素，因此将省辖县级区划数作为控制变量，对该竞争程度作近似反映。μ_i、ω_t 和 ε_{it} 分别表示省份固定效应、年份固定效应和随机误差项。调节效应模型的关注重点是地方新增债务和债务存量交互项系数 γ 的显著性和大小。式（6-1）对新增债务求一阶导数可得：

$$\frac{\partial GDP_{it}}{\partial new\_debt_{it}} = \beta + \gamma debt_{i,t-1} \qquad (6-2)$$

式（6-2）表示地方新增债务的总效应，如果 γ 的实证结果显著，说明地方新增债务的总体经济效应受到地方债务存量的调节。如果 $\gamma > 0$，则地方新增债务的经济效应随着地方债务存量的升高而递增；如果 $\gamma < 0$，则地方新增债务的经济效应随着地方债务存量的升高而递减。注意到式（6-2）是地方债务密集度的倒数，因此实证结果若是 γ 显著小于零，那么命题 H1 便可得到验证。

6.2.2　中介效应模型设定

根据实证策略，将对命题 H2 的检验转化为对公共投资和流动性是否是地方新增债务经济效应中介机制的验证，为此将中介效应模型设定如下：

$$pubinvest_{it} = \alpha + \beta new\_debt_{it} + \delta X_{it} + \mu_i + \omega_t + \varepsilon_{it} \qquad (6-3)$$

$$new\_privatedebt_{it} = \alpha + \beta new\_debt_{it} + \delta X_{it} + \mu_i + \omega_t + \varepsilon_{it} \qquad (6-4)$$

$$GDP_{it} = \alpha + \beta new\_debt_{it} + \gamma pubinvest_{it} + \theta new\_privatedebt_{it} + \delta X_{it} + \mu_i + \omega_t + \varepsilon_{it}$$
$$(6-5)$$

式（6-3）、式（6-4）和式（6-5）中 $pubinvest_{it}$ 是公共投资，$new\_privatedebt_{it}$ 是私人部门新增负债，其他变量设定与上文调节效应模型相同。通常来说，市场利率是验证挤出效应传导机制的理想中介变量（Engen & Hubbard，2005；Paesani et al.，2006；Kameda，2014），但由于中国市场利率在省级层面缺乏高质量的可得数据，因此本书将私人部门新增负债作为挤出效应的直接反映，其基本逻辑是：地方举借新债挤占流动性，如果市场利率由此被推高，那么私人部门融资成本也会随之提高，其融资规模必然受到抑制，因此私人部门新增负债会是测度该挤出效应程度的良好指标。

中介效应模型的关注重点是公共投资和流动性中介效应的显著性和大小。如果式（6-3）中地方新增债务变量系数 β 与式（6-5）中公共投资变量系数 γ 的乘积显著且大小为正，那么公共投资渠道和乘数效应可以得到验证；进一步如果两个系数分别都显著为正，那么说明公共投资中介效应的前半路径和后半路径均发挥重要作用。如果式（6-4）中地方新增债务变量系数 β 与式（6-5）中私人部门新增负债变量系数 θ 的乘积显著且大小为负，那么流动性渠道和挤出效应（挤出效应1）可以得到验证；进一步如果系数 β 显著为负、系数 θ 显著为正，那么分别说明流动性渠道的前半路径和后半路径均显著，且符合预期。如果式（6-5）中地方新增债务变量的系数 β 不再显著，那么说明公共投资和流动性是地方新增债务经济效应的完全中介，否则是部分中介。

6.2.3 有中介的调节效应模型设定

根据实证策略，将对命题 H3 的检验转化为对地方债务存量是否通过调节公共投资和流动性两个中介变量而影响地方新增债务经济效应发挥的验证，为此将有中介的调节效应模型设定如下：

$$pubinvest_{it} = \alpha + \beta new_{debt_{it}} + \gamma new_{debt_{it}} \times debt_{i,t-1} + \sigma debt_{i,t-1} + \delta X_{it} + \mu_i + \omega_t + \varepsilon_{it}$$

$$(6-6)$$

$$new\_privatedebt_{it} = \alpha + \beta new\_debt_{it} + \gamma new\_debt_{it} \times debt_{i,t-1} + \sigma debt_{i,t-1} + \delta X_{it}$$

$$+ \mu_i + \omega_t + \varepsilon_{it} \qquad (6-7)$$

$$GDP_{it} = \alpha + \beta new\_debt_{it} + \gamma pubinvest_{it} + \theta new\_privatedebt_{it} + \varphi new\_debt_{it} \times debt_{i,t-1}$$

$$+ \sigma debt_{i,t-1} + \delta X_{it} + \mu_i + \omega_t + \varepsilon_{it} \qquad (6-8)$$

式（6-6）、式（6-7）和式（6-8）中各变量设定与上文调节效应
模型相同。有中介的调节效应模型关注的重点是各方程交互项系数的显著
性和大小。如果式（6-6）中地方新增债务和债务存量的交互项系数 γ 显
著为负，那么说明地方债务存量在公共投资中介效应的前半路径发挥了调
节作用，其压缩财政空间、降低新增债务向公共投资支出转化而削弱乘数
效应的作用机制得到了验证。如果式（6-7）中地方债务存量的系数 σ 显
著为负，说明其本身挤占流动性产生了挤出效应（挤出效应2）；若地方新
增债务和债务存量的交互项系数 γ 显著为负，那么说明地方债务存量在地
方新增债务经济效应的流动性中介前半路径发挥了调节作用，加重了地方
新增债务的挤出效应（挤出效应1），举借新债偿付本息进而产生第二重挤
出效应并加重第一重挤出效应的作用机制得到验证。如果式（6-8）中地
方新增债务和债务存量的交互项系数 φ 仍然显著，说明地方债务存量还可
能通过其他渠道对地方新增债务经济效应的发挥起调节作用。

6.3 变量和数据

由于全国层面地方债务总额数据的时间跨度不长，为了提高计量模型
的估计准确性，本书进一步测算出省级层面的地方债务规模，以增加样本
容量。需要说明的是，由于缺乏各省基础设施建设投资的国有控股、中央
项目、预算内资金和投资收益数据，本书采取间接方法进行处理，即按照
各省全社会固定资产投资占全国的比例作为权重去计算全国地方政府基础
设施建设投资中属于各省的数额；由于缺乏金融机构保障性住房开发贷款
的分省数据，考虑到财政预算内资金作为保障性住房项目资本金的重要支
撑，与贷款资金存在正向比例关系，因此本书按各省份财政预算内住房保
障支出数额占全国的比例作为权重去计算全国各金融机构保障性住房开发

贷款中属于各省的数额。本书通过测算得到数据完整的 30 个省份（不含西藏）2005～2016 年的面板数据，测算得出的 2004 年地方债务数据作为初始债务存量。各变量定义如下。

地区产出水平（GDP）：用各省份年度 GDP 表示；地方新增债务（new_debt）：采用测算出的历年各省份新增债务数额表示；地方债务存量（debt）：即地方债务余额，通过将地方新增债务数额历年累加得到；公共投资（pubinvest）：用各省份地方政府总投资表示；私人部门新增负债（new_privatedebt）：用私营工业企业负债增加值表示；人口增长率（human）：采用人口自然增长率表示；物价水平（price）：采用居民消费价格指数表示；产业结构（tip）：采用第三产业增加值表示；城市化（urban）：用城镇人口占总人口比重表示，其中城镇人口是指居住在城镇范围内的全部常住人口；对外贸易（trade）：用进出口贸易总额的对数值表示；县级区划数（county）：由各省所辖县级行政区划单位数目表示。各变量描述统计结果如表 6 – 1 所示。

表 6 – 1 变量的描述性统计

变量	变量名	单位	样本量	平均值	标准差	最小值	最大值
GDP	地区产出水平	百亿元	360	159.987	143.652	5.433	808.549
new_debt	地方新增债务	百亿元	360	11.557	10.956	-0.910	68.227
debt	地方债务存量	百亿元	360	55.956	63.670	0.681	403.424
pubinvest	公共投资	百亿元	360	15.616	13.840	0.589	78.182
new_privatedebt	私人部门新增负债	百亿元	360	2.967	4.534	-7.264	39.612
tip	产业结构	百亿元	360	69.283	68.464	2.134	420.509
human	人口增长率	‰	360	11.256	2.630	5.360	17.890
price	价格水平	%	360	102.807	1.972	97.700	110.100
urban	城市化	%	360	52.384	14.031	26.863	89.607
trade	对外贸易	—	360	5.681	1.648	1.419	9.298
county	县级区划数	个	360	92.739	44.987	16.000	183.000

资料来源：根据《中国统计年鉴》《中国国土资源统计年鉴》《中国固定资产统计年鉴》《金融机构贷款投向统计报告》《中国财政统计年鉴》、全国及各省财政预决算报告及 Wind 数据库相关数据整理。

6.4　回　归　结　果

为了提高估计的准确性，本书的回归均采用聚类稳健标准误，交互项均进行中心化处理，本节对各模型回归结果进行分析。

6.4.1　调节效应模型回归结果

调节效应模型回归结果如表 6 - 2 所示。模型（1）为基本回归结果，地方新增债务系数显著为正（$beta = 1.825$，$p < 0.01$），说明其对经济增长有显著正向影响，但该回归并没有控制省份和年份固定效应。模型（2）对双向固定效应进行了控制，回归整体效果有所提升，此时地方新增债务系数仍然显著为正（$beta = 1.417$，$p < 0.01$），但其值比模型（1）有所下降。模型（3）进一步加入地方债务存量滞后项及其与地方新增债务的交互项，此时地方新增债务系数仍然显著为正（$beta = 1.363$，$p < 0.01$），比模型（1）略有下降，交互项系数显著为负（$beta = -0.007$，$p < 0.01$），符合预期。根据上文分析，地方债务密集度即为模型（3）对地方新增债务求一阶导数的倒数，即如下等式：

$$地方债务密集度 = 1 \bigg/ \frac{\partial GDP_{it}}{\partial new\_debt_{it}} = 1/(1.363 - 0.007 debt_{i,t-1})$$

$$(6-9)$$

表 6 - 2　　　　　　　　　　　调节效应模型回归结果

	GDP		
	(1)	(2)	(3)
new_debt	1.825 ***	1.417 ***	1.363 ***
	(0.267)	(0.240)	(0.508)
new_debt × lag_debt			-0.007 ***
			(0.001)
lag_debt			0.393 ***
			(0.127)

续表

	GDP		
	(1)	(2)	(3)
human	− 1.067 ** (0.482)	− 2.180 * (1.244)	− 0.514 (1.100)
price	1.730 *** (0.556)	− 1.207 (0.855)	− 0.619 (0.694)
tip	1.695 *** (0.059)	1.735 *** (0.043)	1.638 *** (0.065)
urban	− 1.430 *** (0.233)	2.849 *** (0.509)	2.339 *** (0.456)
trade	12.757 *** (1.692)	5.575 ** (2.354)	5.410 *** (1.863)
county	0.154 *** (0.042)	3.237 *** (0.667)	1.812 *** (0.504)
Constant	− 156.227 *** (58.416)	− 243.978 ** (101.746)	− 231.686 *** (83.406)
省份固定效应	NO	YES	YES
年份固定效应	NO	YES	YES
Adjusted R − squared	0.974	0.996	0.997
N	360	360	360

注：*、**、*** 分别表示系数在10%、5%、1%的水平下显著；括号中数值为其标准误。

从式（6-9）可知，地方新增债务的总效应受到地方债务存量的调节。当地方债务存量偏低时，地方新增债务的总效应较大，此时地方债务密集度较低；当地方债务存量偏高时，地方新增债务的总效应较小，此时地方债务密集度较高。而由于中国地方债务存量一直处于不断累积增加的发展态势，因而地方新增债务的总效应随着时间推移而不断下降，地方债务密集度则不断攀升，命题 H1 得到验证。而且根据实证结果显示，地方债务存量每增加 1 个单位，地方新增债务的总效应将下降 0.007 个单位。

6.4.2　中介效应模型回归结果

中介效应模型的回归结果如表 6-3 所示。模型（1）反映出地方新增债务对公共投资的影响，回归系数显著为正（$beta = 0.826$，$p < 0.01$），每增加 1 个单位地方新增债务，能增加公共投资 0.826 个单位。结合模型（3）中公共投资的系数也显著为正（$beta = 2.071$，$p < 0.01$），说明地方新增债务通过增加公共投资产生乘数效应进而促进产出，该乘数效应大小为 $0.826 \times 2.071 = 1.711$，命题 H2a 得到验证。

模型（2）反映出地方新增债务对私人部门新增负债的影响，回归系数显著为负（$beta = -0.173$，$p < 0.01$），每增加 1 个单位地方新增债务，将使得私人部门新增负债减少 0.173 个单位，说明地方举债挤占流动性，导致资金从私人部门流向地方公共部门。结合模型（3）中私人部门新增负债的系数显著为正（$beta = 0.545$，$p < 0.01$），说明地方新增债务通过挤占流动性产生挤出效应进而抑制产出，该挤出效应大小为 $-0.173 \times 0.545 = -0.094$，命题 H2b 得到验证。

模型（3）中地方新增债务系数不再显著（$beta = -0.198$，$p > 0.1$），说明公共投资和流动性是地方新增债务影响经济增长的完全中介。中介效应通过上述依次检验法已得到印证，其结果强于 Bootstrap 法的检验结果（温忠麟和叶宝娟，2014），因此不必再对系数乘积进行检验。而且依次检验法非常清晰地反映出两种中介效应的前半路径和后半路径都是显著的。

$$
\begin{aligned}
地方新增债务对经济增长的中介效应 &= 公共投资中介效应 + 流动性中介效应 \\
&= 乘数效应 + 挤出效应（挤出效应1） \\
&= 0.826 \times 2.071 + (-0.173) \times 0.545 \\
&= 1.711 + (-0.094) \\
&= 1.617 \quad\quad\quad (6-10)
\end{aligned}
$$

其中，乘数效应（公共投资路径）占总中介效应的 105.81%，挤出效应（流动性中介）占总中介效应的 -5.81%。

表6-3 中介效应模型回归结果

	pubinvest	*new_privatedebt*	*GDP*
	(1)	(2)	(3)
new_debt	0.826 *** (0.049)	-0.173 ** (0.068)	-0.198 (0.409)
pubinvest			2.071 *** (0.388)
new_privatedebt			0.545 *** (0.196)
human	-0.077 (0.188)	-0.065 (0.395)	-1.984 * (1.025)
price	-0.179 (0.178)	-0.296 (0.223)	-0.676 (0.752)
tip	0.053 *** (0.009)	0.040 *** (0.014)	1.603 *** (0.047)
urban	0.323 *** (0.079)	0.303 ** (0.131)	2.016 *** (0.444)
trade	0.450 (0.461)	0.707 (0.625)	4.258 * (2.189)
county	0.010 (0.129)	0.297 (0.242)	3.054 *** (0.590)
Constant	-11.986 (19.925)	-8.702 (29.498)	-214.414 ** (88.091)
省份固定效应	YES	YES	YES
年份固定效应	YES	YES	YES
Adjusted *R - squared*	0.979	0.528	0.997
N	360	360	360

注：*、**、*** 分别表示系数在10%、5%、1%的水平下显著；括号中数值为其标准误。

6.4.3　有中介的调节效应模型回归结果

有中介的调节效应模型回归结果如表 6 - 4 所示。模型（1）检验地方债务存量是否在公共投资中的前半路径发挥调节作用，结果显示具有显著的负向调节效应（$beta = -0.001$，$p < 0.01$），说明地方债务存量的还本付息负担会压缩财政空间，降低地方新增债务向公共投资的转化。模型（3）中公共投资变量的系数显著为正（$beta = 1.236$，$p < 0.01$），说明有非常显著的乘数效应。至此地方债务存量削弱地方新增债务在公共投资路径上乘数效应的作用机制得到印证，命题 H3 获得验证。

表 6 - 4　　　　　　　　有中介的调节效应模型回归结果

	pubinvest	new_privatedebt	GDP
	（1）	（2）	（3）
new_debt × lag_debt	-0.001 *** (0.000)	-0.001 *** (0.000)	-0.006 *** (0.001)
pubinvest			1.236 *** (0.299)
new_privatedebt			0.443 ** (0.172)
new_debt	0.495 *** (0.046)	0.065 (0.094)	0.722 (0.534)
lag_debt	0.140 *** (0.009)	-0.029 (0.020)	0.233 * (0.128)
human	0.608 *** (0.130)	-0.258 (0.381)	-1.152 (1.101)
price	-0.053 (0.129)	-0.276 (0.227)	-0.431 (0.686)
tip	0.001 (0.009)	0.060 *** (0.016)	1.609 *** (0.063)

续表

	pubinvest	*new_privatedebt*	*GDP*
	(1)	(2)	(3)
urban	0.178 ** (0.072)	0.313 ** (0.126)	1.980 *** (0.422)
trade	0.523 (0.335)	0.620 (0.595)	4.488 ** (1.831)
county	0.010 (0.101)	0.020 (0.253)	1.790 *** (0.502)
Constant	−12.730 (15.483)	−5.749 (29.720)	−213.402 *** (80.751)
省份固定效应	YES	YES	YES
年份固定效应	YES	YES	YES
Adjusted R − squared	0.988	0.546	0.997
Observations	360	360	360

注: * 、** 、*** 分别表示系数在 10%、5%、1% 的水平下显著; 括号中数值为标准误。

模型 (2) 检验地方债务存量是否产生第二重挤出效应 (挤出效应2),并在地方新增债的流动性中介前半路径发挥调节作用。结果显示地方债务存量的系数为负,但并不显著 ($beta = -0.029$, $p > 0.1$),说明第二重挤出效应 (挤出效应2) 可能存在但并不明显。而交互项系数显著为负,说明地方债务存量具有显著的负向调节效应 ($beta = -0.001$, $p < 0.01$),即举借新债的挤出效应 (挤出效应1) 受到地方债务存量的密切影响,高债务存量很可能会恶化融资环境,进而加重新债举借的挤出效应。模型 (3)中私人部门新增债务的系数显著为正 ($beta = 0.443$, $p < 0.01$),说明增加私人部门的融资规模有利于经济增长。而地方债务存量加重了挤出效应1,限制了私人部门融资规模的增加,进而抑制产出,至此命题 H4 得到验证。

地方债务存量在地方新增债务影响经济增长的两个中介路径上都发挥了调节作用,说明地方债务存量还本付息的两种方式同时存在,即债务本息部分通过财政自有资金偿付,部分通过举借新债偿付。两种路径上的调节作用都显著为负,而从前半路径来看,地方债务存量对流动性的负面影响略大于公共投资路径 (−0.000914 < −0.000670,表格中只保留到小数点后三

位），但考虑到公共投资的正向作用远大于私人部门的流动性（1.236 >
0.443），因此为了短期"保增长"，举借新债偿付本息是更好的选择。

地方新增债务影响经济增长的总效应 = 直接效应 + 间接效应

= 直接效应 + 乘数效应（公共投资中介效应）+ 挤出效应（流动性中介效应）

$$= (\underline{0.722} - 0.006debt_{i,t-1}) + (0.495 - 0.001debt_{i,t-1}) \times 1.236$$

$$+ (\underline{0.065} - 0.001debt_{i,t-1}) \times 0.443 \tag{6-11}$$

式（6-11）中有下划线的数字表示其回归结果不显著。与上文中介
效应模型（2）相比，此处有中介的调节效应模型（2）中的地方新增债务
系数变得不再显著（$beta = 0.065$，$p > 0.1$），符号由负转正，意味着债务
存量的高低直接决定了举借新债挤出效应的大小，若没有债务存量，新增
债务的挤出效应为零。另外，模型（3）中交互项系数仍显著为负（$beta = 0.006$，$p < 0.01$），说明地方债务存量对地方新增债务的直接效应也存在负
向调节作用。

将地方债务存量对中介变量的调节效应反映在图形上，如图 6-5、
图 6-6 所示。图中的中介效应值体现了地方新增债务在所有控制变量取
均值情况下的边际效应，置信区间通过 Bootstrap 法得到。从图 6-5 可以
看到，公共投资和流动性中介的总体效应是随着调节变量地方债务存量的升
高而递减的。图 6-6 左为公共投资中介效应即乘数效应，右为流动性中介
效应即挤出效应，二者皆随调节变量地方债务存量的升高而递减。需要说明
的是，图 6-6 右流动性效应值起点大于零，因此，在加入地方债务存量后，
地方新增债务的挤出效应被完全吸收进交互项中，其本身的系数转为正号但
已不显著，故此图主要说明地方债务存量的负向调节作用。

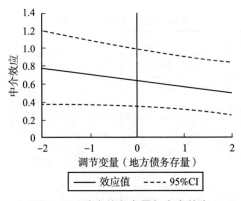

图 6-5 地方债务存量与中介效应

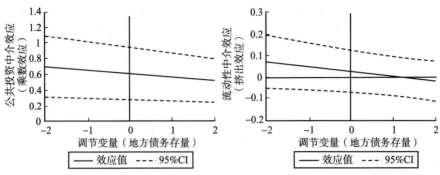

图6-6　地方债务存量与乘数效应和挤出效应

综上所述，地方新增债务的经济效应逐渐递减，是因为其乘数效应在随着地方债务存量的升高而减弱，而挤出效应在随着地方债务存量的升高而加剧，最终呈现出地方债务密集度攀升的结果。

6.5　异质性分析

按照地域位置将样本划分为东、中和西部三个子样本，分别对其进行调节效应和中介调节效应回归，以分析地方新增债务的经济效应是否存在区域异质性。如表6-5所示，各区域地方新增债务的经济效应都为正（东中部显著，西部不显著），但受到地方债务存量的显著负向调节，调节效应存在区域差异：从东部到西部，该负向调节作用逐渐加重。

表6-5　　　　　　　　　　　调节效应的区域异质性回归结果

	GDP		
	（1）东部	（2）中部	（3）西部
new_debt	1.770 *** (0.578)	2.334 *** (0.402)	0.724 (0.479)
new_debt × lag_debt	-0.006 *** (0.001)	-0.017 *** (0.002)	-0.022 *** (0.003)
lag_debt	0.185 (0.128)	1.349 *** (0.111)	0.613 *** (0.097)

续表

	GDP		
	（1）东部	（2）中部	（3）西部
human	-3.308 ** （1.408）	5.435 *** （1.513）	0.318 （1.252）
price	-0.362 （1.560）	2.310 * （1.350）	0.139 （0.642）
tip	1.735 *** （0.062）	1.097 *** （0.145）	1.623 *** （0.112）
urban	4.473 *** （0.710）	-1.345 *** （0.434）	1.886 *** （0.717）
trade	6.876 （7.119）	-15.404 *** （3.670）	5.446 ** （2.435）
county	2.675 *** （0.819）	3.166 （1.948）	1.404 （0.956）
Constant	-446.213 ** （184.931）	-535.416 * （295.973）	-250.006 （152.097）
省份固定效应	YES	YES	YES
年份固定效应	YES	YES	YES
Adjusted R - squared	0.998	0.997	0.994
N	132	96	132

注：* 、** 、*** 分别表示系数在 10%、5%、1% 的水平下显著；括号中数值为标准误。

　　如表 6 - 6 所示，地方存量债务对地方新增债务经济效应中介路径上的调节作用也存在异质性。模型（1）~（3）反映了公共投资中介路径上的调节效应，地方债务存量的负向调节作用从东部到西部，逐渐加重；模型（4）~（6）反映了流动性中介路径上的调节效应，地方债务存量的负向调节作用在各区域并不显著，但从地方债务存量的系数发现，第二重挤出效应在中西部非常突出。这可能有两方面原因：一是在中西部，地方债务存量的举借新债偿付本息情况更为突出；二是中西部的资金供给相对不充裕，地方政府举债的挤出效应更大。

表 6 - 6   中介调节效应的区域异质性回归结果

	pubinvest			new_privatedebt		
	(1) 东部	(2) 中部	(3) 西部	(4) 东部	(5) 中部	(6) 西部
new_debt	0.434 *** (0.082)	0.526 *** (0.125)	0.319 *** (0.116)	0.073 (0.191)	-0.036 (0.175)	0.135 (0.116)
new_debt × lag_debt	-0.000 ** (0.000)	-0.001 * (0.001)	-0.002 *** (0.001)	-0.001 (0.001)	-0.000 (0.001)	-0.000 (0.001)
lag_debt	0.130 *** (0.013)	0.117 *** (0.033)	0.140 *** (0.021)	-0.036 (0.030)	0.092 ** (0.041)	-0.037 ** (0.018)
human	0.694 *** (0.227)	-0.064 (0.409)	0.055 (0.245)	-0.146 (0.810)	-0.453 (0.553)	-0.120 (0.252)
price	-0.396 (0.316)	0.211 (0.299)	0.127 (0.131)	0.023 (0.722)	0.413 (0.482)	-0.108 (0.125)
tip	0.003 (0.012)	0.081 ** (0.040)	0.085 *** (0.026)	0.087 *** (0.020)	-0.007 (0.050)	0.003 (0.029)
urban	0.382 ** (0.146)	0.160 (0.107)	0.331 (0.203)	0.358 (0.355)	0.281 (0.193)	0.024 (0.198)
trade	-1.057 (1.829)	-0.330 (1.006)	0.935 * (0.516)	4.980 (3.663)	-3.813 ** (1.704)	0.942 (0.594)
county	-0.023 (0.187)	-1.031 ** (0.391)	0.412 *** (0.149)	-0.312 (0.550)	0.753 (0.495)	0.024 (0.185)
Constant	16.387 (35.311)	96.335 * (55.165)	-73.108 ** (29.453)	-68.241 (92.228)	-121.639 (83.600)	6.187 (35.244)
省份固定效应	YES	YES	YES	YES	YES	YES
年份固定效应	YES	YES	YES	YES	YES	YES
Adjusted R - squared	0.988	0.989	0.988	0.512	0.398	0.474
N	132	96	132	132	96	132

注: *、**、***分别表示系数在10%、5%、1%的水平下显著;括号中数值为标准误。

6.6　稳健性检验

考虑到地方新增债务和地区经济增长之间可能存在反向因果关系而引发的内生性问题，为此本书进一步寻找适当的工具变量进行回归，以验证实证结果的稳健性。寻找工具变量的关键在于找到促使地方政府举债但与经济增长没有直接关系的因素。回顾地方债务的形成机理可知，地方举债的动机可划分为两个方面：一是基于财力与支出责任不匹配而产生的被动举债；二是基于晋升激励产生的主动举债。晋升激励以考核经济增长目标为重点，在预算软约束的体制背景下激发着地方政府不断举债扩张，因此主动举债与经济增长密切相关。而被动举债主要由分权体制下财政垂直不平衡导致，反映的是中央和地方政府之间的博弈关系，与经济增长没有直接关联。如果把地方债务中与经济增长密切相关的主动举债部分分离出去，那么剩下的由被动举债而形成的地方债务部分可以作为地方债务的工具变量，因其与经济增长没有直接关联，可以较好地处理由反向因果带来的内生性问题。

反映财政垂直不平衡的常用指标即 VFI（vertical fiscal imbalance），通常被理解为政府间收入和支出的不匹配，但对其中收入和支出涵盖内容的界定存在差异（李永友和张帆，2019）。借鉴贾等（Jia et al.，2017）的度量方法并结合本书研究目的，本书将其界定为 $VFI =$（地方一般公共预算支出 – 地方一般公共预算收入）/地方一般公共预算支出。将一般公共预算作为收支口径，是因为在政府四本预算中一般公共预算最能反映地方政府基本公共服务职能，与经济增长没有直接关联，最符合本书寻找工具变量的标准。但是一般公共预算的收支缺口仍然会受到政府整体赤字规模的影响，即预算赤字会造成财政缺口系统性扩大，进而使得 VFI 升高。由于政府整体赤字与经济周期相关，因此为了获得更加良好的工具变量，需要将这部分剔除掉。借鉴埃劳德和卢辛扬（Eyraud & Lusinyan，2013）对 VFI 指标的简单变形可分离出其中与赤字相关的部分：

$$VFI = 1 -（收入分权/支出分权）（1 - 预算赤字率）\qquad（6 - 12）$$

其中，预算赤字率 =（全国一般公共预算支出 – 全国一般公共预算收入）/全国一般公共预算支出，收入分权 = 地方一般公共预算收入/全国一般公共预算收入，支出分权 = 地方一般公共预算支出/全国一般公共预算收入。从式（6－12）中可以看到 VFI 随着预算赤字率的增加和提高，进一步可以将预算赤字率分离出来，得到不受预算赤字率影响的仅反映央地关系的垂直财政不平衡部分，用 NVFI（net VFI）表示，即当预算赤字率等于零时 VFI 的大小。

$$NVFI = 1 - 收入分权/支出分权 \qquad (6-13)$$

最后，为了匹配本书变量口径，根据 NVFI 可以倒算出净垂直财政缺口 NVFG（net vertical fiscal gap）= 地方一般公共预算支出 × NVFI。于是将 NVFA 作为地方新增债务的工具变量，分别对调节效应模型和有中介的调节效应模型进行回归。Kleibergen – Paap rk LM 检验统计量的 P 值小于 0.05，说明工具变量对内生变量是可识别的。Cragg – Donald Wald F 检验的统计量值均大于 10，说明不存在弱工具变量的问题。

为了提高估计有效性，本书采用 2SLS 方法进行回归，其结果如表 6－7 所示。模型（1）显示地方债务存量对地方新增债务经济效应有显著的负向调节作用；模型（2）～模型（4）显示地方债务存量对地方新增债务经济效应的负向调节作用是显著通过公共投资和流动性两个中介路径进行调节达到的，而且在流动性中介路径上的第二重挤出效应非常突出。这与上文的实证结论基本相同，稳健性得到验证。

表6－7　　　　　　　　　　工具变量法 2SLS 回归结果

	GDP	pubinvest	new_privatedebt	GDP
	(1)	(2)	(3)	(4)
new_debt	1.355 * (0.749)	1.186 *** (0.210)	0.602 ** (0.281)	-2.452 (1.991)
pubinvest				3.022 *** (1.040)
new_privatedebt				0.370 * (0.222)
new_debt × lag_debt	-0.007 *** (0.001)	-0.002 *** (0.000)	-0.002 *** (0.001)	-0.002 (0.002)
lag_debt	0.394 *** (0.137)	0.064 * (0.035)	-0.089 *** (0.034)	0.235 (0.195)
human	-0.507 (1.166)	0.009 (0.280)	-0.723 ** (0.344)	-0.268 (1.649)

续表

	GDP	pubinvest	new_privatedebt	GDP
	(1)	(2)	(3)	(4)
price	-0.619 (0.646)	-0.074 (0.156)	-0.293 (0.238)	-0.287 (0.721)
tip	1.638 *** (0.061)	0.006 (0.015)	0.064 *** (0.015)	1.595 *** (0.094)
urban	2.342 *** (0.484)	-0.124 (0.104)	0.078 (0.171)	2.690 *** (0.630)
trade	5.409 *** (1.738)	0.575 (0.442)	0.660 (0.601)	3.427 (2.446)
county	1.817 *** (0.553)	-0.419 ** (0.187)	-0.314 (0.321)	3.200 *** (0.962)
Constant	-232.152 *** (84.406)	25.907 (21.086)	24.261 (34.430)	-319.431 *** (106.219)
省份固定效应	YES	YES	YES	YES
年份固定效应	YES	YES	YES	YES
Adjusted R - squared	0.997	0.979	0.496	0.996
Observations	360	360	360	360

注：*、**、*** 分别表示系数在10%、5%、1%的水平下显著；括号中数值为标准误。

6.7　本章小结

本书将债务密集度定义为新增债务增量对产出增量的比值，在这一理论设定的基础上，深入剖析地方债务密集度攀升的作用机理，从地方债务产生、使用到偿还的全过程分析其对经济增长的影响渠道，分解地方新增和存量债务的不同经济效应，研究发现如下结论。

第一，在地方债务存量不断累积叠加的前提下，地方新增债务对经济增长的拉动作用逐渐降低，也就是说新增债务增量对产出增量的比值下降。

第二，地方新增债务通过公共投资和流动性渠道影响经济增长，其总效应由乘数效应和第一重挤出效应构成，前者为正后者为负，总和为正。

第三，地方债务存量的还本付息压力会压缩财政空间，降低地方新增债务向公共投资的转化，进而削弱乘数效应；同时还会加重地方新增债务在流动性渠道的第一重挤出效应，进而抑制产出。地方存量债务在两个中介路径都具有显著的负向调节作用，意味着地方存量债务本息同时存在运用财政自有资金和举借新债两种方式予以偿付的情况。

第四，地方债务存量会挤占流动性，产生第二重挤出效应，进而抑制产出。该挤出效应在东部地区不明显，而在中西部地区非常显著。

根据以上研究结论，我们提出如下政策建议。

第一，拓宽地方政府融资渠道，完善地方投融资体系。2019 年中央经济工作会议对当前政策工作的核心定位是"求稳"，提出了社会政策托底经济的政策框架。地方债作为宏观调控的政策工具之一，应继续发挥其稳增长保就业的逆周期调控作用，以政府阶段性加杠杆帮助企业去杠杆。本书的研究成果表明，地方政府举债用于公共投资对短期增长的拉动作用显著，为此应加大债券发行力度并积极拓宽地方政府融资渠道，满足地方合理融资需求，逐步规范地方举债行为，完善地方投融资体系。同时，应完善债券流通市场，提高债券流动性，激发投资者热情，提高地方政府债券中个人投资占比，进而拓宽地方债资金的来源渠道，分散风险。

第二，提高债务资金使用效率，防范债务风险。应继续坚持公开透明的方式实现地方政府举债融资，并对债券发行严格把关。对于由一般公共预算资金偿还的纯公益性项目融资，应严格按照债务率指标控制债务上限；对于有一定收益的准公益性项目融资，可适当放宽规模限制，但应严格核实项目收益情况和备付率。债务资金发放后，应加快资金使用进度，避免出现因债务资金使用缓慢带来的收入端挤出效应已产生而支出端乘数效应未发挥的脱节状况。并且在债务的全生命周期进行风险管理，提高资金的使用效率。

第三，严格遏制隐性债务增加，积极化解存量债务。中国特殊的机制土壤造成了地方债无序扩张，导致前期累积了大量的存量债务。本书的研究成果表明，存量债务将拖累新增债务对产出的拉动作用，其还本付息压力成为财政政策发挥的沉重负担。因此应继续严格遏制隐性债务，避免增长压力下政策松动带来隐性债务增加的潜在风险。同时应采取多种方式积极化解存量债务，减轻包袱。在化解方式选择上应审慎权衡各类方式的利弊。本书的研究成果表明，短期内采用借新替旧方式偿债对增长的妨害小于用财政资金直接偿还，但也是两害相权取其轻的选择。如果能够通过利用沉淀资金或处置闲置国有资产来偿债，则可同时避免以上两种方式的负面作用，因此这种方式应作为偿债方式的首选。而且鉴于地方债务存量的第二重金融挤出效应存在区域异质性，应高度重视该挤出效应最突出的中西部地区的地方存量债务化解工作，督促中西部省份的各市县出台具体的化债方案，强化方案的可操作性，并严格落实。同时加强中期预算管理，将地方存量债务本息同时存在运用财政自有资金和举借新债两种方式予以偿付的情形纳入中长期预算框架，将债务政策与长期规划相匹配，避免无序举债和短期道德风险行为。

第 7 章

中国地方债与区域均衡发展

7.1 地方债影响经济增长收敛性的分析框架

7.1.1 新古典收敛机制

收敛是经济学中的古老思想，起源于索洛（Solow，1957）的新古典模型。Solow 模型有着丰富的转移动态含义，即通过分析经济从初始状态趋向稳态的过程得到有价值的结论。根据 Solow 模型可以得到资本增长率动态方程：

$$g_k \equiv \frac{\dot{k}}{k} = \frac{sf}{k} - (n + \delta) \qquad (7-1)$$

其中，g_k 表示资本增长率，k 表示资本，s 表示储蓄率，f 表示产出水平，n 表示劳动投入增长率，δ 表示资本折旧率。$\frac{sf}{k}$ 随着资本 k 的累积而逐渐递减，最终趋于 0。$n + \delta > 0$，所以 $\frac{sf}{k}$ 与 $n + \delta$ 必有交点，且交点唯一，这意味着经济系统拥有唯一的稳态 k^*。趋于稳态的主要原因在于资本边际报酬 $f_k = \frac{f}{k}$ 递减。这种转移动态行为隐含着收敛的含义，即不同经济将趋于一致，所有经济将无条件地收敛到一个共同值，这被称为绝对收敛。将上式两边对 k 求导，可得：

$$\frac{\partial g_k}{\partial k} = s\left[f'(k) - \frac{f}{k} \right] \bigg/ k < 0 \qquad\qquad (7-2)$$

式（7-2）表明收敛速度随着资本存量的增加而降低，即在其他因素相同时，资本存量越高，资本增长越快，反之资本存量低则资本增长越慢。拉姆齐（Ramsey）将消费者行为内生化，得到更一般的新古典模型，其收敛性质与 Solow 模型类似。

对收敛的现代研究开始于鲍莫尔（Baumol, 1986），但基于绝对收敛假定。保罗和萨莱马丁（Barro & Salaimartin, 1992）指出，Solow 模型预测的不是绝对收敛而是条件收敛，即不同经济系统收敛于不同的稳态值，离自己的稳态值越远，则收敛越快。控制了稳态值的不同后，初始资本和增长速度之间呈负相关系。

7.1.2　地方政府债务对经济增长收敛性的作用机制

地方政府为"增长而竞争"是中国经济持续增长的重要原因（周黎安，2007；徐现祥和王贤彬，2010；Xu, 2011），举债竞争也是其表现形式之一。一般来说，经济发达地区财政收入较高，信用等级更好，可能获得更多的资金支持，在这场竞争中更具优势；而经济欠发达地区处于劣势，造成"强者愈强、弱者愈弱"的马太效应（张润泽，2013；王永钦等，2015），进而抑制区域收敛，拉大区域差距。

然而，在缺乏体制和市场硬约束的制度背景下，债务资金配置将偏离效率优先的市场规律，经济欠发达地区同样能获得源源不断的资金支持，大大削弱"马太效应"带来的不利影响。从中国地方举债的实际情况来看，债务率较高的反而集中在经济欠发达地区，发达地区的债务率偏低（吴小强和韩立彬，2017）。债务资金反倒成为促进区域均衡发展的重要资源，对区域收敛产生正向作用，有利于欠发达地区的"赶超"。

但地方债务资金的竞争不仅会导致地区之间资金的流动（尹启华和陈志斌，2015），还会影响政府与市场之间的资金配置。若地方债务资金规模过大，严重"挤出"私人投资，造成债务资金对本地区发展的不利影响显著，债务规模越大反而越拖累本地区的经济增长，那么欠发达地区举债投资的"赶超"战略将事与愿违。由此可见，地方债务对区域经济收敛的影响，不仅关乎债务资金的区域配置，还与其经济效应的区域差异相联系。

随着中国地方债务管理制度逐步规范，债务资金的合理分配显得尤为重要。2017 年财政部颁布的《新增地方政府债务限额分配管理暂行办法》对此已做了明确规定，考量因素包括财力状况、重大项目支出和地方融资需求等。考量因素是在公平和效率之间作平衡，反映出地方债作为公共投资重要手段所兼具的公益性和市场性的双重属性。当前大量文献关注地方债务的效率性，包括债务风险、债务可持续性等，而忽视了对公平性的研究，即地方债务是否以及如何有利于区域均衡发展。

7.2 中国地方政府债务影响经济增长收敛性的实证检验

7.2.1 模型设定

7.2.1.1 经济增长收敛的基本模型

依据新古典增长理论，经济系统呈现收敛性质，表现为不同国家或地区的人均收入趋于一致。2005～2017 年经济增长率与初始收入散点图如图 7-1 所示，产出与初始收入呈负相关，这意味着中国经济增长可能存在区域收敛性。根据新古典增长模型，当生产函数为柯布－道格拉斯生产函数形式时，产出与资本存量的收敛速度相同，进而可以得到如下方程：

$$\frac{1}{T} \cdot \ln\left[\frac{y(T)}{y(0)}\right] = x + \frac{1 - e^{-\beta T}}{T} \cdot \ln\left[\frac{\hat{y}^*}{\hat{y}(0)}\right] \tag{7-3}$$

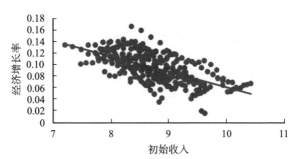

图 7-1 2005～2017 年经济增长率与初始收入散点图

资料来源：根据《中国统计年鉴》相关数据整理。

其中，$y(0)$、$y(T)$ 和 $\hat{y}^*$ 分别表示人均实际产出的初始值、T 期值和稳态值，x 代表技术进步率，$\frac{1}{T} \cdot \ln\left[\frac{y(T)}{y(0)}\right]$ 即代表 0 期至 T 期人均实际产出的平均增长率。可以看到，式（7-3）隐含条件收敛，因为模型中包含稳态水平 $\hat{y}^*$ 和技术进步率 x（Barro & Salaimartin，1992），这意味着各经济体收敛于自己的稳态值。以此为基础，对经济增长率与初始人均产出水平之间关系的验证成为对收敛性的判断。如果 β 为负，那么收敛性得证，且其绝对值越大说明收敛速度越快。

根据 Solow 模型，稳态水平与储蓄率、资本折旧率和劳动力增长率相关，但这些变量难以准确度量，在运用美国数据进行实证时保罗和萨莱马丁（Barro & Salaimartin，1992）直接假定美国各州的技术进步率与稳态值相同。另有文献用地域虚拟变量作为技术效率水平的代理变量（Temple，1998；周业安和章泉，2008），或者用时间 t 近似代表劳动力和技术等变量的增长趋势（Lee et al.，1997；周亚虹等，2009）。为了更准确估计收敛系数，本书将与稳态水平相关的因素直接引入模型，具体处理方式见后文。另外，本书通过加入东、西部虚拟变量来考察"俱乐部收敛"，类似的处理方法参见马拴友和于红霞（2003）、李光泗和徐翔（2008）的研究。

区域经济收敛的基本模型设定如下。

绝对收敛：

$$g_{i,t+k} = \alpha + \beta \ln y_{it} + \varepsilon_{it} \tag{7-4}$$

条件收敛：

$$g_{i,t+k} = \alpha + \beta \ln y_{it} + \theta X_{it} + \mu_i + \eta_t + \varepsilon_{it} \tag{7-5}$$

其中，$g_{i,t+k} = \frac{1}{k} \ln\left(\frac{y_{i,t+k}}{y_{it}}\right)$，表示从 $t+1$ 期到 $t+k$ 期内的几何平均经济增长率。为了减轻经济周期造成的内生性问题，本书使用变量的平均值作为被解释变量。借鉴帕蒂略等（Pattilo et al.，2011）、韩健和程宇丹（2018）的处理方法，本书计算移动平均值的时间跨度设定为 3 年，即 $k = 3$，以便消除短期经济波动性，同时保证最大限度保留有效样本数；y_{it} 表示初始收入；X_{it} 代表一系列控制变量，包括劳动投入、技术进步和其他结构变量；μ_i 和 η_t 分别代表个体和时间固定效应；ε_{it} 是随机误差项；$w_{it,js}$ 是时变空间权重矩阵元素。

对于控制变量的选择本书从三个方面进行考虑：第一，依据经典的索罗理论模型得到决定稳态水平的变量，即劳动投入增长率、技术进步率、折旧率和储蓄率；第二，既有文献已证明对经济增长有重要影响的变量，包括通货膨胀、对外贸易和金融风险等（Cecchetti et al.，2011；Dufrénot & Ehrhart，2015；Barro，2016）；第三，地域虚拟变量，通过加入代表东、西部的虚拟变量，识别是否存在俱乐部收敛（马拴友和于红霞，2003；李光泗和徐翔，2008）。

7.2.1.2 地方债务影响经济增长收敛性的模型

在计量模型中加入交互项以考察解释变量对被解释变量影响的异质性是实证分析的常用方法，其好处是能够在同一方程系统内直观反映异质性，且避免了分割样本实证带来的小样本回归问题。比如阿格依奥等（Aghion et al.，2005）通过加入金融发展水平与初始收入前沿差距的交互项，来验证金融发展水平对经济增长收敛的影响。贾俊雪等（2011）通过引入地方政府支出变量与期初人均实际产出的交互项来捕捉地方政府支出行为对区域经济收敛的影响。伯纳基斯和马利克（Bournakis & Mallick，2018）通过在 TFP 赶超模型中加入公司税与公司 TFP 前沿差距的交互项，来验证公司税对企业技术收敛的影响。本书借鉴同样的方法，在区域经济收敛基本模型的基础上，通过加入地方债务和地方债务与初始收入的交互项，来验证地方债务对区域经济收敛的影响。模型设定如下：

$$g_{i,t+k} = \alpha + \beta \ln y_{it} + \gamma \ln b_{it} + \delta \ln y_{it} \times \ln b_{it} + \theta X_{it} + \mu_i + \eta_t + \varepsilon_{it} \quad (7-6)$$

其中，b_{it} 代表地方债务规模。对上式求一阶导数可得：

$$\frac{\partial g_{i,t+k}}{\partial \ln b_{it}} = \gamma + \delta \ln y_{it} \quad (7-7)$$

$$\frac{\partial g_{i,t+k}}{\partial \ln y_{it}} = \beta + \delta \ln b_{it} \quad (7-8)$$

式（7-7）是经济增长率对地方债务规模的一阶导数，由系数 γ 和初始收入变量 $\delta \ln y_{it}$ 之和构成，说明地方债务对经济增长的影响与初始收入相关，反映出了地方债务经济效应的异质性：若 $\delta > 0$，说明初始收入越高，地方债务的经济效应越大；若 $\delta < 0$，说明初始收入越高，地方债务的经济效应越小。初始收入是反映地区经济发展水平的重要指标，由此可验证地方债务在发达和欠发达地区的经济作用是否存在差异，为下文地方债务对区域收敛的作用提供佐证。

式（7-8）是经济增长率对初始收入的一阶导数，与基本模型不同，此时收敛系数由常数 β 和地方债务变量 $\delta \ln b_{it}$ 之和构成，直观地反映出地方债务对区域经济收敛的影响：若 $\delta > 0$，说明地方债务规模越大，收敛速度越慢，则地方债务会抑制收敛，加速发散；若 $\delta < 0$，说明地方债务规模越大，收敛速度越快，则地方债务会促进区域经济收敛。

除此之外，控制变量与基本模型不同的是，控制变量增加了地方债务依赖度指标，即地方政府投资对举债的依赖程度。经济增长与地方债务间之所以存在逆向因果关系，一个重要原因是遗漏了反映地方政府求政绩、保增长的行为动机变量。地区经济增长减速，一方面导致地方财政收入下降，另一方面为了保增长，地方政府反而会加大投资力度，因而突破预算约束更加依赖举债投资。保增长动机越强烈，地方政府投资对举债的依赖程度就会越高。因此，地方债务依赖度指标能较好反映逆向因果关系，在一定程度上削弱遗漏变量带来的内生性问题，使估计结果更加准确可靠。不过，举债投资拉动经济增长可能在短期能发挥一定作用，但由此带来的财政风险将不利于长期增长，因此预期该指标的回归系数应该是负值。

7.2.2　变量和数据

根据实证模型，本书涉及的变量定义如下。

初始收入（y）：用各省人均实际 GDP 表示，由各省实际 GDP 除以年末常住人口得到；经济增长率（g）：采用各省人均实际 GDP 增长率的三年几何平均数表示；储蓄率（$save$）：用 GDP 减去最终消费总额再除以 GDP 得到，类似的处理方式参见徐丽芳等（2017）的研究；技术进步率（TFP）：通过测算得到的各省全要素生产率来表示，类似处理方式参见邵玉君（2017）的研究；劳动投入增长率（$labour$）：用各省从业人数增长率来表示；折旧率（$depreciation$）：根据张军（2004）的测算，全社会固定资产折旧率分别为建筑类 6.9%，设备类 14.9% 和其他类 12.1%，本书据此按各省三类固定资产投资完成额比重进行加权平均作为各省折旧率的近似代表；对外贸易（$trade$）：用各省进出口贸易总额表示；通货膨胀（$inflation$）：用各省消费者价格指数 CPI 表示；金融风险（$risk$）：用各省商业银行不良贷款率来表示；地方债务（$debt$）：本书借鉴张忆东和李彦霖（2013）的测算公式并进行一定的修正，采取间接法测算地方债规模；负债率（inb）：地方负债率，用地方债务除以 GDP 得到；债务依赖度（onb）：用地方债绝对规模除以公共投资得到。各变量描述统计结果如表 7-1 所示。

表 7 - 1   变量的描述性统计

变量	变量名	单位	样本量	平均值	标准差	最小值	最大值
y	初始收入	亿元	300	7693.260	5471.819	1357.346	33870.730
g	经济增长率	—	300	0.096	0.026	0.017	0.166
save	储蓄率	—	300	0.610	0.068	0.334	0.747
TFP	技术进步率	—	300	0.977	0.039	0.880	1.093
labour	劳动投入增长率	—	300	0.019	0.027	-0.196	0.227
depreciation	折旧率	—	300	0.093	0.004	0.080	0.106
trade	对外贸易	亿元	300	968.568	1762.443	4.133	10915.800
inflation	通货膨胀	%	300	103.046	2.069	97.700	110.100
risk	金融风险	—	300	4.166	5.252	0.350	24.770
onb	债务依赖度	—	300	0.591	0.143	-0.140	0.814
debt	地方债	亿元	300	3720.143	3866.979	68.084	22936.200
inb	地方负债率	—	300	0.248	0.118	0.036	0.596

涉及的变量数据来源于《中国统计年鉴》《中国国土资源统计年鉴》《中国固定资产统计年鉴》及 Wind 数据库、CEIC 数据库，由于数据可得性的限制，本章将样本期定为 2005～2017 年。地方债务数据是基于表内和表外（隐性债务）全口径债务进行的测算。根据审计署的审计报告显示，1996 年以来地方政府举债现象已经非常普遍。但政府债务规模迅速扩张开始于 2000 年后，再加上受数据可得性的限制，我们将举债数据起点定在 2004 年。需要说明的是，由于不清楚债务偿还数额（非借新替旧），因此债务余额是通过历年累加的方法计算得到，可能存在一定高估。但由于中国地方债务借新替旧的情况非常普遍，因此这种累加得到的余额与实际情况应该偏离不大，而且根据孙付（2018）对东、中部一些地区调研得到的情况与本书的测算结果比对，发现本书对全口径债务的测算结果并未高估。

7.2.3 回归结果

7.2.3.1 经济增长收敛性

首先对式（7-2）、式（7-3）进行 OLS 回归，由于同一个体在不同时期的扰动项之间往往存在自相关，所以对标准误的估计采用聚类稳健标准误。回归结果如表 7 - 2 所示。

表 7 - 2　　　　　　　　　经济增长收敛性的 OLS 估计结果

	g					
	(1)	(2)	(3)	(4)	(5)	(6)
ln_y	− 0. 027 *** (0. 0016)	− 0. 031 *** (0. 002)	− 0. 025 *** (0. 003)	− 0. 095 *** (0. 011)	− 0. 095 *** (0. 011)	− 0. 171 *** (0. 017)
east		0. 006 ** (0. 003)			0. 059 *** (0. 013)	
west		− 0. 002 (0. 003)			− 0. 027 *** (0. 004)	
save			0. 038 ** (0. 019)			0. 151 *** (0. 038)
TFP			− 0. 050 * (0. 029)			− 0. 027 (0. 016)
labour			− 0. 073 (0. 049)			− 0. 027 (0. 029)
depreciation			1. 004 *** (0. 287)			0. 184 (0. 270)
ln_trade			0. 000 (0. 001)			0. 008 ** (0. 004)
inflation			0. 000 (0. 001)			− 0. 000 (0. 000)
risk			0. 001 *** (0. 000)			− 0. 001 *** (0. 000)
Constant	0. 329 *** (0. 014)	0. 364 *** (0. 017)	0. 237 *** (0. 073)	0. 934 *** (0. 099)	0. 875 *** (0. 086)	1. 498 *** (0. 149)
省份固定效应	NO	NO	NO	YES	YES	YES
年份固定效应	NO	NO	NO	YES	YES	YES

续表

	g					
	(1)	(2)	(3)	(4)	(5)	(6)
Observations	300	300	300	300	300	300
R − squared	0.396	0.408	0.469	0.835	0.835	0.871

注：*、**、***分别表示系数在10%、5%、1%的水平下显著；括号中数值为标准误。

模型（1）只包含一个解释变量即初始收入 ln_y，是对绝对收敛的验证。从估计结果来看，初始收入系数为负，且非常显著，说明中国区域绝对收敛性是存在的。

模型（2）在模型（1）的基础上加上了东部和西部哑变量，是对俱乐部收敛的验证。从估计结果来看，初始收入的系数仍然为负且非常显著，而且比模型（1）的系数绝对值更大，说明中国存在俱乐部收敛，且俱乐部内部的收敛速度比俱乐部之间的收敛速度更快。

模型（3）在模型（1）的基础上加上了储蓄率 save、技术进步率 TFP、劳动投入增长率 labour、折旧率 depreciation、对外贸易 ln_trade、通货膨胀率 inflation、金融风险 risk 等控制变量，是对条件收敛的验证。从估计结果来看，初始收入系数仍然为负且非常显著，说明中国区域间存在条件收敛。

模型（4）、（5）、（6）分别在模型（1）、（2）、（3）的基础上加上时间趋势变量和省份哑变量。从表7-2中可以看到，模型（4）、（5）、（6）的 R^2 值远高于模型（1）、（2）、（3），估计效果明显提升，而且时间趋势非常显著，省份的个体效应也普遍存在。而只要回归中包含时间和省份哑变量就不再是绝对收敛模型，因此条件收敛的回归结果比绝对收敛更加可信，并且条件收敛模型的控制变量必须包含时间趋势和省份个体效应，否则估计结果将会受到质疑。从初始收入系数的估计值可以看到，其值均为负且非常显著，说明中国区域存在条件收敛，这一结论与上文所得相同。不同的是，俱乐部收敛并不显著，因为模型（5）在模型（4）的基础上加上东西部哑变量后，初始收入的估计系数并未发生明显变化，说明俱乐部收敛并不显著存在，即俱乐部内部与俱乐部之间的收敛状况是基本无差别的。从控制变量来看，储蓄率和对外贸易对经济增长率有显著的正向影响，金融风险有显著的负向影响。

　　考虑到随机扰动项可能存在异方差和自相关，需要对组间异方差、组内自相关、组间同期相关（截面相关）进行检验。运用格林尼（Greene，2000）提供的方法得到的检验结果显示，强烈拒绝同方差原假设，认为存在组间异方差。运用伍尔德里奇（Wooldridge，2002）提供的方法得到的检验结果显示，强烈拒绝"不存在一阶组内自相关"的原假设，认为存在组内自相关。分别运用弗里德曼（Friedman，1937）、弗里斯（Frees，1995，2004）和佩萨兰（Pesaran，2004）提供的方法进行检验发现，三种检验结果均强烈拒绝"无组间同期相关"的原假设，认为存在组间同期相关。因此，为同时处理以上三大问题，本书进一步采用全面 FGLS 方法进行回归，以提高估计的有效性。回归结果如表 7-3 所示。

表 7-3　　　　　经济增长收敛性的全面 FGLS 估计结果

	g		
	OLS	全面 FGLS	
	(1)	(2) AR1	(3) PSAR1
ln_y	-0.171 *** (-9.870)	-0.141 *** (-7.360)	-0.126 *** (-7.500)
save	0.151 *** (3.950)	0.086 *** (4.400)	0.082 *** (2.850)
TFP	-0.027 (-1.620)	-0.002 (-0.210)	-0.013 ** (-2.270)
labour	-0.027 (-0.920)	-0.004 (-0.560)	-0.004 (-0.360)
depreciation	0.184 (0.680)	-0.046 (-0.270)	0.244 (1.000)
ln_trade	0.008 ** (2.150)	0.005 (1.460)	0.002 (1.010)
inflation	-0.000 (-0.170)	0.000 (0.030)	-0.000 *** (-3.000)
risk	-0.001 *** (-5.170)	-0.001 *** (-3.450)	-0.001 *** (-4.610)

续表

	g		
	OLS	全面 FGLS	
	(1)	(2) AR1	(3) PSAR1
_cons	1.498 *** (10.040)	0 (·)	0 (·)
省份固定效应	YES	YES	YES
年份固定效应	YES	YES	YES
N	300	300	300

注：** 、*** 分别表示系数在5%、1%的水平下显著；括号中数值为标准误。

表7－3将 OLS 和全面 FGLS 的估计结果进行了对比，总体来看，全面 FGLS 估计的各变量系数标准误普遍小于 OLS 回归，估计结果更有效。根据组内自相关的自回归系数是否相同，分别对模型进行两种全面 FGLS 估计。估计结果（2）即 AR1，表示假定各组自回归系数相同；估计结果（3）即 PSAR1，表示允许每个面板有自己的自回归系数。从两种处理结果来看，初始收入系数值均为负且十分显著，说明中国区域存在条件收敛的结论是毋庸置疑的，且条件收敛速度近似达到 14.1%（AR1）/12.6%（PSAR1）。从解释变量显著性角度来看，PSAR1 略优于 AR1。储蓄率和时间趋势对经济增长率有显著正向影响，技术进步率、通货膨胀率和金融风险对经济增长率有显著负向影响。

7.2.3.2　地方债对经济增长收敛性的影响

为了考察地方债务对区域收敛的影响，在前文收敛模型的基础上引入地方债务和地方债务与初始收入交互项，进行全面 FGLS 回归。另外，为了消除经济增长率与地方债务之间的逆向因果关系，增加债务依赖度 onb 作为控制变量，对此前文已作详细说明，不再赘述。由此得到回归结果如表7－4所示。

表 7 - 4　　　　　　　　　　地方债对经济增长收敛性的影响

	g					
	引入地方债务		引入地方债务平方项		引入地方债务和初始收入交互项	
	AR1 (1)	PSAR1 (2)	AR1 (3)	PSAR1 (4)	AR1 (5)	PSAR1 (6)
ln_y	-0.157 *** (0.018)	-0.155 *** (0.013)	-0.153 *** (0.019)	-0.143 *** (0.014)	-0.178 *** (0.019)	-0.153 *** (0.018)
ln_debt	0.020 *** (0.002)	0.025 *** (0.002)	0.058 *** (0.011)	0.029 *** (0.009)	0.044 *** (0.015)	0.056 *** (0.018)
onb	-0.007 * (0.003)	-0.002 (0.003)	-0.003 (0.004)	-0.001 (0.003)	0.001 (0.003)	0.006 (0.003)
save	0.079 *** (0.025)	0.084 *** (0.031)	0.063 ** (0.026)	0.078 *** (0.029)	0.000 (0.026)	0.037 (0.024)
TFP	-0.017 (0.015)	-0.010 (0.008)	-0.008 (0.008)	-0.011 (0.008)	-0.008 (0.005)	-0.006 (0.006)
labour	-0.011 * (0.006)	-0.001 (0.016)	0.002 (0.011)	0.002 (0.017)	-0.012 (0.012)	-0.024 (0.015)
depreciation	0.202 (0.156)	-0.296 * (0.161)	0.288 (0.218)	-0.197 (0.210)	0.152 (0.203)	-0.071 (0.224)
ln_trade	-0.001 (0.002)	-0.003 (0.002)	-0.001 (0.002)	-0.003 (0.002)	-0.002 (0.002)	-0.002 (0.002)
inflation	-0.000 (0.000)	0.000 ** (0.000)	0.000 (0.000)	0.000 * (0.000)	-0.000 (0.000)	-0.000 (0.000)
risk	-0.000 ** (0.000)	-0.001 *** (0.000)	-0.000 * (0.000)	-0.000 ** (0.000)	-0.000 (0.000)	-0.000 *** (0.000)
ln_debt_sq ~ d			-0.003 *** (0.000)	-0.000 (0.001)	-0.002 * (0.001)	-0.002 * (0.001)
ln_debt × ln_y					-0.006 *** (0.002)	-0.001 (0.003)

续表

	g					
	引入地方债务		引入地方债务平方项		引入地方债务和初始收入交互项	
	AR1 (1)	PSAR1 (2)	AR1 (3)	PSAR1 (4)	AR1 (5)	PSAR1 (6)
_cons	1.453 *** (0.163)	1.316 *** (0.119)	0 (·)	1.186 *** (0.129)	1.463 *** (0.152)	0 (·)
省份固定效应	YES	YES	YES	YES	YES	YES
年份固定效应	YES	YES	YES	YES	YES	YES
N	300	300	300	300	300	300

注：*、**、***分别表示系数在10%、5%、1%水平下显著；括号里为标准误。

模型（1）、（2）是在条件收敛基本模型的基础上引入地方债务变量 ln_debt，回归结果显示地方债务系数为正且非常显著，说明其对经济增长率有显著的正向影响。模型（3）、（4）进一步引入地方债务平方项，可以看到，AR1 的结果为负非常显著，PSAR1 的结果为正但不显著。模型（5）、（6）再进一步引入地方债务与初始收入的交互项 ln_debt × ln_y，同样 AR1 结果为负且非常显著，而 PSAR1 结果为负但不显著。考虑到本回归样本的时间维度 T 小于个体数 n，可能无法提供足够信息来分别估计每个面板自己的自回归系数，因此设定不变的自回归系数是更好的选择，而且从回归结果来看，AR1 比 PSAR1 的效果更好，所以采用 AR1 处理方式更合理。

从引入地方债务平方项的 AR1 模型（3）可以看到，地方债务一次项为正而平方项为负，这为地方债务与经济增长之间存在倒"U"型关系提供了有力证据，此关系在模型（5）中依然显著存在。从引入地方债务和初始收入交互项的 AR1 模型（5）可以看到，交互项系数显著为负，说明地方债务对区域收敛有促进作用。具体来看，将经济增长率对初始收入求导，即 $\frac{\partial g_{i,t+k}}{\partial \ln y_{it}} = -0.178 - 0.00602 \ln debt_{it}$，这意味着地方债务增强了经济增长率与初始收入的反向关系，对区域收敛起到加速的作用；地方债务每增加1%，将促进区域收敛速度增加0.6%。

7.2.4　稳健性检验

在实际经济运行中，任何一个地区都不可能独立存在，总是与其他经济区域有着各种联系（林光平等，2006）。若忽略这种空间相关性，必然会导致回归结果存在偏误，因此本书实证运用全面 FGLS 回归方法处理这一问题。而处理该问题还有一种常见方法，便是引入空间计量模型。雷伊和蒙托（Rey & Montouri，1999）最早从空间计量经济学的角度考察了美国各地区的经济收敛性，之后许多文献都运用空间计量模型实证收敛（林光平等，2005；贾俊雪等，2011；师博和任保平，2019）。为了保证前文实证结果的稳健性，我们接下来运用空间面板计量方法进行回归验证。

考虑到要素流动、贸易往来以及地方政府间竞争等多重因素会带来复杂的空间相关性，本书将空间自回归模型（SAR）与空间误差模型（SEM）结合起来，构建更为一般的空间计量模型 $SARAR$，即空间自相关模型（SAC）。模型设定如下：

$$g_{i,t+k} = \alpha + \beta \ln y_{it} + \theta X_{it} + \rho \sum_{j=1}^{n} w_{i,j} g_{j,t+k} + \mu_i + \eta_t + \varepsilon_{it} \qquad (7-9)$$

$$\varepsilon_{it} = \lambda \sum_{j=1}^{n} w_{i,j} \varepsilon_j + v_{it}$$

其中，W 为空间权重矩阵。外生空间权重矩阵的选择一般包括空间邻接关系、地理距离和经济距离。林光平等（2005）的研究表明将经济距离引入空间权重矩阵能更好地拟合中国地区经济的发展状况，因此我们设定地理经济距离权重矩阵 $W = \varphi W_1 + (1 - \varphi) W_2$，其中 W_1 是用欧式距离代表的地理距离，W_2 是用人均实际 GDP 差距代表的经济距离，即 $W_2 = \dfrac{1}{|\bar{y}_i - \bar{y}_j|} (i \neq j)$，$\bar{y}_i$ 和 $\bar{y}_j$ 分别表示两地区样本期内的平均人均实际GDP。设定 $\varphi = 0.5$，即地理距离和经济距离同等重要，类似的处理方式参见师博和任保平（2019）的研究。回归结果如表 7-5 所示。

从表 7-5 的回归结果中可以看到，初始收入系数始终显著为负，说明中国区域经济收敛始终存在；地方债务与初始收入的交互项显著为负，说明地方债务有助于区域经济收敛。以上结论与前文一致，证明前文的实证结果是稳健的。

表 7 – 5　　　　　　　　　　空间自相关模型回归结果

	g			
	(1)	(2)	(3)	(4)
ln_y	– 0. 169 *** (0. 023)	– 0. 177 *** (0. 022)	– 0. 166 *** (0. 021)	– 0. 165 *** (0. 021)
save	0. 083 * (0. 050)	0. 083 (0. 050)	0. 064 (0. 044)	0. 023 (0. 045)
TFP	– 0. 021 (0. 018)	– 0. 020 (0. 015)	– 0. 019 (0. 015)	– 0. 017 (0. 014)
labour	– 0. 012 (0. 018)	– 0. 013 (0. 019)	– 0. 021 (0. 022)	– 0. 012 (0. 021)
depreciation	– 0. 732 * (0. 403)	– 0. 686 * (0. 381)	– 0. 604 (0. 407)	– 0. 550 (0. 375)
ln_trade	0. 013 *** (0. 004)	0. 013 *** (0. 004)	0. 012 *** (0. 003)	0. 008 ** (0. 004)
inflation	0. 000 (0. 000)	0. 000 (0. 000)	0. 000 (0. 000)	0. 001 (0. 000)
risk	0. 000 (0. 000)	0. 000 (0. 000)	0. 000 (0. 000)	0. 001 * (0. 000)
ln_debt		0. 008 (0. 011)	0. 024 (0. 016)	– 0. 009 (0. 019)
onb		– 0. 019 (0. 014)	– 0. 022 (0. 015)	– 0. 013 (0. 016)
ln_debt_sq ~ d			– 0. 001 (0. 001)	0. 001 (0. 001)
ln_debt × ln_y				– 0. 007 *** (0. 002)
Spatial rho	0. 339 (0. 222)	0. 326 (0. 220)	0. 319 (0. 214)	0. 366 * (0. 210)

续表

	g			
	（1）	（2）	（3）	（4）
lambda	− 0.233 （0.406）	− 0.177 （0.404）	− 0.246 （0.385）	− 0.399 （0.331）
Variance sigma2_e	0.000 *** （0.000）	0.000 *** （0.000）	0.000 *** （0.000）	0.000 *** （0.000）
N	300	300	300	300

注：*、**、*** 分别表示系数在10%、5%、1%水平下显著；括号里为标准误。

7.3　中国地方债影响经济增长收敛性的原因探究

7.3.1　直接原因

上文实证分析得到了中国地方债务加速收敛过程的结论，而我们想进一步追问的是，地方债务加速区域收敛的原因和实现路径是怎样的？对这一问题作进一步验证，将有助于深刻理解地方债务的经济作用，发现其加速区域收敛的实现路径，为合理运用债务政策促进区域均衡发展提供依据。

根据表 7 - 4 中的回归结果（5），将经济增长率对地方债务求导，即：$\frac{\partial g_{i,t+k}}{\partial \ln debt_{it}} = 0.0444 - 0.00602 \ln y_{it} - 0.00175 \ln debt_{it}$，这意味着地方债务的经济效应与初始收入有关——纵向来看，随着初始收入升高，地方债务的经济效应会逐渐递减；横向来看，初始收入越高的地区，地方债务的经济效应越小，初始收入越低的地区，其经济效应越大。换句话说，地方债务对经济增长的正向影响在落后地区是超过发达地区的，这验证了地方债务的经济效应存在区域异质性的事实。但这是在债务存量不变或相同时得到的结论，因为上式表明，地方债务的经济效应除了与初始收入相关，还与债务存量相关，若债务存量规模不同，则需进一步分析。

地方债规模与初始收入水平散点如图 7 -2 所示。图中清晰表明，无论是从地方债务规模对数值（ln_debt）还是相对值即负债率（inb）来看，地方债务与初始收入水平之间似乎存在正向关系。为了剔除时间趋势以证实此正向关系存在于个体之间，接下来对二者进行回归，得到结果如表7－6所示。

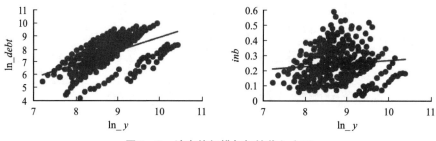

图7－2 地方债规模与初始收入水平

表7－6中，（1）为全面 FGLS 回归结果，因篇幅原因，表中未列示个体虚拟变量；（2）为固定效应 FE 回归结果。二者均证明地方债务规模与初始收入水平之间具有显著的正向关系。需要说明的是，地方债务和用人均实际 GDP 表示的初始收入水平存在双向因果关系，此处并未用工具变量进行处理，因为我们关心的只是二者之间的统计关系而非因果关系，因此即使存在这样的问题也对结论不构成重大影响。而作回归的目的是剔除掉时间趋势对二者关系的影响，因为我们需得到横向维度二者之间关系的验证，而非时间维度。

表7－6 地方债与初始收入回归

	ln_debt	
	FGLS （1）	FE （2）
ln_y	1.223*** （0.072）	1.276*** （0.177）
onb	0.552*** （0.039）	0.908*** （0.072）

续表

	ln_debt	
	FGLS （1）	FE （2）
_cons	− 5. 905 *** （0. 662）	− 4. 966 *** （1. 455）
省份固定效应	YES	YES
年份固定效应	YES	YES
N	300	300

注：*** 表示系数在 1% 的水平下显著；括号中数值为标准误。

回到一阶求导方程，即 $\dfrac{\partial g_{i,t+k}}{\partial \ln debt_{it}} = 0.0444 - 0.00602 \ln y_{it} - 0.00175 \ln debt_{it}$ ，由于初始收入高的发达地区其地方债务存量规模也高，初始收入低的落后地区其地方债务存量规模也低，于是可以得到确切的结论：地方债务的经济效应在落后地区是超过发达地区的，因此地方债务有助于区域收敛。也就是说，地方债务经济效应的地区异质性是其加速区域收敛的直接原因。

7.3.2　间接原因

那么，是否存在地方债务加速区域收敛的间接原因？也就是说，地方债务是否通过作用于其他影响经济增长的重要变量，进而间接促进区域收敛？为验证这一问题，本书接下来运用面板分位数回归方法进行分析。分位数回归基于参数异质性假设（周业安和章泉，2008；Dufrénot & Ehrhart，2015），通过此方法，能得到被解释变量条件分布在不同分位点的集中趋势，进而为处理观测样本的异质性问题提供便利。面板分位数将分位数与固定效应结合起来，为处理面板数据的分位数回归提供了有效途径。

验证的基本思路是，选取对经济增长有重要影响的经济变量作为中间变量，通过在增长模型中引入地方债与这些中间变量的交互项来考察地方债是否以及如何作用于这些中间变量的经济效应的发挥，并且在各分位点处比较这种作用的地区差异，进而找寻地方债加速区域收敛的间接路径，类似的做法参见迪弗勒诺和埃赫哈特（Dufrénot & Ehrhart，2015）的研究。

中间变量的选取基于上文收敛模型中的主要控制变量，包括储蓄率、技术进步率、通货膨胀率和金融风险。这些变量均是经典理论或文献验证的对经济增长有重要影响的经济变量，因此具有代表意义。而且，投资率与经济增长数量密切相关，而技术进步率、通货膨胀率和金融风险与经济增长质量密切相关，考察地方债务与这些变量的作用关系，能反映出地方债务对经济增长数量和质量的全面影响。现对这些关系进行预测分析。

7.3.2.1 储蓄率

储蓄是投资的基础，储蓄率的高低将直接影响投资率。因此地方债对储蓄率经济效应的作用，亦为其对投资率经济效应的作用。而地方债对投资存在挤入和挤出的双重作用——当基础设施规模较低时，地方债对投资的挤入效应会大于挤出效应，此时地方债会促进投资（储蓄率）经济效应的发挥；当基础设施规模较高时，地方债对投资的挤入效应会小于挤出效应，此时地方债会抑制投资（储蓄率）经济效应的发挥。而基础设施规模往往存在地区差异，落后地区基础设施更加缺乏，那么地方债对投资（储蓄率）经济效应的促进作用会超过发达地区。预测地方债将促进储蓄率的正向作用，而且在落后地区其促进作用将更大。

7.3.2.2 技术进步率

根据经典理论可知，技术进步会促进经济增长，但上文实证却得到技术进步抑制经济增长的结果。陈红蕾和覃伟芳（2014）也得到了类似的实证结果，给出的解释是收入分配差距会随着人均地区生产总值的提高而扩大，从而使得包容性 TFP 增长率下降。本书认为可能造成这种情况的另一个原因是，2005～2017 年正值中国结构转型的重要时期，经济增长逐渐由高速的粗放型向中低速的集约型转化，追求技术进步的高质量发展不得不以牺牲暂时性经济减速为代价，而 TFP 或技术进步对经济增长的高贡献率一般只有进入经济增长减速的成熟期才会发生（郑玉歆，1999；颜鹏飞和王兵，2004），因此二者呈现负相关关系。地方债对技术进步没有直接影响，但可能从两种渠道产生间接作用：一是地方债通过不断完善基础设施，使地区经济突破发展瓶颈，形成规模效应，进而间接促进技术进步；二是过度依靠地方债搞投资拉动短期经济增长，将对追求技术进步的高质量发展形成阻碍，不利于技术进步经济效应的发挥。由于两方面作用方向不同，因此地方债与技术进步的最终关系不确定，也可能基于二者关系的非直接性，导致回归结果不显著。

7.3.2.3 通货膨胀率

中央银行通过发行货币来弥补财政赤字即是财政发行，这将导致货币超发，引起通货膨胀。赤字形成的公共债务也很容易通过超发货币方式予以偿还，进而引发通货膨胀。中国地方政府没有超发货币的直接渠道，但当地方债务规模过大、风险过高时，可能倒逼中央银行为避免区域性系统性风险而注入过量流动性，进而间接导致货币超发，引发通货膨胀。当前中国地方债务规模较高，尤其是隐性债务规模巨大，化解存量债务任务艰巨。中央政府不会直接对地方政府实施救助，而是否通过货币政策渠道缓释风险，则取决于其在稳增长和防风险之间的权衡。另外，地方政府依靠举债大搞投资建设，也可能引发需求拉动型通货膨胀。

7.3.2.4 金融风险

从融资结构来看，中国金融业依然是以银行为主的间接融资模式，银行业的繁荣稳定直接关系整个金融行业的健康发展，因此本书以商业银行不良贷款率来表示金融风险。商业银行对地方债务的大量认购使政府债务风险转化为金融风险，商业银行是地方债扩张所致风险的载体（毛锐等，2018）。从这一点来说，地方债可能加重金融风险对经济增长的负面效应。但同时，在经济降速、私营企业破产违约现象频发的宏观背景下，拥有政府信用背书的地方债反而成为商业银行的优质资产，尽管存在潜在风险，但并未造成实质违约。规模大、信用好的地方债成为商业银行应对经济冲击的最佳选择。从这一点来说，地方债还可能缓释金融风险对经济增长的负面效应。究竟哪一种影响机制成立，可通过实证结果予以印证。

面板分位数回归模型设定如下：

$$
\begin{aligned}
g_{i,t+k} = {} & \gamma_0 + \gamma_1(\theta)\ln y_{it} + \gamma_2(\theta)save_{it} + \gamma_3(\theta)save_{it} \times \ln debt_{it} + \gamma_4(\theta)TFP_{it} \\
& + \gamma_5(\theta)TFP_{it} \times \ln debt_{it} + \gamma_6(\theta)inflation_{it} + \gamma_7(\theta)inflation_{it} \times \ln debt_{it} \\
& + \gamma_8(\theta)risk_{it} + \gamma_9(\theta)risk_{it} \times \ln debt_{it} + \gamma_{10}(\theta)t + \mu_i + \varepsilon_{it}(\theta)
\end{aligned}
$$

$$(7-10)$$

式（7-10）仍然采用条件收敛模型，解释变量除了初始收入之外，只保留了储蓄率、技术进步率、通货膨胀率和金融风险这四个重点关注的经济变量。另外，还引入了地方债务与这四个经济变量的交互项。为了避免多重共线性，方程仅保留交互项，未包含地方债务变量，类似的处理方式参见伯纳基斯和马利克（Bournakis & Mallick，2018）的研究。变量描述和数据说明与前文相同，此处不再赘述。本书将分位点设定为 0.2、0.5 和 0.8，分位点越低代表经济增长率越高，而前文已证明经济增长率与初始收入之间存在显著负相关关系，低分位点代表初始收入高的发达地区，高分位点则代表初始收入低的落后地区。回归结果如表 7 - 7 所示。

表 7 - 7　　　　　　　　　　　面板分位数回归结果

解释变量	被解释变量 g			
	整体回归	面板分位数回归		
	FE	0.2	0.5	0.8
$\ln\_y$	- 0.147 *** (0.026)	- 0.123 *** (0.026)	- 0.149 *** (0.015)	- 0.170 *** (0.021)
save	0.074 (0.062)	0.055 (0.060)	0.076 ** (0.034)	0.093 ** (0.047)
$save \times \ln\_debt$	- 0.048 *** (0.014)	- 0.048 *** (0.016)	- 0.048 *** (0.009)	- 0.048 *** (0.013)
TFP	- 0.026 (0.018)	- 0.029 (0.029)	- 0.026 (0.016)	- 0.023 (0.022)
$TFP \times \ln\_debt$	- 0.026 (0.019)	- 0.046 ** (0.023)	- 0.025 * (0.014)	- 0.007 (0.018)
inflation	0.000 (0.000)	0.001 (0.001)	0.000 (0.000)	- 0.000 (0.000)
$inflation \times \ln\_debt$	- 0.000 (0.000)	- 0.000 (0.000)	- 0.000 (0.000)	- 0.001 (0.000)
risk	- 0.001 *** (0.000)	- 0.001 ** (0.000)	- 0.001 *** (0.000)	- 0.001 *** (0.000)
$risk \times \ln\_debt$	- 0.000 (0.000)	- 0.000 (0.000)	- 0.000 (0.000)	- 0.000 (0.000)
_cons	1.309 *** (0.195)	—	—	—

续表

解释变量	被解释变量 g			
	整体回归	面板分位数回归		
	FE	0.2	0.5	0.8
省份固定效应	YES	YES	YES	YES
年份固定效应	YES	YES	YES	YES
N	300	300	300	300

注：* 、** 、*** 分别表示系数在 10% 、5% 、1% 水平下显著。

整体回归采用固定效应模型，初始收入的系数显著为负，表明了区域收敛的显著存在性。但从分位数回归结果来看，各地区收敛速度存在差异，从 0.123 增加到 0.170，说明落后地区（高分位点）的收敛速度高于发达地区（低分位点）。

储蓄率的系数在整体回归时并不显著，但分位数回归结果表明，投资的正向作用在发达地区不明显，但在中等和落后地区依然强劲，而且越落后的地区作用越大。整体回归中储蓄率与地方债务交互项的系数显著为负，说明地方债对投资的挤出效应较为明显，但从分位数回归来看，挤出效应存在细微的地区差别，发达地区最大为 - 0.0481522，中等地区其次为 - 0.0481042，落后地区最小为 - 0.048064。与上文的预测分析一致，即由于落后地区基础设施更加缺乏，地方债的挤出效应相对更小。这是地方债促进区域收敛的因素之一。

技术进步率的系数在整体和分位数回归中均为负但并不显著，上文的预测分析从结构转型因素方面对此进行了解释，此处不再赘述，而不显著的结果表明即使这种负面作用存在但也并不重要。技术进步率与地方债务的交互项为负，说明地方依赖举债投资大搞建设的粗放型做法不利于技术进步，但整体来说负面作用不明显。而从分位数回归结果可以看到，低分位点处系数为 - 0.466，非常显著，中位数处系数也很显著为 - 0.252，但负作用明显降低，高分位处负面作用已变得不明显。说明经济越发达的地区（低分位点），地方债越不利于技术进步，这可能是因为发达地区向高质量发展模式的转型之路走得更远，依靠地方债拉动经济增长的机会成本就更高。

通货膨胀率的系数在整体和分位数回归中均不显著，说明通货膨胀与产出的关系较为复杂。通货膨胀率与地方债务的交互项系数均为负，但都不显著，至少说明地方债并未对通货膨胀的升高或降低发挥明显作用，我们对中央政府为化解地方存量债务缓释地方风险而注入流动性的担忧暂时还是多余的。

金融风险的系数在整体和分位数回归中均显著为负，这符合基本常识，即金融风险会对经济的稳定发展构成威胁。具体来看，不良贷款率上升将恶化商业银行的经营状况，降低其为实体经济的助力作用，严重时还可能会引发整个金融行业的巨震，甚至拖累实体经济进入萧条。从分位数回归结果来看，金融风险系数分别为 -0.00111（0.2 分位点）、-0.00117（0.5 分位点）、-0.00123（0.8 分位点），随着初始收入水平的降低（分位点的升高）而逐渐递减，说明金融风险的负面作用在发达地区更低，在落后地区更高。造成这种情况可能的原因是，发达地区金融发展更加成熟完善，抗风险能力更强大，落后地区融资方式单一，抗风险能力较弱。金融风险与地方债务的交互项系数均为负，但并不显著，说明存在地方债务风险向金融风险转化的潜在可能性，但暂时并未大规模显现出来。

综上所述，地方债务加速区域收敛的间接路径是投资（储蓄率）和技术进步。地方债务会阻碍二者经济效应的发挥，但在发达地区的阻碍作用大于落后地区，因而有助于区域经济收敛。同时说明，地方债务对以投资（储蓄率）为表征的经济数量增长和以技术进步为表征的经济质量增长都存在负面作用。

7.4　本章小结

本书从经济增长收敛性视角关注地方债务的经济效应及区域差异，得到的主要研究结论如下。

第一，本书证明了中国区域经济存在绝对和条件收敛，但俱乐部收敛不显著。地方债务加速了收敛过程——地方债务每增加 1%，收敛速度增加 0.6%。

第二，在收敛框架下，地方债与经济增长之间存在倒"U"型关系的结论得到印证。

第三，地方债务经济效应的区域异质性是导致区域经济收敛的直接原因。具体来看，地方债务的经济效应与初始收入和债务存量负相关。落后地区由于初始收入和债务存量双低，所以其地方债务的经济效应超过发达地区，进而呈现加速收敛的结果。

第四，地方债务对以储蓄率（投资）为表征的经济数量增长和以技术进步为表征的经济质量增长都存在负面作用。该负面作用在发达地区表现得更为显著，因而储蓄率（投资）和技术进步成为地方债务加速区域经济收敛的间接路径。

根据以上研究结论，我们可以得到以下启示。

第一，地方债务对中国区域均衡发展起到了积极的正向作用，这一点得到了证实，并值得肯定。

第二，落后地区地方债务的经济效应超过发达地区，说明地方举债投资对改善落后地区基础设施条件、突破发展瓶颈起到了重要作用。正因如此，落后地区的地方债务阈值可能更高。因此，应优化新增债务限额分配方案，兼顾公平和效率，对新增债务的限额分配应在控制债务风险的基础上向基础设施更匮乏的落后地区倾斜，以缩小区域差距，实现区域均衡发展。

第三，地方债务对投资和技术进步都有显著的不利影响，因此控制债务增速，化解存量债务是当务之急。而这种不利影响对发达地区尤为突出，这可能是因为发达地区已超越基建投资拉动经济的时期，政府过度举债反而对民间投资不利，而落后地区对政府举债投资的依赖性更强。再次证明，债务管理的思路应控制全国地方债务增速，限额分配向落后地区侧重。

第四，地方债务风险虽总体可控，但其与通货膨胀和金融风险的潜在正向关系仍值得关注。

第 8 章

从财政与金融风险转化看中国地方债

8.1 财政风险与金融风险的内在联系

8.1.1 财政风险向金融风险转化的传导机制

政府债务是财政系统与金融系统的重要连接点，财政风险往往借由政府债务渠道向金融风险传导。金融机构尤其是商业银行持有政府债务的理由主要有：第一，政府债券作为高流动性资产，是银行流动性储备的重要选择之一，用来满足其现金需求。第二，政府债券属于安全性高、收益稳定的债券资产，是银行优化资产组合、降低经营风险的重要选择。第三，政府债券是银行获取融资的高质量抵押品。银行可以通过有担保的赎回交易获得融资，其中政府债券是该交易常用的抵押品。抵押品的信用和流动性状况将直接影响银行可获得的融资数量。第四，一些其他原因，比如政策性因素，政府行政摊派导致银行被动接受政府债务；再如金融体系自身的缺陷可能导致其愿意主动接受超过合理规模的政府债务等。

财政风险向金融风险的传导渠道有以下几种路径：第一，当财政收入或/和财政支出发生风险，财政赤字将扩大，到期债务的兑付可能会发生困难进而引发债务风险，这会传导至作为政府债务持有者的金融机构，形成金融风险。此时，持有政府债券的金融机构面临潜在损失。尤其是当政府债务在金融机构的资产占比较高时，债务违约可能诱发系统性金融风险。第二，财政风险将影响政府债券的信用和流动性状况，导致银行将其作为抵押品进行融资的成本提高，进而增加金融风险。在有担保的赎回交易中，抵押品质量将直接影响银行可获得的融资数量。政府债券是银行获得融资的重要抵押品之一，政府债券违约风险提高将使得抵押品价值恶化，导致银行的融资成本上升。第三，财政风险会通过评级渠道向金融风险传导。评级渠道是指因评级机构对银行所在国政府债券信用评级的降低或提高而引发的银行融资成本和融资路径的改变。在债项评级中，政府债券的信用等级往往成为评级天花板，决定了该国所有债券在国际评级市场中的最高等级。若市场出于对财政风险的担忧而调低政府债券信用等级，那么该国银行的评级也会跟着下调，进而影响银行的融资成本。第四，在财政出现风险或陷入财政困境时，政府向银行提供支持的能力明显减弱，这会降低市场对政府支持银行的预期并提高银行的融资成本。政府财力减弱除了会通过评级渠道影响银行发行债券的成本，还会通过影响银行的整个资本结构进而提高其他方式的融资成本。尤其是那些受到政府支持更多的金融机构，受到的影响会更大。第五，当财政出现收不抵支的状况时，如果中央银行通过赤字货币化方式为政府提供货币融资，那么可能会通过铸币税渠道引发通货膨胀，进而给金融系统带来通货膨胀风险。

这种传导路径与私人部门发生风险进而向作为债权人的金融机构传导是类似的，但其影响程度和范围将更加严重和突出，原因在于以下几点。

第一，财政风险更具隐蔽性和复杂性，信息不对称情况更突出。

多层级的财政体制和纷繁复杂的预算收支项目导致财政信息具有隐蔽性和复杂性。而且财政可依托其凭借的政治权力将财政困难通过某些强制性手段来予以掩盖或转移。随着财政风险不断累积并达到某个临界点，超过整个国民经济的承受能力，潜在的风险就会显现出来，进而对经济和政治构成威胁。

财政风险的隐蔽性与财政地位的特殊性、收支手段非一致性和非同期性、信息的不对称性密切相关。首先，财政以国家的存在为前提，是国家凭借其政治强制力在全社会范围进行的集中性分配。同时国家职能的实现离不开财政保障。可见，国家与财政相互依存，互为支撑。当财政发生困难以致无法满足国家职能需要时，国家可动用自身的权力以各种名义要求财政部门提高税率或增加税种，或利用赤字货币化弥补收支缺口，从而使财政风险被掩盖。其次，财政收入的具体形式复杂多样，除了各种名目的税收收入之外，还有非税收入、各种类型的政府性基金收入、债务收入、国有资本经营收入等。这些收入的来源渠道和筹集方式各不相同，与财政支出分批分次的支付方式存在很大差别，并且在时间上存在非同期性。收支两条线和彼此的时间差容易掩盖财政风险的严重性，使得财政赤字对整个社会经济运行的影响被忽视。最后，信息不对称导致外界对财政真实运行情况的了解存在滞后和偏离。出于一些特殊考虑，政府公开的数据有限，造成外界难以准确评估政府偿债能力，使得财政风险无法及时发现和识别。

第二，政府在辖区范围的影响力导致金融机构的决策行为极其受到干预和影响，造成市场约束软化。

首先，政府庞大的财政性存款成为各家银行类金融机构努力争取的重要资源。存款是银行资金的主要来源，是其获取存贷利差的前提和基础，如果存款规模有限，那么银行利润将受到直接影响。正因如此，各银行都将存款规模作为重要指标纳入对银行职员的考核体系之中。尤其是在存款资源紧张时期，能获得财政性存款显得尤为重要。财政性存款往往规模较大，对于银行来说是竞相争取的资源，无论是对银行的业务发展，还是对银行职员业务指标的完成来说，都是十分有利的因素。因此地方政府往往将财政性存款作为获取银行贷款的"筹码"。在这样的激励之下，银行会十分愿意为政府提供资金，造成财政风险被低估，市场约束失效。其次，对于由政府控股的商业银行，政府易利用控股优势占用银行信贷资源，控制商业银行增加指令性贷款。比如，中国国有商业银行作为独立的市场经营主体，以市场化运作方式开展日常业务，但其股份比例中国有股占据绝对控股地位，其业务开展极易受到政府干预。而且，国有商业银行实行总分行制，各分行开展业务时会受到地方政府的直接影响。各级地方政府都纷纷成立"金融办"，对地方金融事务进行管理，但为了实现本地区的经济增长目标，地方政府往往对银行等金融机构的信贷投放实施影响，为促进地方政府融资提供便利。而城市商业银行则完全由地方政府控股，会受到地方政府的实际控制，更容易受到地方政府的影响而被动应债。市场约束的软化将提升财政风险，并向金融风险不断转化。

第三，体制性因素会带来过度信仰，滋生救助预期，导致财政风险金融化。

在单一制多层级的行政体制下，当单个地方政府的债务规模过大，凭借其自身财力难以偿付债务本息时，银行贷款将会面临违约风险。然而，单个地方政府相对于全国来说微不足道，以全国之力救助单个地方政府自然轻而易举。当人们都坚信面对地方政府的困难，中央政府不会置之不理时，救助预期的信念便从政府内部蔓延至整个社会。因此银行对地方政府信用高度认可，将其视为低风险甚至无风险主体，源源不断地为其提供资金。尤其是在宏观经济不稳定时期，与其他借款主体相比，地方政府的低违约率让它成为银行授信的最佳选择。但当每个地方政府都在这种过度信仰的"光环"之下债台高筑时，财政风险将诱发金融风险甚至系统性风险。

8.1.2　金融风险向财政风险转化的传导机制

商业银行处于金融体系的核心地位，也是风险最为集中的关键环节。这一领域发生衰退，将威胁整个经济的稳定和安全。因此政府有强烈意愿来避免银行及金融系统出现困难，这使得金融部门问题倾向于变成财政部门问题，金融风险转化为财政风险。

金融风险的集中性和易扩散性，会导致当金融风险积累到一定程度时，可能影响整个宏观经济形势，进而导致政府财政状况恶化，财政风险升高。同时为了避免金融风险的扩散和由此可能引发的宏观经济风险，政府主动采取对金融机构的支持行动，将风险转移到财政系统。金融风险向财政风险转化的机制表现为：首先，金融体系的利税是财政收入的重要来源。如果金融体系发生大面积亏损，势必会减少财政收入，出现财政失衡的风险。其次，若出现金融风险，金融市场的风险溢价水平上升，则会导致政府类债券发行利率上升，政府债务负担也会随之上升，甚至可能出现再融资失败的风险，造成财政风险的爆发。最后，金融体系关系到国民经济的正常运行，若个别大型金融机构出现破产风险，由于金融体系存在天然的风险易感染性，政府部门往往被迫对陷入困境的重要性金融机构进行救助，而这类救助规模巨大、成本高昂，极有可能拖累政府部门出现债务风险，导致财政失衡。

政府对金融机构的支持方式包括以下几种：第一，政府对金融部门的债务提供显性或隐性担保将可能导致政府承担大量来自金融部门的债务，进而形成金融风险向财政风险转化。比如2008年爱尔兰政府对国内6家储蓄银行进行担保，导致政府的信用违约互换（CDS）点差从100上升至400，使得爱尔兰不得不在2010年对外申请援助。[①] 第二，政府对金融部

---

① Acharya V, Drechsler I, Schnabl P. A Pyrrhic Victory? Bank Bailouts and Sovereign Credit Risk [J]. Journal of Finance, 2014, 69（6）: 2689 – 2739.

门实施救助措施，导致金融风险向财政风险转化。比如2008年至2012年间，欧盟成员国实施的救助金额累积达到5万亿欧元，占2011年欧盟GDP的40%[①]，救助措施有效阻断了欧债危机的进一步蔓延，但同时也推高了财政风险。

日益发达的金融业，以及全球经济金融化的发展，使得金融产品越来越像财政产品一样具有明显的公共属性。由于我国金融产品对财政产品的功能替补，二者之间的联系比较紧密，金融风险转化为财政风险的可能性更大。一是金融资产管理公司的运行风险转化为财政风险。1999年，考虑到大量国企转制，银行坏账严重，我国中央政府成立了金融资产管理公司，用来收购、管理、处置国有银行不良贷款资产。这类公司的运营资金来自财政资金，由于运营成本高、缺乏后续的不良贷款控制手段以及处置资产的变现能力差，后续财政投入不断，产生了较大的财政风险。而且，从实际运营情况来看，还存在比较突出的道德风险，一些金融资产管理公司的员工与债务企业内外勾连，共同套取财政补贴资金。还有一些国有企业认为国有银行的不良贷款会被金融资产管理公司处理，还不还贷款无所谓，进而不愿意偿还银行贷款，使银行贷款约束力下降，转嫁给资产管理公司，导致政府财政负担加大。二是金融机构重组风险带来的财政风险。金融机构重组过程将出现将金融负担转给财政的现象。对此，央行只能采取新增贷款或消除部分老贷款的方式来化解，而最终为这些损失买单的还是中央财政。对于重组后出现的资金不足问题，往往是以财政资金流入的方式来弥补，特别是针对那些存在支付危机的重组银行，政府会给予税费减免的优惠措施，以帮助其渡过危机。而当银行出现破产时，在政府要求的社会稳定的大前提下，财政资金更是会不计成本给予支付，给财政可持续性带来巨大的负担与隐患。三是其他间接途径转化的财政风险。比如，对银行营业税的间接减征，为了节约银行金融机构的营业税税基，政府有时会缩短商业银行应收未收利息的计收年限，这无疑会减少财政收入。还比如，经营困难银行的债转股，由财政出资收购其债权，虽然获得了这些银行的股权，却无法获得好收益。再比如，金融机构获得的中央财政各种或明或暗的补贴，以及金融机构海外债务处理上中央财政的力挺。这些都

---

① Correa R, Sapriza H, Zlate A. Liquidity Shocks, Dollar Funding Costs, and the Bank Lending Channel during the European Sovereign Crisis [J]. Supervisory Research and Analysis Working Papers, 2016.

是由中央财政进行兜底，同样也是财政风险产生的重要原因。

8.1.3 财政金融风险相互转化的演变机制

深入考察金融危机前后各国的财政金融状况会发现，有些国家或地区并不仅仅停留在财政风险向金融风险或金融风险向财政风险传导的单向关系上，而是陷入财政风险和金融风险相互转化、交互上升的境况，即一国金融机构出现风险会引发其财政状况恶化，而其财政状况恶化又会进一步导致金融风险的累积甚至出现金融危机。在一些金融机构独立性相对较弱的国家或地区，财政风险与金融风险呈现深度交融状态，风险在两大部门之间相互转化不断升级，极易成为系统性金融风险的引爆点。在单向传导机制下，财政风险向金融风险的转移一定程度上能够减轻财政风险，而金融风险向财政风险的转移也一定程度上能够降低金融风险，即财政风险和金融风险在某种程度上存在着"此消彼长"的关系。但这种单向转移的风险化解模式一旦被滥用，极易导致财政与金融系统的深度捆绑和腾挪空间枯竭，整体社会经济陷入极度脆弱状态，任何风吹草动都将触发财政金融全面危机。中国金融体系整体发展水平还不高，难以满足经济发展各主体资金需求，影子银行成为正规融资渠道之外的现实补充。但长期以来，影子银行游离在监管范围之外，与地方政府的变相违规举债相互交织，导致财政风险与金融风险深度融合，成为系统性金融风险的隐患。

8.2 防控风险的财政金融联动机制

现代经济的风险特征异常突出，伴随着全球化进程和金融的快速发展，风险的传染性和关联性越发明显，因此防范和化解系统性风险显得尤为重要。不过，风险总是无处不在，防范和化解风险并不意味着彻底消除风险，因为那是不可能完成的任务。面对财政与金融风险的相互传导，如何正确看待风险，在审慎与灵活之间如何取舍和权衡，如何选取适当的可接受度是探讨防范和化解方案的首要问题。而且财政风险与金融风险的传导也是风险化解的方式之一，因此利用好适度的风险转化将有助于宏观经济稳定发展。

以体制性因素带来的财政与金融风险相互传染为例，此种情形下风险不断发散的原因在于财政与金融系统彼此独立性的缺失，因而需要强调二者的彼此隔离。然而财政与金融协同联动能从宏观层面应对风险，避免政策冲突，增强政策工具间的有效配合。由此可见，独立性与协同性之间需要权衡。再比如关于地方政府债务管理问题，为了完全杜绝风险，应该坚决遏止地方政府的举债行为，但这样做的话会压制地方政府发挥能动性的空间，不利于政策效益的提升；若完全放开，又会因激励与约束机制的不对称带来举债的盲目性，导致风险累积，因此需在灵活性和纪律性之间进行权衡。再比如，举国体制和超强信用可能造成风险隐蔽并滋生"搭便车"难题。但在面对重大风险时，这样的体制和制度将有利于应对危机，是破解金融固有缺陷的有力措施，因此需在集中和分散之间进行权衡。

8.2.1 财政金融联动防控风险的必要性和总体思路

财政与金融风险的性质和内在联系意味着风险普遍存在，而且风险之间的传染往往不可避免。市场机制本身具有风险生成、传递和消解的能力，但其固有缺陷也会带来风险的累积、扩散和失控。因此，防范和化解风险需要依据风险来源渠道和风险危害程度选择相应的对策和方式。

从风险危害程度来看，防范和化解的重点是系统性风险，非系统性风险则应留给体制机制的自愈功能自行消解。如果风险因素仅存在于少数的微观主体或交易，市场机制本身可以将其自动消解，并不存在引发系统性风险的可能，那么不需要针对风险采取过多行动，过度保护和干预反而不利于长期稳定和健康发展。这需要提高政府和整个经济体对风险的容忍度和接受能力。如果相对静止的理解金融稳定，那么政府和整个经济体对金融风险的容忍度较低，在这样的背景下一有风吹草动政府就会出手干预，这会使整个市场产生极强的救助和兜底预期，造成全社会普遍的道德风险。这种风险很难控制，而且很容易引发系统性风险。由此可见，政府和监管部门应从微观金融风险中解放出来，更多地从宏观层面关注系统性风险。

从风险来源渠道来看，内生性风险往往与管理不善和制度缺陷相关，比如由于缺乏有效的监督，财政资金使用低效和浪费现象突出，带来财政支出风险。这种风险是由财政自身的制度缺陷导致的，属于内生性风险。而如果是由于经济恶化，导致财政资金使用所产生的效益下降，进而带来财政支出风险。这种风险是由财政系统之外的因素导致的，属于外生性风险。对待内生性风险应从弥补制度缺陷、完善和健全制度体系的角度去防范和化解。当内生性风险成为系统性风险的隐患，对整个经济稳定发展构成重大威胁时，采取适当的财政与金融风险的转化能有效避免危机爆发，但这只是治标不治本的临时举措。如果要根除风险源，必须从财政金融体制和制度存在的根本性问题对症下药才能彻底化解风险。临时性的风险转化举措是有利的，因为它避免了风险对全社会的巨大危害，同时为体制完善赢取了时间，但不能过度依赖风险转化机制，饮鸩止渴。不从制度根本着手拆除风险的雷点，而只依赖于风险累积和显现后的转嫁，便会产生风险交叉感染，不断螺旋式上升，最终崩盘。面对外生性风险，作为公共部门的政府主动采取措施予以应对，此时财政风险的提高是对公共风险的主动吸收，有利于减少经济恶化的危害，因此财政与金融联动应对风险是必要且适当的。以上分析说明，防范和化解风险首要的是弥补制度漏洞，强调财政与金融在微观层面的相互独立性，以避免道德风险。在宏观层面要相互协同，以提高应对系统性风险的能力和效果。

财政与金融联动以防范和化解风险的基本思路是：在微观层面，财政与金融的联动体现为双管齐下弥补制度缺陷，健全体制机制，以保持彼此的独立性，切断风险外溢的路径，改变道德风险滋生的土壤。财政与金融的微观层面是指单个地方政府和单个金融机构。作为金融资金的需求和供给双方，在特定的体制机制背景下容易产生过度举（应）债的契合，因此，要防范风险需对两方的制度缺陷同时着手，只有财政与金融部门的调整和完善同时联动，才能彻底根除产生风险的源头。在宏观层面，财政与金融的联动体现为财政政策与货币政策的协同配合，以应对系统性风险，实现宏观政策目标。财政政策与货币政策在决策、执行和传导各环节具有各自的特点，只有协同配合才能各取所长，相得益彰。

微观自律与宏观协同是和谐统一的，是在纪律与灵活之间的有效平衡，能最大限度地发挥财政与金融作为国民经济两大支柱的有益作用。微观自律以效率优先，注重市场规则，是财政稳健和金融活力的保证，可以充分发挥市场机制配置资源的有效性；宏观协同以公平优先，避免两大部门各自为政，注重经济和社会稳定，是人民安居乐业和国家长治久安的保障，充分体现出中国特色社会主义制度的优越性。这意味着协同性以目标的人民性和判断的正确性为前提，因此决策权应归中央所有，避免微观的目标异质和角色局限导致协同滥用。协同性的实施将由上至下作用到微观层面，但这并不意味着对微观自律的破坏。因为宏观协同在中央层面连接，形成协调配合的财政政策和货币政策，然后分别经由财政系统和金融系统传导至各层级微观主体，进而在保持微观自律的基础上实现财政与金融的协同。

8.2.2 财政金融联动防控微观风险的具体思路

微观自律强调财政和金融两大部门从自身制度和体制的完善着手，构建效率优先、市场有序、风险自担的体系。规范政府融资行为，建立预算硬约束和有效的监督机制，推动政府债务的阳光化、市场化、法治化。只有强化政府举债约束，才能从微观层面防范过度举债风险。这种约束应体现为财政和金融的联动，即制度约束和市场约束并举。

由于在政治体制、法律体系、资本市场发展程度等方面存在差异，世界各国在长期的实践中形成不同的地方债管理模式。一是市场约束模式。瑞典、芬兰等金融市场比较发达的国家采用该模式，地方政府举债不受宪法或中央政府的限制，直接由市场和投资人决定其举债能力和举债规模。二是制度约束模式。英国是该模式的典型代表，其具有完备的法律体系，通过严格明确的法律法规条款和预算管理制度对地方政府的举债、用债、偿债等行为实施管理和控制。例如，可持续规则规定政府债务余额占 GDP 的比重不得超过一定范围；黄金规则限定政府债务资金仅能用于资本性支出，严禁用于经常性支出。三是共同协商模式。丹麦等地方自治程度较高的国家采用该模式，地方政府拥有参与制定宏观经济目标、政策及相关指标的权利，与中央政府就各级政府的预算赤字和具体收支项目预算达成协议。四是行政控制模式。法国等政府集权程度较高的国家采用该模式，中央政府运用审批、指令、监控等行政手段管理地方政府债务，控制范围广泛，控制内容详尽。

有的国家所采用的地方债管理体制兼顾了以上模式。比如美国，对一般责任债券的管理属于制度约束型，会依据负债率、债务率等指标进行规模限制；而对收益债券的管理属于市场约束型，完全依靠市场和投资人来决定收益债券规模。日本则是兼顾了行政控制型和共同协商型，2006 年之前地方政府举债必须经过中央政府许可，而 2006 年之后政府许可制度转变为事前协议制度，在协议制度下，地方自治团体或地方公营企业向总务省总务大臣和都道府县知事提出发债申请，如果得到许可，便可以发债，即使总务大臣和知事不同意发债，但只要获得地方自治体议会的认可也可以发行地方债。在此制度下，地方债的发行就出现了两种类型，一种是协商下获得认可的地方债，另外一种是没有获得协商认可的地方债。获得协商认可的地方债的融资财源和偿还财源都纳入地方财政计划，享受中央政府的优惠政策，而没有获得协商认可的地方债中央政府不再承担其融资财源和偿还财源，从而地方自治体或公营企业失去了国家的信用保证，必须完全依靠自己或市场来解决地方债融资与偿还问题。再比如中国，地方政府管理制度正在不断探索和完善的过程中，逐渐构建起制度约束和行政控制兼顾的管理体制。地方政府举债在中央政府的限额管理之下，且限定债务资金的使用需符合黄金法则，同时会引导债券资金的投向和项目选择，以符合和满足国家制定的总体发展方向和目标。

政府债务管理无论采用何种模式都应与本国的政治和经济体制相适应，最终目的都是强化财政金融部门的微观自律，总结起来表现为以下两个方面。

第一，完善预算管理体制，加强政府举债的制度约束，强化财政部门的微观自律。

地方政府应严守财政纪律，不可突破法律的限制违规举债，为此，需从制度上对地方政府举债加强约束，避免各种变相的隐性债务产生。制度约束应从加强举债的事前控制、事中监督和事后追责实现，构建起全面的风险管理体系。事前通过债务限额管理制度控制政府举债的规模和增速，从总量上防范债务无序扩张的风险。事中通过跟踪和监督保证财政资金的使用方向和效率，防止财政支出风险转化为债务风险。事后通过行政追责强化官员和相关行政人员在任或在职期间的风险意识，杜绝铤而走险的违规操作风险。全过程都应加强公开性和透明性。而且需规范政府与金融机构的关系，纠正政府对金融机构经营的不当干预，避免金融机构资金配置行为扭曲。通过体制改革着力加强财政能力建设，增强财政体系的稳健性和应对重大不确定性的保障能力。

第二，完善金融机构治理体系，加强政府举债的市场约束，强化金融部门的微观自律。

市场约束是从应债方也就是资金供给方的金融机构着手，建立起防范风险的屏障，这是金融与财政联动强化自律防范风险的体现。因为如果仅从财政单方面加强管控，虽能在一定程度上控制风险，但随着金融迅猛发展，各种变相的借债方式会层出不穷，导致举债隐性化和复杂化，增加监管难度，形成监管盲区，将使得风险管控工作陷入"猫捉老鼠"，不停

"打补丁"的被动局面。首先，应从体制层面进一步完善金融体系架构。自分税制改革以来，中国的金融体制经历了从"分权"到"集权"再到"显性集权隐性分权"的三个时期。在"分权"时期（1994~1997年），银行系统管理采取"条块管理、以块为主"的模式，此时地方政府拥有辖区内银行的人事任命权，可以直接干预银行贷款的投向和规模。在"集权"时期（1998~2002年），银行体系呈现垂直化管理模式，银行分支机构的贷款审批权上收至总行，此时地方政府难以干预金融资源的分配，金融体系的独立性大大加强。在"显性集权隐性分权"时期（2003年至今），银行体系仍然实行垂直化管理，但在具体业务的运作和开展上权力有所下放，导致其容易受到辖区地方政府的间接影响和干预。而且此期间各种"影子银行"迅猛发展，成为地方政府避开监管、变相融资的新渠道。为此，金融体系本身要进一步加强行业内部监管，完善金融机构治理体系，在集权与分权之间寻求优化方案。其次，应减少金融业务经营的行政化导向，与政府建立规范的金融商业往来关系，加强对包括"影子银行"在内的各种金融机构的监管，了解和掌握充分信息，弥补监管漏洞，提高金融机构内部风控专业化水平。再其次，进一步完善存款保险制度，建立充足的金融稳定基金，以充分吸收金融风险可能造成的损失。最后，进一步强化信息披露及预期管理，避免市场恐慌造成的风险扩大。

8.2.3 财政金融联动防控宏观风险的具体思路

各国应对系统性风险的宏观调控框架由财政政策、货币政策和宏观审慎政策三大支柱构成。财政政策是指政府运用国家预算和税收等财政手段，通过对国民收入的分配和再分配，来实现社会总供给和社会总需求平衡的一种经济政策。增加政府支出可以刺激总需求，从而增加国民收入，反之则压抑总需求，减少国民收入。税收对国民收入是一种收缩性力量，因此，增加政府税收可以抑制总需求，从而减少国民收入，反之，则刺激总需求增加国民收入。货币政策是指中央银行为实现其特定的经济目标而采用的各种控制和调节货币供应量和信用量的方针、政策和措施的总称。货币政策的实质是国家对货币供应量和利率水平根据不同时期的经济发展情况而采取"紧""松"或"适度"等不同的政策选择。宏观审慎政策是从宏观的、逆周期的视角采取措施，防范由金融体系顺周期波动和跨部门传染导致的系统性风险，维护货币和金融体系的稳定。

三大支柱脱胎于同一个总体目标，即实现社会总供求均衡和经济持续稳定发展。在更好达成总体目标的分工演化中它们逐步产生，因此在目标侧重、传导路径和作用范围等方面各有不同。从根本上讲，三大支柱的任务都是为全社会提供某种具有公共属性的产品。财政政策提供的是基础设施、公共卫生、公平收入分配等公共产品和公共服务。货币政策提供的核心产品即是货币，虽然对微观主体来说货币是私人财富的一种表现形式，但从全社会角度来看它是所有经济活动得以实现所依赖的手段和媒介，具有公共性，货币政策需要保证经济系统中拥有充足和便利的货币供应量且物价稳定，以满足人们的日常流通需要。宏观审慎政策向全社会提供了安全稳定的金融环境，也具有公共属性。

在第一次分工演化之前，政府的收支活动本身就是消解和创造信用货币的过程。政府在市场中进行购买或向家庭和企业进行转移支付时，不仅向全社会提供了公共产品和公共服务，还提供了可用于缴税的政府借据；政府收税时，这些借据又从市场中回到政府手里。人们之所以愿意持有政府借据，是因为他们知道缴税时政府会认可这些借据并用它来抵消人们的纳税义务。缴税是所有人都不可避免的事情，因此政府借据获得了人们的普遍接受并成为日常交易的工具和媒介，货币职能由此产生。于是政府需要向全社会提供两类公共产品，一类如基础设施、公共卫生和公平收入分配这样的一般公共产品和服务，另一类则是作为整个社会的交易工具满足人们日常交易需求的特殊公共产品——信用货币，以及由此派生出的为了便利交易所需要的物价稳定。然而，这两种需求分属于不同性质，对一般公共产品的需求所产生的信用货币不能刚好满足对特殊公共产品即货币数量的需求。也就是说，除非政府的收支规模刚好达到整个社会商品和服务交易总量，否则货币的供给和需求始终存在缺口；政府收支活动的时间不一致，也会导致货币总量剧烈波动，无法保证物价稳定。如何同时兼顾两种需求呢？中央银行从大政府框架中分离出来，承担起专门从事向全社会提供货币并维持物价稳定的独立部门的职责。在这第一次分工演化后，宏观调控框架形成由财政部门施行的财政政策和由中央银行施行的货币政策两大支柱。

第二次分工演化发生在 2008 年国际金融危机之后。传统上，许多国家的货币政策以价格稳定为主要目标，基本不考虑金融稳定，而 2008 年国际金融危机动摇了这一传统货币政策的理论基础。这次危机的教训是，价格稳定不意味着经济和金融体系的持续稳定；在价格稳定的情况下，仍可能出现严重的资产泡沫甚至金融危机。导致危机的一个重要原因是金融机构的顺周期行为，例如经济上行时，由于监管体系的顺周期性，信贷和投资过度扩张，杠杆率提高，容易产生资产泡沫；经济下行时，信贷和投资会过度收缩，强化经济下行压力和资产缩水。在 20 国集团（G20）和金融稳定委员会（FSB）等国际平台达成的共识的推动下，大部分国家开始建立宏观审慎管理框架，采用逆周期的监管理念和方法来引入逆周期资本缓冲、提高拨备计提的前瞻性、动态拨备，引入杠杆率最低标准、强化贷款价值比（LTV）的监管以及开展宏观压力测试等。至此，宏观调控框架形成了由财政部门施行的财政政策、中央银行施行的货币政策和金融监管部门（或中央银行）施行的宏观审慎政策三大支柱。

从以上的分工演化过程可以看到，每一次的演化都是为了精准施策，更好地服务于总体目标的实现。然而三大支柱之间存在复杂联系和"外溢性"，缺乏协同容易造成政策效果抵消甚至冲突，进而影响政策的有效性和总体目标的实现。例如，积极财政政策可能引发金融机构"大而不倒""多而不倒"的预期，带来"非理性繁荣"，进而对金融稳定构成威胁；积极财政政策如果不配合宽松的货币政策，可能会对财政的可持续性和需求刺激效果产生负面作用。在经济下行期间，单纯依靠宽松货币政策会陷入"推绳子"的窘境，释放的流动性无法流向实体经济，反而会加剧经济"脱实向虚"和金融不稳定境况。防范和化解系统性风险，基于三大支柱的宏观协同需从以下方面着手实施。

8.2.3.1 防范宏观风险

风险防范需要增强忧患意识，做到居安思危。为此，宏观政策应提高主动性、战略性和前瞻性，以鼓励创新、创造公平的市场竞争环境、培育有效的市场竞争结构、培育人力资本优势、完善体制机制为重点，推动高质量增长，强健经济体，从根本上消除风险源，提高抗风险能力，将风险防范于未然。财政政策能侧重于长远性和战略性的结构调控，因此在这方面可大有所为。货币政策和宏观审慎政策应从解决融资约束和引导资金流向的角度共同助力高质量发展。以结构调整、产业升级为长远目标的宏观协同，应从政策的实际效果出发，提高政策的精准性。例如，财政政策应发挥财政补贴、税收优惠、政府采购等政策工具对于控制产业制高点、促进新兴产业和主导产业发展的"催化"作用。财政政策和货币政策都应以扶持前沿技术和新兴产业为政策重点，统筹解决新兴技术和前沿技术的研发、工程化和商业化问题，助推研发、技术标准和市场培育的协同发展。

面对外部冲击和经济下行压力，三大支柱在防范系统性风险时应加强宏观协同，提升政策组合效力。回顾财政与货币政策协调配合的理论发展脉络，可以发现这个话题随着时代背景和经济状况的变幻而不断推进，历久弥新。早期的凯恩斯框架提出了针对不同经济状况的财政政策与货币政策组合，从定性层面对此进行了研究。随着货币主义的兴起，通货膨胀被视为一种纯粹的货币现象，货币政策对物价稳定起决定性作用的认知被普遍接受。泰勒规则将货币主义强调的"固定规则"思想与凯恩斯主义主张的"相机抉择"思想结合在一起，形成基于"单一规则"的宏观调控机制。这一规则对货币政策研究具有深远的影响，并广泛应用于政策实践。同时，利珀（Leeper，1991）以主动性和被动性为标准将财政政策与货币政策的组合范式细化至政策规则的反应形式，为定量和实证分析开辟了道路。伍德福德（Woodford，1995）强调财政政策对价格水平的影响，提出"价格水平的财政理论"（Fiscal Theory of Price Level，FTPL）。FTPL 把通货膨胀理解为一种财政现象而非货币现象，认为物价水平由政府名义债务及其债务偿还能力决定，财政当局可以自主地决定初始盈余而不用考虑政府负债，政府跨期预算约束等式只需在均衡条件下成立，而不需要在任何时点都成立，因此财政冲击会影响总需求，货币政策与物价水平决定路径无关，财政政策可以单独决定物价水平，这种情况就是所谓的非李嘉图制度。如果财政基本盈余的发展独立于政府债务，均衡价格水平就会"跃升"，以确保财政偿付能力。

自 2008 年全球金融危机以来，随着主要发达国家政府负债率的较快攀升和货币政策进入"非常规"状态，财政政策与货币政策之间的传统边界正在经历打破和重塑；而 2020 年新冠肺炎疫情大流行引发了全球经济新一轮深度衰退风险之后，财政、货币政策框架的变革进一步深化。当政策空间逐渐收窄，财政与金融更加强调协同联动，强化跨周期和逆周期调控，根据宏观经济状况精准施策。在经济上行时期，货币政策和宏观审慎政策能在抑制通货膨胀、防止高杠杆和资产泡沫化上产生立竿见影的效果，财政政策则在经济结构的调整上发挥更大作用。当经济面临下行压力时，单纯依靠宽松货币政策刺激需求容易陷入"推绳子"窘境，即如果市场信心不足，银行不会选择放贷而会继续观望，导致新增的货币并没有流入经济实体，无法达到刺激需求增加的目的，相反货币只在金融体系内空转并引发资产泡沫。这就好比拉绳子会马上拉动货物，而反过来推绳子，货物并不会动。面对此种情况下货币政策的失效，财政政策能通过公共投资和就业保障计划等财政支出手段直接作用于实体经济，进而发挥更好的作用，有效刺激社会需求增加。因此，如果宽松货币政策释放的流动性能通过财政系统流向市场，则可以打破资金的空转，提高货币政策的有效性。同时，货币融资方式能为政府在经济下行期实施扩张性财政政策提供低成本的资金支持。在高债务和通货紧缩并存的背景下，单独使用货币政策或财政政策（单一宽松）应对"债务－通缩"所需的政策力度较大，而且容易陷入政策不可持续的困境。货币政策与财政政策协同的双宽松组合可以为财政政策创造空间并为货币政策节省空间，增强政策可持续性。这是因为，货币政策的"再通胀"效应有助于减轻政府实际债务负担和融资成本，为财政政策创造新空间。而且，积极财政政策同样能产生一定的"再通胀"效应，这会减轻货币政策为实现"再通胀"而需要宽松的力度，从而为货币政策节省空间。

8.2.3.2 化解宏观风险

当风险已经存在，宏观政策应首先判别风险的性质、大小和影响范围，如果未构成系统性风险，那么宏观政策应避免过度干预，以免造成道德风险，使救助本身反而成为制造系统性风险的推手。如果已构成系统性风险，那么宏观政策应及时启动，加强协同，制止风险的扩散和蔓延。对于已经存在的风险，只有通过适当的转移方式使风险得到化解和释放，包括空间上的转移和时间上的转移，转移的实质是一种损失转嫁和利益再分配的过程。空间上的转移是指在同一时点上，风险在不同的空间范围内转移。这里"空间"既可指不同地域范围，也可指不同经济主体。例如，美国利用美元的世界货币地位，将本国的通货膨胀风险转移至国外，从而在一定程度上化解了本国的通胀风险，这是一种不同地域范围的空间转移，其实质是将本国的潜在损失一定程度地转嫁给其他国家承担。再比如，政府利用债务货币化，将债务风险从财政部门转移给货币持有人，这是一种不同经济主体的空间转移，其实质是将财政的损失转嫁给货币持有人承担。时间上的转移是指将当前的风险转移至未来，是一种跨期的风险转移方式。例如，利用借新替旧应对到期债务的偿付困难时便是一种时间上的风险转移方式，其实质是将债务成本在不同代际之间分担。

面对系统性风险，财政和金融联动能通过有效的风险转移方式使风险得到化解和释放。2015 年，中国政府通过债务置换计划成功化解了对财政和金融稳定同时构成威胁的地方政府债务风险。该计划在财政部、中央银行和银保监会的联合行动下得以实现。此计划的本质是一种借新替旧，但通过将高利率的隐性政府债务置换为低利率的显性政府债券，不仅在2015年当年为财政节省了2000亿元的利息负担①，大大降低了财政风险，而且也化解了融资平台债务违约给金融机构带来的潜在风险。从转移方式看，这一计划是在空间和时间上转移的组合，它将一部分风险损失在财政与金融两大部门之间进行分担，同时将剩下的风险从当前转移至未来。如果没有这次联合行动，地方政府债务风险可能会引发系统性金融风险。

8.3 本章小结

本章讨论了财政风险与金融风险的内在联系，揭示了二者相互传导的演变机制，进而提出防控风险的财政金融联动机制。可以看到，地方债作为政府债务的一种，是财政系统与金融系统的重要连接点，既可能成为风险缓释的工具，也可能成为引发风险的触发点；财政金融联动既可以成为化解风险的手段，也可能成为积累更大风险的路径。因此，我们既有构建财政金融联动的客观需要，也有筑牢风险防火墙的必要性。财政金融联动应遵循怎样的规则，应在何种范围、何种层次展开的问题显得至关重要。本章提出在区分宏观风险与微观风险的基础上，微观自律与宏观协同相结合是财政与金融联动防范和化解风险的基本思路，这是兼顾公平与效率、在纪律与灵活之间的有效平衡，能最大限度地发挥财政与金融作为国民经济两大支柱的有益作用。

---

① 2016年政府工作报告［EB/OL］.（2016 – 03 – 05）. http：//www. gov. cn/zhuanti/2016lh/zf-gongzuobaogao/.

第 9 章

中国地方债与货币金融政策协同

本章基于盖特勒和卡拉迪（Gertler & Karadi，2011）、基什内尔和维因伯根（Kirchner & Wijnbergen，2016）的框架，构建了包括家庭、厂商、商业银行和政府的多部门动态随机一般均衡模型，通过引入地方政府举债规则研究地方政府举债对货币供给的影响和传导机制，并探讨政府债务管理与货币政策的协同配合机制。

9.1 模型构建与参数校准

9.1.1 家庭

假设经济中存在同质且无限期寿命的代表性家庭。按照盖特勒和卡拉迪（Gertler & Karadi，2011）的处理方式，每个代表性家庭中一部分成员是工人，另一部分成员是银行家，二者的身份可以随机互换，在每个家庭中所占的比例分别为 $1-\vartheta$ 和 ϑ。代表性家庭将储蓄以存款的形式存放在其没有所有权的商业银行。商业银行的生命期限是有限的，在每期期初继续存在的商业银行和退出经营的商业银行所占比例分别为 θ 和 $1-\theta$。商业银行将所有利润不分红都用于资本积累。如果某家商业银行退出经营，那么经营该银行的银行家将转变为工人，并将所拥有的剩余资本存量转移给拥有该银行的家庭，于是每期共有 $(1-\theta)\vartheta$ 比例的银行家转变为工人。为保证工人和银行家的比例不变，相应的每期也有 $(1-\theta)\vartheta$ 比例的工人转变为银行家。新转变的银行家从其所属家庭中得到转移支付并作为经营银行的启动资金。

采用 MIU 模型将货币直接引入家庭的效用函数，并依据克里斯蒂亚诺等（Christiano et al. ，2005）的设定，引入消费习惯形成参数。代表性家庭的优化问题为最大化折现效用：

$$E_t \sum_{i=0}^{\infty} \beta^i \left[\log(c_{t+i} - \sigma c_{t-1+i}) - \chi \frac{h_{t+i}^{1+\eta}}{1+\eta} + \varphi \log\left(\frac{M_{t+i}}{P_{t+i}}\right) \right] \qquad (9-1)$$

其中，c_t 表示家庭消费，h_t 表示家庭劳动时间，M_t 表示家庭持有的名义货币量，P_t 表示社会一般价格水平。β 表示主观贴现率，σ 表示消费习惯形成参数，χ 表示效用函数中的劳动偏好系数，η 表示劳动供给弹性的倒数，φ 表示效用函数中的货币偏好系数。家庭预算约束表示为：

$$c_t + \frac{M_t}{P_t} + \frac{D_t}{P_t} + \tau_t = w_t h_t + \frac{M_{t-1}}{P_t} + (1 + R_t^d) \frac{D_{t-1}}{P_t} + \sum_t \qquad (9-2)$$

其中，$\frac{M_t}{P_t}$ 表示家庭 t 期末的实际货币余额，$\frac{M_{t-1}}{P_t}$ 表示家庭 t 期初的实际货币余额，$\frac{D_t}{P_t}$ 表示家庭 t 期末的实际储蓄额，$\frac{D_{t-1}}{P_t}$ 表示家庭 t 期初的实际储蓄额，τ_t 表示家庭的一次性总付税，w_t 表示家庭实际工资收入，R_t^d 表示名义存款利率，$\sum_t$ 表示家庭持有非金融企业和金融企业得到的支付减去为其家庭成员中新银行家提供的启动资金。代表性家庭在预算约束下通过选择 c_t、h_t、$\frac{M_t}{P_t}$ 和 $\frac{D_t}{P_t}$ 以最大化其折现效用，通过构造拉格朗日函数可得到相应的一阶条件分别为：

$$\lambda_t = \frac{1}{c_t - \sigma c_{t-1}} - \sigma \beta E_t \frac{1}{c_{t+1} - \sigma c_t} \qquad (9-3)$$

$$\lambda_t w_t = \chi h_t^{\eta} \qquad (9-4)$$

$$\lambda_t = \frac{\varphi}{m_t} + \beta E_t \frac{\lambda_{t+1}}{\pi_{t+1}} \qquad (9-5)$$

$$\lambda_t = \beta E_t \lambda_{t+1} r_{t+1}^d \qquad (9-6)$$

其中，λ_t 是家庭预算约束的拉格朗日乘子，$m_t = \frac{M_t}{P_t}$ 表示实际货币量，$\pi_t = \frac{P_t}{P_{t-1}}$ 表示通货膨胀率，$d_t = \frac{D_t}{P_t}$ 表示实际储蓄额，$r_t^d = \frac{R_t^d}{\pi_t}$ 表示实际存款利率。

9.1.2 商业银行

假设商业银行连续分布于区间 $[0,1]$，每个商业银行 $j(j \in [0,1])$ 所持有的资产包括厂商发行的股权和地方政府债券，资金来源包括自有资金和吸收家庭存款。为了最大化向家庭的期望转移支付，每个商业银行的决策包括两个方面：一是根据自身的融资状况确定资产规模水平；二是在已确定的资产规模水平下选择合适的资产组合。

单个商业银行 j 在 t 期末持有的总资产规模为 $p_{j,t}$，持有的资产包括中间品厂商发行的股权 $q_t^k s_{j,t}^k$ 和地方政府债券 $q_t^b s_{j,t}^b$，即：

$$p_{j,t} = q_t^k s_{j,t}^k + q_t^b s_{j,t}^b \qquad (9-7)$$

其中，q_t^k 和 q_t^b 分别是股权和债券的价格，$s_{j,t}^k$ 和 $s_{j,t}^b$ 分别是股权和债券的数量。单个商业银行的资金来源于吸收的家庭存款 $d_{j,t}$ 和自有资金 $n_{j,t}$，即：

$$p_{j,t} = d_{j,t} + n_{j,t} \qquad (9-8)$$

商业银行自有资金的变化依赖于其经营收益的现金流变化，$t+1$ 期末的自有资金可表示为：

$$n_{j,t+1} = (r_{t+1}^k - r_{t+1}^d) q_t^k s_{j,t}^k + (r_{t+1}^b - r_{t+1}^d) q_t^b s_{j,t}^b + (1 + r_{t+1}^d) n_{j,t} \qquad (9-9)$$

其中，r_{t+1}^k 和 r_{t+1}^b 分别表示 $t+1$ 期股权和债券的收益率。商业银行的生命周期是有限的，在每期期末继续存在和退出经营的商业银行占比分别为 θ 和 $1-\theta$。商业银行的目标是最大化自有资金流的预期贴现和，即：

$$V_{j,t} = E_t \sum_{i=1}^{\infty} (1-\theta) \theta^{i-1} \beta^i (\lambda_{t+i}/\lambda_t) n_{j,t+i} \qquad (9-10)$$

考虑到厂商股权和政府债券两类资产的差异性，储户和商业银行的债务合约安排对商业银行施加如下激励约束条件：

$$V_{j,t} \geqslant \omega \ (p_{j,t} - e q_t^b s_{j,t}^b) \qquad (9-11)$$

其中，参数 ω 反映了商业银行偏离储户利益擅用资金的情况。对于同样的经营收益，商业银行更容易挪用从股权上得到的收益，因此参数 $e(e \in [0,1])$ 反映了厂商股权和政府债券在这点上的差异，其值越大说明两种资产的经营收益被挪用难度的差异越大，或者说政府债券的经营收益被挪用的可能性更低。

商业银行在上述激励约束条件下，通过选择中间厂商股权 $s_{j,t}^k$ 和地方政府债券 $s_{j,t}^b$，来实现自有资金流预期贴现和 $V_{j,t}$ 的最大化。假设持有中间厂商股权的边际收益为 v_t^k，持有地方政府债券的边际收益为 v_t^b，持有自有资金的边际收益为 ρ_t，杠杆率用 ϕ_t 表示。通过求解优化问题可知：

$$(1-e)v_t^k = v_t^b \tag{9-12}$$

$$\phi_t = \frac{\rho_t}{\omega - v_t^k} \tag{9-13}$$

每期新进入的商业银行的自有资金通过居民转移支付提供，假设其在前一期总资金中所占比例为 $\zeta/(1-\theta)$，同时对单个商业银行进行加总可得到整个银行体系的自有资金变化情况：

$$n_{t+1} = \theta\big[(r_{t+1}^k - r_{t+1}^d)q_t^k s_t^k + (r_{t+1}^b - r_{t+1}^d)q_t^b s_t^b \big] + \big[\theta(1+r_{t+1}^d) + \zeta \big]n_t \tag{9-14}$$

9.1.3　最终品厂商

最终品厂商处于完全竞争状态，利用零售品生产最终品：

$$y_t = \Big[\int_0^1 y_{f,t}^{(\epsilon-1)/\epsilon} \mathrm{d}j \Big]^{\epsilon/(\epsilon-1)} \tag{9-15}$$

其中，y_t 表示最终品，$y_{f,t}$ 表示零售品，ϵ 表示零售品替代弹性。求解最终品厂商最大化利润的一阶条件可得到零售品需求量满足：

$$y_{f,t} = \Big(\frac{P_{f,t}}{P_t}\Big)^{-\epsilon} y_t \tag{9-16}$$

其中，P_t 和 $P_{f,t}$ 分别表示最终品和零售品的价格。在完全竞争和零利润假设下，可得到价格方程满足：

$$P_t = \Big(\int_0^1 P_{f,t}^{1-\epsilon} \mathrm{d}j\Big)^{1/(1-\epsilon)} \tag{9-17}$$

9.1.4　零售品厂商

零售品厂商利用中间品生产零售品，其生产函数为 $y_{f,t} = y_{j,t}$，其利润为 $(P_{f,t} - P_t^m)y_{f,t}$，其中 $y_{j,t}$ 表示中间品数量，P_t^m 表示中间品价格。零售品厂商处于垄断竞争状态，假设采用 Calvo 定价策略，即其中 $1-\psi$ 比例的零售品厂商可重新定价，ψ 比例的不可重新定价。零售品厂商的优化问题可描述为：

$$\max_{P_{f,t}} E_t \sum_{i=0}^{\infty} \left[(\beta\psi)^i (\lambda_{t+i}/\lambda_t) \left(\frac{P_t}{P_{t+i}} \right) (P_{f,t} - P_{t+i}^m) y_{j,t+i} \right] \tag{9-18}$$

$$\text{s. t. } y_{f,t} = \left(\frac{P_{f,t}}{P_t} \right)^{-\epsilon} y_t$$

假设可调整价格的厂商统一的最优定价为 P_t^*，并定义中间品相对价格为 $mc_t = \frac{P_t^m}{P_t}$。求解式（9-18）可得到：

$$\frac{P_t^*}{P_t} = \frac{\epsilon}{\epsilon-1} \frac{E_t \sum_{i=0}^{\infty} \left[(\beta\psi)^i \lambda_{t+i} mc_{t+i} P_{t+i}^{\epsilon} P_t^{-\epsilon} y_{t+i} \right]}{E_t \sum_{i=0}^{\infty} \left[(\beta\psi)^i \lambda_{t+i} P_{t+i}^{\epsilon-1} P_t^{1-\epsilon} y_{t+i} \right]} \tag{9-19}$$

令 $\pi_t^* = \frac{p_t^*}{p_{t-1}}$，$\Delta_t = \int_0^1 \left(\frac{P_{f,t}}{P_t} \right)^{-\epsilon} \mathrm{d}f$，将最优价格 P_t^* 代入最终产品价格加总方程，可得到通货膨胀和价格膨胀因子的动态过程：

$$\pi_t^{1-\epsilon} = (1-\psi)(\pi_t^*)^{1-\epsilon} + \psi \tag{9-20}$$

$$\Delta_t = \left(\frac{\pi_t^*}{\pi_t} \right)^{-\epsilon} (1-\psi) + \psi\pi_t^{\epsilon}\Delta_{t-1} \tag{9-21}$$

9.1.5 中间品厂商

中间品厂商处于完全竞争状态，其生产函数采用科布-道格拉斯函数形式，即：

$$y_{j,t} = A_t g_t^{\varpi} (\xi_t k_{j,t-1})^{\alpha} h_{j,t}^{1-\alpha} \tag{9-22}$$

其中，$y_{j,t}$ 表示中间品，$k_{j,t}$ 是中间品厂商向资本品厂商租用的资本，$h_{j,t}$ 是中间品厂商向家庭雇佣的劳动，资本和劳动的产出弹性分别为 α 和 $1-\alpha$。借鉴巴罗（1990）、吴化斌等（2011）的研究，将政府投资性支出 g_t 引入中间品厂商的生产函数之中，其产出弹性用 ϖ 表示。A_t 和 ξ_t 为外生变量，均服从 AR（1）过程，分别表示全要素生产率和资本质量。中间品厂商在生产条件约束下通过选择资本租用量和劳动雇佣量来最大化其净利润，即：

$$\max_{\{k_{j,t-1} h_{j,t}\}} \left[mc_t y_{j,t} + q_t^k (1-\delta) \xi_t k_{j,t-1} - r_t^k q_{t-1}^k k_{j,t-1} - w_t h_{j,t} \right] \tag{9-23}$$

其中，mc_t 表示中间品相对价格，δ 表示资本折旧率。求解上述优化问题可得一阶条件：

$$r_t^k = \frac{\alpha mc_t y_{j,t}/k_{j,t-1} + q_t^k(1-\delta)\xi_t}{q_{t-1}^k} - 1 \qquad (9-24)$$

$$w_t = (1-\alpha)mc_t y_{j,t}/h_{j,t} \qquad (9-25)$$

$$mc_t = \frac{[(1+r_t^k)q_{t-1}^k - q_t^k\xi_t(1-\delta)]^\alpha w_t^{1-\alpha}}{\alpha^\alpha(1-\alpha)^{1-\alpha}A_t g_t^\varpi \xi_t^\alpha} \qquad (9-26)$$

9.1.6 资本品厂商

资本品厂商使用投资品 i_t 和折旧后资本品 $(1-\delta)\xi_t k_{t-1}$ 生产新资本 k_t，返售给中间品厂商。引入投资调整成本 $\Psi(\cdot)$，资本品厂商的生产过程表示为：

$$k_t = (1-\delta)\xi_t k_{t-1} + [1-\Psi(\cdot)]i_t \qquad (9-27)$$

$$\Psi(\cdot) = \frac{\kappa}{2}\left(\frac{i_t}{i_{t-1}}-1\right)^2 \qquad (9-28)$$

资本品厂商的优化问题可描述为：

$$\max_{i_{t+i}} E_t \sum_{i=0}^{\infty} \beta^i(\lambda_{t+i}/\lambda_t)\left\{q_{t+i}^k\left[1-\Psi\left(\frac{i_{t+i}}{i_{t-1+i}}\right)\right]-1\right\}i_{t+i} \qquad (9-29)$$

对上述优化问题求解可得：

$$\frac{1}{q_t^k} = 1 - \frac{\kappa}{2}\left(\frac{i_t}{i_{t-1}}-1\right)^2 - \kappa\frac{i_t}{i_{t-1}}\left(\frac{i_t}{i_{t-1}}-1\right) + \beta\kappa E_t(\lambda_{t+1}/\lambda_t)\frac{q_{t+1}^k}{q_t^k}\left(\frac{i_{t+1}}{i_t}\right)^2\left(\frac{i_{t+1}}{i_t}-1\right) \qquad (9-30)$$

9.1.7 地方政府

按照伍德福德（2001）的处理方式，引入多期债券。假设地方政府债券的价格为 q_t^b，收益率为 r_t^b，票面利率为 r^c。自发行起地方政府每期按照 r^c、$\rho^c r^c$、$(\rho^c)^2 r^c$、$(\rho^c)^3 r^c$ 的递减方式支付利息，$\rho^c(\rho^c \in [0,1])$ 是反映息票利率递减率的常数。衰减速度 ρ^c 反映了地方债的期限结构，当 ρ^c 较高时，现金流支付分布于未来较长的时期，债券期限较长；当 ρ^c 较低时，现金流支付集中于近期，债券期限较短，平均期限为 $1/(1-\beta\rho^c)$。地方政府债券的收益率和价格之间的关系可表示为：

$$r_t^b = \frac{r^c - 1 + \rho^c q_t^b}{q_{t-1}^b} \qquad (9-31)$$

　　地方政府通过一次性总付税和举债收入为公共投资提供资金。设定地方政府预算约束为：

$$\tau_t + q_t^b b_t = g_t + r_t^b q_{t-1}^b b_{t-1} \tag{9-32}$$

　　公共投资（g_t）分为日常性投资（$\widetilde{g_t}$）和相机抉择投资两种类型，相机抉择投资用于逆周期调节。地方政府公共投资设定为：

$$g_t = \widetilde{g}_t + \rho^g (y_t - \bar{y}) \tag{9-33}$$

　　其中，$\rho^g (\rho^g < 0)$ 表示地方公共投资对产出波动的响应程度。日常性公共投资 $\widetilde{g}_t$ 服从如下外生过程：

$$\log \frac{\widetilde{g}_t}{\bar{g}} = \rho^g \log \frac{\widetilde{g}_{t-1}}{\bar{g}} + u_t^g \tag{9-34}$$

　　其中，u_t^g 反映地方政府公共投资的支出冲击。由于政府税收和支出规模的决定体系相互独立，因而支出冲击往往会带来收支缺口，进而导致政府债务增加。而且中国税收体系由中央政府制定，随着金融市场的发展，面对支出冲击地方政府往往通过举债予以应对。鉴于此，引入地方政府举债规则：

$$gb_t = \log b_t - \log b_{t-1} \tag{9-35}$$

$$Z_t = b_t / \tau_t \tag{9-36}$$

$$gb_t = \rho^b gb_{t-1} + \kappa^Z (Z_{t-1} - \bar{Z}) + \kappa^g \log\left(\frac{g_t}{\bar{g}}\right) + u_t^b \tag{9-37}$$

　　其中，gb_t 表示地方债的对数增长率，Z_t 是反映地方债风险的指标。$\kappa^g (\kappa^g > 0)$ 衡量地方举债对公共投资支出波动的响应程度，其值越高意味着公共投资对举债的依赖更大。$\kappa^Z (\kappa^Z < 0)$ 衡量中央政府对地方政府举债风险的管控程度。当前为了管控债务风险，中国中央政府对地方举债实行新增限额分配的债务管理制度，即地方政府当期可新举借的债务规模受到新增限额的限制。新增限额的确定与债务率、偿债率、利息支出率等风险指标的评估密切相关，本章的举债规则正契合这一债务管理实践。以将债务率作为风险指标为例，若上一期地方债务率 Z_{t-1} 正向偏离稳态债务率 $\bar{Z}$，意味着债务风险增加，风险程度随着偏离程度递增，因而中央分配给地方的新增举债额度将减少（$\kappa^Z < 0$），以控制风险直到债务率回归稳态水平。当债务率低于稳态值时，中央将增加新增举债额度的分配，形成"奖惩有度"的正向激励机制。

　　当然，中央政府对地方债务率（正向）偏离程度的容忍度是有上限的，即债务率存在警戒线，若超过该警戒线，新增举债额度将为零；反过来，为了避免地方债务率触及警戒线，中央政府可通过提高 κ^Z 的绝对值，即提高对债务率偏离稳态的响应程度，来降低外部冲击下地方债务率的偏离峰值，提早预防风险。同时，通过评估债务率、偿债率、利息支出率等各类指标在冲击响应中的表现，来为债务风险管控实践中的指标选择和优化提供依据。

9.1.8　货币政策

中国货币政策框架正由数量型向价格型转变（陈雨露和马勇，2012），国内文献也大量采用泰勒利率规则。为了不失一般性，设定货币政策规则为泰勒规则如下：

$$R_t = \rho^R R_{t-1} + (1 - \rho^R) \left[\bar{R} + \kappa^\pi (\pi_t - \bar{\pi}) + \kappa^y \log\left(\frac{y_t}{\bar{y}}\right) \right] + u_t^R \quad (9-38)$$

其中，R_t 表示名义利率，ρ^R 表示利率持久性，κ^π 和 κ^y 分别表示名义利率对通货膨胀和产出波动的响应程度。这里忽略了中央银行基本利率调整到存款利率传导中的摩擦，即假设中央银行直接调控的是名义存款利率：

$$1 + R_t = (1 + r_t^d)(1 + \pi_t) \quad (9-39)$$

9.1.9　市场出清

模型中商品市场的出清条件：

$$y_t = c_t + i_t + g_t \quad (9-40)$$

模型中信贷市场和债券市场分别满足以下出清条件：

$$s_t^k = k_t \quad (9-41)$$

$$s_t^b = b_t \quad (9-42)$$

9.1.10　参数校准

家庭部门的主要参数包括 $\{\beta, \sigma, \eta, \chi, \varphi\}$。主观贴现率 β 取值 0.98。居民消费习惯 σ 取值 0.9，与刘等（Liu et al.，2011）的取值 0.907 接近。劳动供给弹性的倒数 η 设置为 1.5。代表性消费者的时间禀赋被标准化为 1，效用函数中劳动权重取值 χ 匹配稳态下的劳动供给校准为 1/3，意味着每天将 1/3 的时间用于工作。鉴于现实社会中（广义）货币大多以储蓄等电子货币的形式存在，现金对居民的重要性大大降低，根据上节数据可知中国 $M_2/GDP = 25$，根据此数据进行校准将现金形式的货币效用权重 φ 取值为 0.012。

生产部门的主要参数包括 $\{\alpha, \epsilon, \psi, \varpi, \delta, \kappa\}$。参考许志伟和林仁文（2011）的研究，资本产出弹性 α 取值 0.45，零售品替代弹性 ϵ 取值 10。参考卡尔沃（Calvo, 1983）、许志伟等（2015）的研究，每期零售品厂商不能调整价格的概率 ψ 取值 0.33。参考王国静和田国强（2014）、盖特勒和卡拉迪（Gertler & Karadi, 2011）的研究，公共投资产出弹性 ϖ 取值 0.06。参考毛锐等（2018）的研究，私人资本折旧率 δ 取值 0.025，投资调整成本函数的参数 κ 取值 0.3。

商业银行和政府部门的主要参数包括 $\{\theta, \omega, \zeta, e, r^c, \rho^c, \kappa^\pi, \kappa^y\}$。模型中商业银行继续存在的概率为 10 年，设定参数 θ 为 0.975，这与盖特勒和卡拉迪（Gertler & Karadi, 2011）、朱军（2020）的设定保持一致。银行家将现有资产兑换转移的比例 ω 匹配信贷利差稳态值 Γ 为 0.01/4，即折年率 100 个基本点。选取 e 值为 0.5，以使稳态时的期限利差为信贷利差的一半。新进入商行自有资金占上一期全部商业银行自有资金的比例 ζ 匹配杠杆率稳态值 $\bar{\phi}$ 为 12.5，此时刚好满足巴塞尔协议中对资本充足率 8% 的要求。息票票面利率设定为一个百分点，即 r^c 取值 0.01。根据地方政府债券平均期限 10 年即 40 个季度来设定债券息票利率递减率 ρ^c 取值 0.99。政策利率对通货膨胀的反馈 κ^π 和对产出缺口的反馈 κ^y 分别取值 1.5 和 0.5，这与朱军（2020）的设定保持一致。

9.2　地方债与货币供给的冲击动态分析

9.2.1　地方政府举债冲击对货币供给的影响

为了分析地方政府举债对货币供给的影响，本节考察货币供给对地方政府举债冲击的脉冲响应。由于本模型的设定是地方政府支出只盯住产出水平，那么地方举债冲击将不直接影响地方政府投资，这样更能反映地方政府举债在融资端的货币性影响，更符合本书的研究目的。

假设经济遭受了一个正的政府举债冲击，该冲击使得地方政府债券的对数增长率相对其稳态在当期增加 1%。下面从几个维度进行模拟和比较：一是新增限额管理对上述脉冲效应的影响；二是限额管理的盯住指标选择对上述脉冲效应的影响；三是债券期限对上述脉冲效应的影响。

9.2.1.1　"自由放任"与限额管理

《预算法》（2014 修正）赋予了中国地方政府举债权，2015 年开始地方政府可自发自还债券，但新增债券额度受到中央新增限额的控制。随着专项债大量发行，地方政府债券是否能不受限额限制自由发行的讨论逐渐生起，为此，本小节对地方政府举债冲击在不设新增限额和设置新增限额的两种情形下对货币供给的影响进行模拟和比较，从货币效应的角度看"自由放任"与"限额管理"的经济后果。

如图 9 - 1 所示，地方政府举债冲击将导致地方政府债券余额增加，政府债务率上升，引发货币余额提高，进而推高实际利率和通货膨胀率。在信贷市场上，地方政府举债导致资金需求增加，进而推高实际利率水平。在实际利率和通货膨胀水平上升的情况下，居民为应对货币贬值将减少现金持有，同时将财富更多地存储于银行获取高利息，进而储蓄形式的货币供应量增加。广义货币等于现金与居民储蓄之和，尽管现金在下降，但居民储蓄的增加更多，因而最终广义货币余额上升，货币名义增长率上升。尽管银行资产规模中私人信贷和政府债券的规模均有所增加，但后者增加得更多，导致银行资产组合降低，即私人信贷占总资产比重下降，说明地方政府举债在信贷市场上存在对私人信贷的挤出现象。

在中央对地方政府举债采取"自由放任"和限额管理两种措施下，地方政府举债冲击的脉冲效应程度存在差异。"自由放任"即不设新增限额的情形下，地方政府举债冲击将导致债务余额累积更多，以债务率表征的地方债务风险更大，对实际利率和通货膨胀水平的推高和对私人信贷的挤出效应更严重。而限额管理能有效控制地方债务风险的攀升，能适当缓和地方举债对实际利率和通货膨胀率水平的冲击，降低货币名义增长率和其对私人信贷的挤出效应。对于货币产出比指标，即广义货币供应量与产出水平之比，两种管理模式下的变化有明显不同：在 1~8 期，限额管理情形下地方政府举债显著提高货币产出比，意味着其对货币的经济效应有较大的拉低效果，"自由放任"似乎是更好的选择；而在 8 期之后，限额管理情形下地方政府举债对货币经济效应的负面作用低于"自由放任"情形，并逐渐将该负面效应彻底消化，但在"自由放任"情形下该负面效应始终处于较高水平，说明尽管从短期来看，限额管理会一定程度地降低货币供应的经济效应，但长期来看，仍然好于"自由放任"的管理模式。"自由放任"是以更高的风险和未来长期的低效为代价换取的短暂"繁荣"，该模式不利于可持续发展。

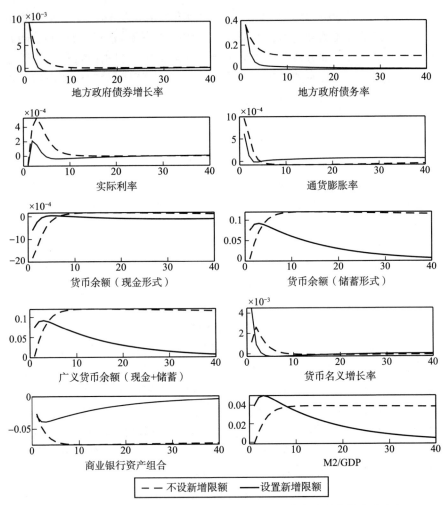

图 9-1 "自由放任"与限额管理情形下地方政府举债冲击的脉冲响应

9.2.1.2 盯住指标的选择

从中国当前政府债务管理实践来看，债务限额管理是约束地方政府举债的重要行政举措，即各地方当年所能举借的新增债务额度受到中央确定的限额限制。该限额管理的主要目的是控制地方债风险，避免地方举债的无序扩张。中央政府可通过核准每年的限额空间来达到控制地方政府举债增速、防控风险的目的。因此，合理制定风险评估指标和风险测算，并据此设定地方新增限额显得尤为重要。当前可供选择的风险评估指标包括负债率、债务率、偿债率和利息支出率等。各指标从不同视角和维度反映了地方政府的债务负担和流动性风险。多指标兼顾固然能更全面反映地方债风险状况，但细致分析各指标作为风险评估盯住对象的实际效果，把握各指标优劣，能更有助于有的放矢和管理实践。现对各指标的计算公式详细说明如下。

负债率指标如式（9-43）所示，由债务余额除以当年产出水平得到，一般用 GDP 衡量产出水平。该指标从宏观层面衡量政府债务的负担程度，具有较好的国际间横向对比性，但由于指标计算所用的变量偏宏观，加大了债务管理实践的难度。

$$负债率 = \frac{债务余额}{产出水平} \times 100\% \qquad (9-43)$$

债务率指标如式（9-44）所示，由债务余额除以债务年限再除以当年可偿债财力得到。此处债务年限即债务久期，当年可偿债财力即用本模型中的税收减去公共投资支出得到。该指标较直观地反映出地方财政的债务负担程度，对债务管理实践有较好的参考价值。

$$债务率 = \frac{债务余额 \div 债务年限}{当年可偿债财力} \times 100\% \qquad (9-44)$$

偿债率指标如式（9-45）所示，由债务还本支出除以预算支出和债务还本支出之和得到。其中债务还本支出用本模型中债务余额减去债务余额与债务衰减速度之积得到，预算支出即本模型中公共投资支出与债务利息之和。该指标直观反映出地方财政的债务还本压力，能较好衡量地方债务还本的流动性风险，是债务管理实践的重要参考指标之一。

$$偿债率 = \frac{债务还本支出}{预算支出 + 债务还本支出} \times 100\% \qquad (9-45)$$

利息支出率指标如式（9-46）所示，由债务付息支出除以预算支出得到。其中债务付息支出即债务余额乘以债务利率，预算支出即公共投资支出与债务付息支出之和。该指标直观反映出地方财政的债务付息压力，能较好衡量地方债务付息的流动性风险，是债务管理实践的重要参考指标之一。

$$利息支出率 = \frac{债务付息支出}{预算支出} \times 100\% \tag{9-46}$$

以上四个指标各有侧重，在设定地方债的新增限额时应选择盯住哪个指标更好，或者指标组合中赋予哪个指标更高权重更为合理，现通过四种情形的模拟和比较进行分析。如图 9-2 所示，四个指标情形具有大体相似的变化趋势，但变化程度存在差异。盯住偿债率和盯住利息支出率情形下的地方举债冲击会极大推高通货膨胀水平，对私人信贷的挤出效应非常突出，而且无论是从负债率、债务率、偿债率还是利息支出率的变化趋势来看其对地方债务风险的控制效果都并不理想，因此这两个指标不宜作为新增限额设定的盯住指标，只能作为参考指标。二者效果不尽如人意，与其指标计算公式相关：在公式中，还本额或付息额均同时出现在分子和分母中，这导致还本付息额增加并不必然会带来偿债率和利息支出率的提高，即这两个指标的控制具有不确定性。

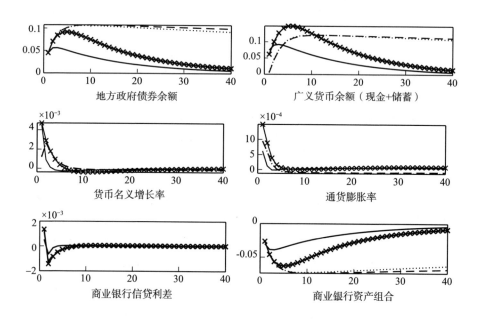

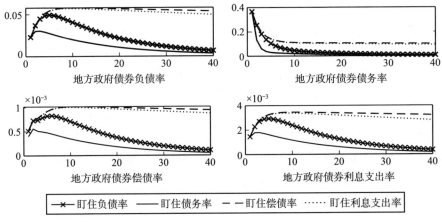

图 9-2 不同盯住指标选择下地方政府举债冲击的脉冲响应

相比而言，盯住负债率和盯住债务率的实际效果优于另外两种指标情形，其对货币供应量的冲击消化得更快，对通货膨胀率的推高程度也更小，对私人信贷的挤出效应更低，对地方债务风险的控制效果更明显。因此二者更适宜作为盯住指标来设定新增限额。通过对盯住负债率和盯住债务率进一步比较来看，盯住债务率的效果更胜一筹，表现在其将债务累积的波峰控制在更低水平，对货币供应量的冲击更小并更快恢复稳态，对通胀率的冲击是四个指标情形中最小的，对私人信贷的挤出效应也最小，对债务风险的控制最好。由此可见，盯住债务率指标是设定新增限额的最佳选择。

9.2.1.3 债券期限结构

中国 2015 年开始进行的债务置换，有效降低了债务利息并延长了债务期限，大大缓释了流动性风险。近年来，地方政府债券蓬勃发展，债券期限也呈逐年递增态势。对债券市场来说，地方政府债券期限的变化将影响整个债券市场的期限结构和利率结构；对地方政府自身来说，债券期限结构决定着还本付息压力的时间分布特征。本小节从期限结构视角分析地方政府举债冲击的脉冲响应，以期为地方政府债券的期限管理实践提供参考。

如图 9-3 所示，将地方政府债券久期设置为 3 年、5 年和 10 年三种情形。从图中可以看到，地方政府举债冲击推高了期限利差和信贷利差，利差放大促使商业银行扩大了资产负债规模，广义货币余额增加，而且债券期限越长此扩张效应越大。尽管作为商业银行资产构成的私人股权和地方政府债券规模均呈现增长态势，但二者的结构比例显示私人股权资产占比下降，地方政府债券资产占比上升，意味着存在地方政府债券对私人股权资产的信贷挤出效应，且该效应随着债券期限的增加而减轻。私人股权资产规模受到资产价格和资产数量两方面因素影响，而从结果来看私人股权资产规模的扩张主要是由资产价格上升引起，而资产数量的提升有限，意味着资产规模的扩张呈现货币化倾向，从货币产出比和通货膨胀率上升的结果也可清晰地反映出来，且该货币化倾向随着债券期限延长而加重，这也解释了期限较长的债券冲击尽管对私人信贷的挤出效应更小，但货币产出比却更大。

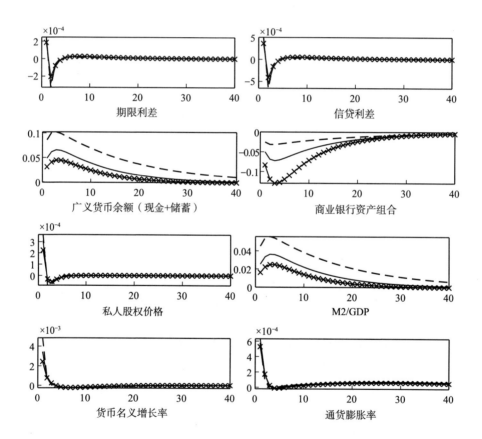

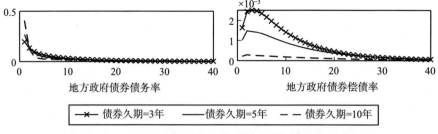

图 9-3 不同债券期限结构下地方政府举债冲击的脉冲响应

以上是从货币市场、信贷市场角度分析地方政府举债的冲击响应及期限结构影响，初步结论是地方政府举债会导致银行资产规模的货币化倾向和整体通货膨胀，且期限越长该经济后果越突出。接下来从财政风险角度进一步分析：从具有代表性的风险评估指标债务率和偿债率来看，地方政府举债会提高财政风险；从债务率指标来看，债券期限越长，地方政府举债对财政风险冲击越大，而从偿债率来看则相反，债券期限越长，地方政府举债对财政风险的冲击越小。之所以产生指标选择不同导致结论不同的现象，是因为两个指标评估风险的侧重点有所差异：债务率衡量的是全期债务总量负担，债券期限越长，其当期折现总规模越大，风险评估结果自然随着期限延长而增加，其表征着地方债的长期风险；偿债率衡量当期还本压力，债券期限越长，其当期还本额越小，风险评估结果自然随着期限延长而减小，表征着地方债的短期流动性风险。地方债的短期和长期风险都应引起重视，需予以兼顾，进而实现债务平滑与总体合理的统一。

上述分析对期限结构的价值判断产生了相反的结果：站在市场的角度来说，债券期限延长不利于货币和信贷稳定，地方政府举债应以短期为主，方能减少市场冲击和负面效应；站在政府自身的角度来说，债券期限延长有利于缓解财政短期还本付息压力，因而地方政府举债应以长期为主，方能避免流动性风险。在这样矛盾的境况下，政府需在市场和自身风险之间进行权衡，不能一味地追求自身风险的缓释而忽略市场冲击，也不能只看市场结果而不顾及自身风险，因为二者之间存在相互转化的可能。鉴于此，为了兼顾两方需求，财政与货币政策的协调就有了必要性，如何在稳定市场的基础上控制好财政风险是值得研究的课题。

9.2.2　货币政策冲击对地方债的影响

本书模型采用价格型货币政策形式，因此货币政策冲击表现为一个标准单位的正向利率冲击，此时货币政策趋于紧缩态势。不同债券期限结构下利率冲击的脉冲响应如图9-4所示，货币政策冲击推高了实际利率，造成期限利差和信贷利差收窄，继而商业银行的资产负债规模收缩，导致广义货币供应量减少。私人股权规模压缩会降低私人投资和私人资本积累，进而抑制总产出水平。此情景下，逆周期调控的财政政策将增加公共投资以应对总产出的下降，公共投资扩大会带来地方债规模上升。与此同时，总产出和顺周期的税收降低必然推高地方政府的负债率和债务率水平，表征短期流动性风险的偿债率和利息支出率指标也随之攀升。面对货币政策冲击，债券期限越长地方债风险越小，尤其是偿债率和利息支出率指标在较长期限上的攀升幅度更小，说明债券期限越长应对利率冲击下短期流动性风险的能力越强。

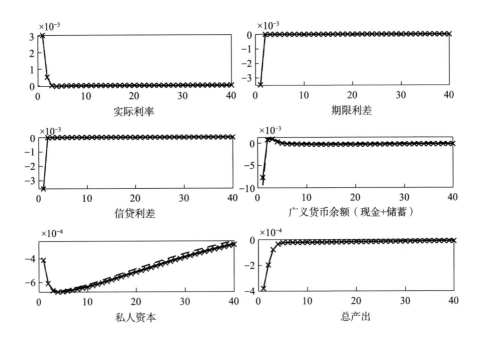

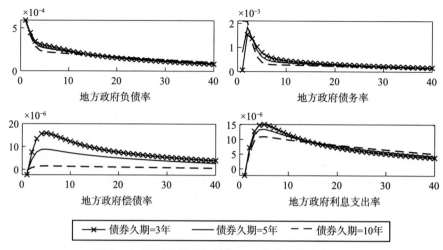

图 9 - 4　不同债券期限结构下利率冲击的脉冲响应

9.3　政策协同仿真模拟

9.3.1　政策工具协同

本节分别考察在实体经济和金融两种外部冲击背景下，债务管理与货币政策协同配合的作用效果。面对外部冲击，仿真模拟政策工具在三种搭配组合情景下的冲击响应：第一，"自由放任"与独立货币政策情景，即债务管理不设定新增限额，且货币政策独立行事；第二，限额管理与独立货币政策情景，即债务管理设定新增限额，但货币政策独立行事；第三，限额管理与货币政策协同配合情景，即债务管理设定新增限额，且货币政策对地方政府发债作出反应。

9.3.1.1　实体经济冲击

经济系统受到一个标准单位的负向技术冲击，供给生产能力下降，导致产出萎缩，居民消费和私人投资均随之降低，此时供给不足会引发通货膨胀上升。盯通货膨胀的货币政策通过升息以抑制总需求，维持物价平稳。盯产出的财政政策通过扩大公共投资以促进产出恢复，地方政府支出增加导致地方债增长率提高，债务率攀升。地方政府债券规模增加会推高期限利差和信贷利差，使得货币增长率提高，进一步加剧通货膨胀水平，这势必会增加货币政策稳物价的难度。而债务率攀升带来的财政风险也对金融体系稳健构成威胁。由此可见，面对实体经济冲击，"自由放任"的债务管理政策与独立行事的货币政策间存在矛盾，存在相互削弱政策效果的现象。

如图 9 - 5 所示，引入新增限额分配的债务管理政策之后，地方债务率明显降低，财政风险得到有效控制，且对产出、居民消费和私人投资的下降起到了一定缓解作用。但由于货币政策独立行事，地方政府举债带来的通货膨胀加剧、货币增长率提高的问题仍然存在。于是，引入货币政策对地方政府举债的反应系数 κ^b，货币政策规则变为如下等式：

$$R_t = \rho^R R_{t-1} + (1 - \rho^R) \left[\bar{R} + \kappa^\pi (\pi_t - \bar{\pi}) + \kappa^y \log\left(\frac{y_t}{\bar{y}} \right) \right] + \kappa^b gb_t + u_t^R$$

$$(9 - 47)$$

设定反应系数 $\kappa^b = 0.5$，即货币政策把地方政府举债行为考虑在内，若地方政府举债增加，则货币政策将相应提高名义利率以应对发债带来的通货膨胀压力。如图 9 - 5 所示，通过货币政策的协同配合，扭转了地方政府举债扩大信贷利差的现象，在保证产出刺激效果的同时对通货膨胀和货币增长率的控制效果更加明显。由此可见，面对实体经济冲击，限额管理与货币政策协同配合更有利于物价稳定和产出恢复。

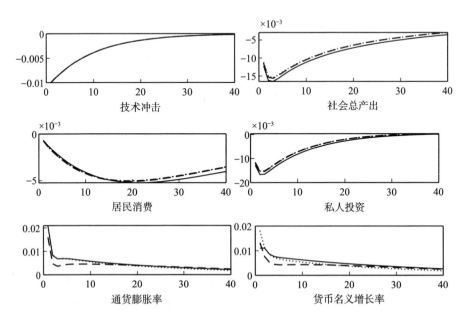

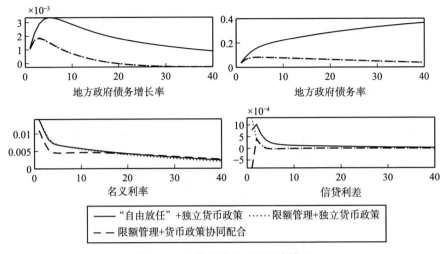

图9-5　实体经济冲击下仿真模拟

9.3.1.2　金融冲击

经济系统受到一个标准单位的负向资本质量冲击，社会总产出萎缩，私人资本规模降低，资产价格下跌，信贷利差缩小，信贷收紧，货币增长率下降，经济陷入通货紧缩。盯通货膨胀的货币政策通过降息刺激总需求，应对通货紧缩风险。盯产出的财政政策通过扩大公共投资促进经济复苏，地方政府支出增加导致地方债增长率提高，债务率也随之攀升。

如图9-6所示，在"自由放任"+独立货币政策情景下，地方债增长率偏高带来较大的挤出效应，不利于私人资本积累和产出恢复，并且将面临债务率攀升的财政风险。引入新增限额分配的债务管理制度，有效控制地方债增长率，减小挤出效应，私人资本积累和产出恢复效果明显提升。另外，由于地方政府举债的货币扩张效应能缓解金融冲击下的通货紧缩现象，因此"自由放任"情景下地方政府举债规模更大，通货紧缩程度更小，而限额管理情景下地方政府举债规模受限，通货紧缩程度更大，但二者差别并不大，因此结合挤出效应和通货紧缩效应来看，限额管理仍然优于"自由放任"。

为了达到更好的政策效果，可在债务限额管理基础上搭配货币政策联动，即货币政策将地方政府举债行为考虑在内。此时设定反应系数 $\kappa^b = -0.5$，若地方政府举债增加，则货币政策将相应降低名义利率以增强发债对通货紧缩的对冲程度。如图9-6所示，在限额管理＋货币政策协同配合情景下，既保证了私人资本和产出的尽快恢复，又控制和缓解了财政风险和通货紧缩风险，是应对金融冲击的最佳政策组合。

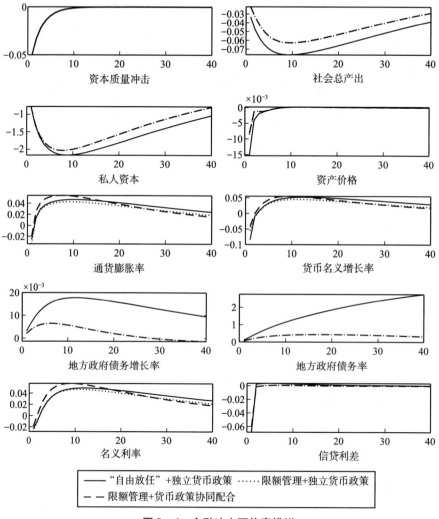

图9-6 金融冲击下仿真模拟

值得注意的是，此处货币政策反应系数设定方向与前述实体经济冲击下相反是因为二者经济背景不同。实体经济冲击下经济系统面临通货膨胀压力，而金融冲击下经济系统面临通货紧缩风险，地方政府举债的货币扩张效应在通货膨胀压力下需要抑制，而在通货紧缩风险下需要加强。由此可见，限额管理与货币政策的协同配合并非一成不变，应根据具体经济状况灵活应对和及时调整。比如在金融冲击下，为应对通货紧缩风险采用加强地方政府举债的货币扩张效应的货币政策与之配合，同时应注意根据通货膨胀变化情况及时调整货币政策反应力度和方向，避免"用力过猛"导致经济形势从通货紧缩风险转为通货膨胀压力。

9.3.2　社会福利水平比较

9.3.2.1　社会福利的冲击响应

从社会福利角度来看，政府决策的目标应等同于居民效用函数。以居民效用函数度量社会福利水平 W，即

$$W = E_t \sum_{i=0}^{\infty} \beta^i \Big[\log(c_{t+i} - \sigma c_{t-1+i}) - \chi \frac{h_{t+i}^{1+\eta}}{1+\eta} + \varphi \log\Big(\frac{M_{t+i}}{P_{t+i}}\Big) \Big] \quad (9-48)$$

考察经济系统遭受实体经济冲击和金融冲击时，福利水平 W 的变化情况，并以此作为决策评价的标准。

如图 9-7 所示，在实体经济冲击和金融冲击下经济系统均受到负面影响，导致社会福利水平下降，在不同政策组合情景下其下降程度存在差异。在"自由放任"的债务管理制度和独立行事的货币政策情景下，社会福利水平下降程度最为剧烈。当债务管理制度放弃"自由放任"转而采取限额管理举措时，社会福利水平明显改善。当在限额管理基础上增加货币政策对地方政府举债的反应机制时，社会福利水平得到进一步提升。由此可见，从社会福利角度看，实施"有所为"的地方债管理制度与货币政策的协同配合是应对外部冲击的最优策略。

9.3.2.2　福利水平比较——基于消费补偿变化

为了量化比较不同政策组合情景下的福利水平，本节进一步基于消费等价变化（Consumption Equivalent Variation, CEV）进行福利分析，即将基准情景下的效用水平作为参照，计算各政策组合情景下需要多少额外的消费量才能达到参照系的效用水平，该额外的消费量即为消费补偿变化。若

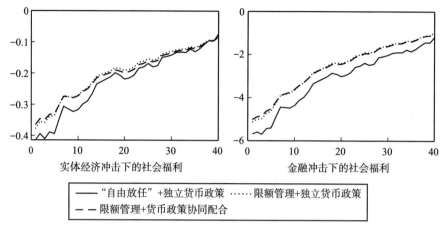

图9-7　实体经济和金融冲击下仿真模拟

消费补偿变化为正值，说明基准情景福利水平更高，其值越大差距越大；若消费补偿变化为负值，说明各政策组合情景福利水平更高，其绝对值越大差距越大。此处，将公共投资通过税收融资的情景作为基准（$\kappa^g = 0$），将公共投资依赖举债融资的各政策组合作为比较情景。

根据福利度量方法的不同，可将福利水平分为条件福利水平和无条件福利水平。条件福利水平对福利水平的度量基于某一初始状态，如稳态值，期望算子是基于时刻 t 的状态来计算的，得到的消费补偿变化即为条件消费补偿变化，用 λ^c 表示；无条件福利水平的计算基于无条件值函数，选择无条件期望即均值作为度量，得到的消费补偿变化即为无条件消费补偿变化，用 λ^u 表示。一般来说，条件福利水平更能反映短期内政策的过渡性或转换性，适用于短期福利效应评估；无条件福利水平更能反映政策的长期效果，更适用于长期福利效应评估，因其依赖于长期的状态空间分布，短期的转换效应和成本会在长期内消失。结合本章模型的效用函数，可推导得到条件消费补偿变化和无条件消费补偿变化的解析表达式分别为：

$$\lambda^c = \exp((1-\beta)(W^\tau - W^b)) - 1 \qquad (9-49)$$

$$\lambda^u = \exp((1-\beta)(EW^\tau - EW^b)) - 1 \qquad (9-50)$$

其中，W^τ 表示税收融资情景（基准）的福利水平，W^b 表示债务融资情景的福利水平。基于前文分析，债券期限的冲击响应存在显著差异，故计算消费补偿变化时要按照债券期限进行分类比较。比较结果如表9-1所示。

表 9 – 1　　　独立行事与协同配合情境下福利水平的数值模拟量化结果

债券期限	情景	福利	
		短期福利水平 （条件消费补偿变化 λ^c）	长期福利水平 （无条件消费补偿变化 λ^u）
3 年期	基准	– 387. 7659	– 299. 1353
	独立行事	– 0. 6646	– 0. 9901
	协同配合	– 0. 7165	– 0. 9276
5 年期	基准	– 383. 7801	– 239. 1800
	独立行事	– 0. 7971	– 0. 7878
	协同配合	– 0. 8288	– 0. 5741
10 年期	基准	– 372. 9640	– 377. 8193
	独立行事	– 0. 9005	– 0. 9173
	协同配合	– 0. 9155	– 0. 9849

从整体来看，与税收融资的基准情景相比，债务融资情景下的消费补偿变化均呈负值，说明用债务融资替代税收融资有利于福利水平的改善。随着债券期限的增加，消费补偿变化的绝对值基本呈增大趋势（3 年期 λ^u 除外），说明债券期限越长，债务融资对福利水平的改善越大。3 年期和 10 年期的债务融资对长期福利水平的改善更大，而 5 年期的债务融资对短期福利水平的改善更大。

从债务融资的各政策组合情景来看，对短期福利水平的改善上，债务管理制度与货币政策协同配合均优于二者独立行事；对长期福利水平的改善上，若债券期限是 3 年和 5 年，则债务管理制度与货币政策独立行事优于协同配合；若债券期限是 10 年，则协同配合优于独立行事。因此，若关注短期福利效应，无论债券期限长短，债务管理制度与货币政策的协同配合都是更好的选择；若关注长期福利效应，二者协同配合更适用于长期债券发行，或者说货币政策应将长期限的政府债券发行纳入盯住目标考量，对短期限的政府债券发行可不做反应。结合中国地方政府债券发行实践来看，债券期限逐步延长，平均期限从 5. 8 年（2018 年 5 月）增至 15 年（2020 年 9 月），因此货币政策的协同配合显得越发重要。

9.4 本章小结

9.4.1 研究结论

本书通过构建包含金融摩擦、债券期限、债务限额等要素的 DSGE 模型，全面分析地方债与货币供给的传导机制，并对地方债管理与货币政策协同配合进行政策仿真模拟，主要研究结论如下。

第一，地方政府举债具有货币扩张效应，会导致资产价格和 M_2/GDP 比值上升，带来通货膨胀压力，具体表现为：地方政府举债会推高期限利差和信贷利差，利差放大会促使商业银行扩大资产负债规模，广义货币余额增加，而且债券期限越长此扩张效应越大；银行资产规模的扩张呈现货币化倾向，资产价格攀升，且随着债券期限延长而加重。

第二，"自由放任"即在不设新增限额的情形下，地方政府举债将导致债务余额累积更多，地方债务风险更大，对实际利率和通货膨胀水平的推高和对私人信贷的挤出效应更严重。而限额管理能有效控制地方债务风险的攀升，能适当缓和地方举债对实际利率和通货膨胀率水平的冲击，降低货币名义增长率和其对私人信贷的挤出效应。

第三，在新增债务盯住偿债率和盯住利息支出率的情形下，地方举债冲击会极大推高通货膨胀水平，对私人信贷的挤出效应非常突出，而且无论是从负债率、债务率、偿债率还是利息支出率的变化趋势来看其对地方债务风险的控制效果均不理想，因此这两个指标不宜作为新增限额设定的盯住指标，只能作为辅助参考指标。盯住负债率和盯住债务率的实际效果更优，表现在对货币供应量的冲击消化得更快，对通货膨胀率的推高程度更小，对私人信贷的挤出效应更低，对地方债务风险的控制效果更明显，尤其是债务率指标是设定新增限额的最佳选择。

第四，货币政策收紧会增大地方债风险。面对货币政策冲击，债券期限越长地方债风险越小，尤其是偿债率和利息支出率指标在较长期限上的攀升幅度更小，说明债券期限越长，应对利率冲击下短期流动性风险的能力越强。

第五，面对外部负向冲击，地方政府举债的货币扩张效应与盯通货膨胀的货币政策间存在彼此矛盾、相互抵消政策效果的现象，因此二者协同配合具有必要性，但配合方式并非一成不变，应根据具体经济状况灵活应对并及时调整。

第六，用债务融资替代税收融资有利于福利水平的改善，且债券期限越长对福利水平的改善越大。若关注短期福利效应，无论债券期限长短，债务管理制度与货币政策的协同配合都是更好的选择；若关注长期福利效应，二者协同配合更适用于长期债券发行，或者说货币政策应将较长期限的政府债券发行纳入盯住目标考量，对较短期限的政府债券发行可不做反应。

9.4.2　政策建议

根据以上研究结论，针对地方债管理与货币政策的协同配合机制，本书提出以下政策建议。

第一，优化债务风险评估指标体系，提高风险管控精准度。

当前中国债务管理实践建立起了以一般债务率、专项债务平均到期偿债保障倍数、偿债率、利息支出率、逾期债务率和综合债务率为风险评估和预警指标的风险管理制度。本章的研究结论支持以上风险管理制度的有效性，但风险评估指标可进一步优化。在指标的选择上，债务率是最佳选择，其对债务规模控制、债务资金经济效应的发挥等方面的效果最好，负债率次之，偿债率和利息支出率可作为辅助参考指标，因后两者可通过做大支出来造成指标下降的假象。

第二，设置新增限额分配调节器，提高限额管理弹性和发挥正向激励作用。

新增限额管理能有效管控债务风险，保证财政可持续，应严格落实限额管理政策。同时，在此基础上，可将风险评估不仅作为警戒线，而且可作为新增债务分配的调节器，即设定风险指标的最优值和可容忍波动区间，警戒线是区间上限。将新增债务分配额度与风险指标测算的实际值和最优值之间的差距挂钩：若差距为正，即实际值大于最优值，那么新增债务分配额随差距的增大而减小，减小的速度可设置为常数或者递增，达到区间上限即警戒线时新增债务分配额减小为零；若差距为负，即实际值小于最优值，那么新增债务分配额随差距的增加而提高。这样能达到管控风险的目的，还能更进一步地优化债务规模，加强风险管控意识，提高管控弹性,起到预警和正向激励的作用。

第三,优化地方政府举债的期限结构,综合评估债券期限的经济和福利效应。

地方债的期限结构将影响市场期限溢价和信贷溢价,从市场角度来看,债券期限越长对货币市场的冲击越大,货币扩张效应越强,资产价格上升和通货膨胀风险越大;从财政自身角度来看,债券期限越长,应对短期流动性风险的能力越强,但长期债务负担越重;从社会福利角度来看,债务融资替代税收融资有利于福利水平改善,且期限越长改善越大。优化债券期限结构,意味着不能仅仅从财政自身的短期风险角度考量,而应结合多维视角综合权衡,最佳期限结构是在自身风险和市场冲击、短期效应和长期稳定之间的平衡。

第四,加强地方政府举债与货币政策的协同配合,最大化政策效力。

面对外部冲击,地方政府举债用于公共投资能促进产出复苏,但其货币扩张效应会增加货币政策管控通货膨胀的难度,二者若独立行事存在政策相互冲突和效果彼此抵消的问题,应加强二者之间的协同配合。协同配合的方式和力度应根据经济实际状况及时调整灵活变化,具体做法如下。

当经济系统受到供给能力冲击(如实体经济冲击)时,社会总供给小于社会总需求,此时面临产出下降和通货膨胀的境况,地方政府举债能刺激产出恢复,但其货币扩张效应将加剧通货膨胀压力,增加货币政策稳物价的难度,因此货币政策在盯通货膨胀采取收紧措施时,应与地方政府举债反向配合,利率提升的程度与地方政府举债规模保持适当的正向比例,即举债规模越大货币政策收得越紧,以抵消其货币扩张效应,在两种政策配合下最终实现产出恢复和物价稳定。

当经济系统受到需求冲击(如资本质量冲击)时,社会总供给大于社会总需求,此时面临产出下降和通货紧缩的境况,地方政府举债能刺激产出恢复,同时其货币扩张效应能缓和通货紧缩风险,因此货币政策在盯通货膨胀采取宽松措施时,应与地方政府举债正向配合,利率提升的程度与地方政府举债规模保持适当的负向比例,即举债规模越大货币政策放得越松,以加强其货币扩张效应,在两种政策配合下尽快实现产出恢复和物价稳定。

值得注意的是,货币政策对地方政府举债的反应参数应及时调整,避免用力过猛导致经济状况由通货紧缩风险转为通货膨胀压力。

参 考 文 献

[1] 彼罗·斯拉法. 李嘉图著作和通信集 [M]. 郭大力, 王亚南, 译, 北京: 商务印书馆, 1980.

[2] 边泉水, 刘銮, 梁红. 中国宏观专题报告: 地方政府债务规模有多大 [R]. 北京: 中金公司, 2015.

[3] 陈宝东, 邓晓兰. 货币政策被地方政府债务绑架了吗? [J]. 经济管理, 2019, 41 (10): 5 - 21.

[4] 陈红蕾, 覃伟芳. 中国经济的包容性增长: 基于包容性全要素生产率视角的解释 [J]. 中国工业经济, 2014 (1): 18 - 30.

[5] 陈菁, 李建发. 财政分权、晋升激励与地方政府债务融资行为——基于城投债视角的省级面板经验证据 [J]. 会计研究, 2015 (1): 61 - 67.

[6] 陈诗一, 汪莉. 中国地方债务与区域经济增长 [J]. 学术月刊, 2016, 48 (6): 37 - 52.

[7] 陈思翀, 李文学, 徐奇渊. 产出结构对货币需求的影响: 基于中国省级面板数据的研究 [J]. 世界经济, 2018, 41 (9): 75 - 95.

[8] 陈彦斌, 郭豫媚, 陈伟泽. 2008 年金融危机后中国货币数量论失效研究 [J]. 经济研究, 2015, 50 (4): 21 - 35.

[9] 陈雨露, 马勇. 中央银行的宏观监管职能: 经济效果与影响因素分析 [J]. 财经研究, 2012, 38 (5): 4 - 14.

[10] 陈志刚, 吴国维. 地方政府债务促进了区域经济增长吗? ——基于地方政府 "招拍挂" 工具变量视角 [J]. 现代财经 (天津财经大学学报), 2018, 38 (4): 48 - 60.

[11] 程宇丹, 龚六堂. 财政分权下的政府债务与经济增长 [J]. 世界经济, 2015, 38 (11): 3 - 28.

[12] 大卫·休谟. 人性论 [M]. 关文远, 译, 北京: 商务印书馆, 1980.

[13] 范剑勇, 莫家伟. 地方债、土地市场与地区工业增长 [J]. 经

济研究，2014，49（1）：41 - 55．

［14］范硕．县级政府融资平台债务隐患的案例分析［J］．地方财政研究，2014（2）：42 - 45．

［15］冯静，彭月兰．我国地方政府债务对货币政策的影响［J］．生产力研究，2006（3）：87 - 88．

［16］付庆红．公共财政视角下的地方政府债务问题研究［D］．成都：西南财经大学，2008．

［17］郭殿生，吴丽杰．西方内生货币供给理论及其对我国货币政策的解释意义［J］．税务与经济，2015（1）：8 - 12．

［18］郭玉清，毛捷．新中国70年地方政府债务治理：回顾与展望［J］．财贸经济，2019，40（9）：51 - 64．

［19］海曼．公共财政：现代理论在政策中的应用［M］．章彤，译．北京：中国财政经济出版社，2002．

［20］韩健，程宇丹．地方政府债务规模对经济增长的阈值效应及其区域差异［J］．中国软科学，2018（9）：104 - 112．

［21］何德旭，苗文龙．财政分权是否影响金融分权——基于省际分权数据空间效应的比较分析［J］．经济研究，2016，51（2）：42 - 55．

［22］贾根良，何增平．现代货币理论与通货膨胀［J］．学术研究，2020（2）：83 - 88．

［23］贾俊雪，余芽芳，刘静．地方政府支出规模、支出结构与区域经济收敛［J］．中国人民大学学报，2011，25（3）：104 - 112．

［24］贾俊雪，张晓颖，宁静．多维晋升激励对地方政府举债行为的影响［J］．中国工业经济，2017（7）：5 - 23．

［25］贾璐．我国地方政府或有负债会计问题分析［J］．会计之友，2012（9）：21 - 23．

［26］姜长青．我国三次发行地方债券的历史考察——以财政体制变迁为视角［J］．金融理论与实践，2010（4）：28 - 33．

［27］姜超，朱征星，杜佳．地方政府隐性债务规模有多大？——地方隐性债务系列专题之一［R］．北京：海通证券，2018．

［28］蒋自强，史晋川，等．当代西方经济学流派（第五版）［M］．上海：复旦大学出版社，2022．

［29］金紫怡，黄创霞，文凤华．地方政府债务对区域经济增长的影响研究［J］．经济数学，2017，34（1）：31 - 38．

［30］靳卫萍．从内生性货币供给的角度看国债［J］．当代经济科学，2003（1）：39－43.

［31］李光泗，徐翔．技术引进与地区经济收敛［J］．经济学（季刊），2008（3）：983－996.

［32］李建强，朱军，张淑翠．政府债务何去何从：中国财政整顿的逻辑与出路［J］．管理世界，2020，36（7）：41－55.

［33］李尚蒲，罗必良．地方政府竞争：财政赤字扩张及其攀比效应——来自县域的证据［J］．学术研究，2015（9）：66－75.

［34］李扬，张晓晶，常欣．我国国家资产负债表：理论、方法与风险评估［M］．北京：中国社会科学出版社，2013.

［35］李永友，张帆．垂直财政不平衡的形成机制与激励效应［J］．管理世界，2019，35（7）：43－59.

［36］李政．我国货币需求的区域差异研究［J］．生产力研究，2009（3）：61－62.

［37］林光平，龙志和，吴梅．我国地区经济收敛的空间计量实证分析：1978—2002 年［J］．经济学（季刊），2005（S1）：67－82.

［38］林光平，龙志和，吴梅．中国地区经济 σ—收敛的空间计量实证分析［J］．数量经济技术经济研究，2006（4）：14－21.

［39］刘磊．从货币起源到现代货币理论：经济学研究范式的转变［J］．政治经济学评论，2019，10（5）：181－203.

［40］刘尚希．公共债务的分析与计量［J］．财政与发展，2005（12）：7－9.

［41］刘尚希．中国财政风险的制度特征："风险大锅饭"［J］．管理世界，2004（5）：39－44.

［42］刘伟，李连发．地方政府融资平台举债的理论分析［J］．金融研究，2013（5）：126－139.

［43］刘锡良，李秋婵．金融发展水平对地方政府债务适度规模的影响研究［J］．经济问题，2015（5）：53－58.

［44］刘占林，寇志红，王革新．化解基层行政单位"隐形债务"的对策［J］．中国财政，2012（21）：76.

［45］吕健．地方债务对经济增长的影响分析——基于流动性的视角［J］．中国工业经济，2015（11）：16－31.

［46］马拴友，于红霞．转移支付与地区经济收敛［J］．经济研究，2003（3）：26-33.

［47］毛捷，黄春元．地方债务、区域差异与经济增长——基于中国地级市数据的验证［J］．金融研究，2018（5）：1-19.

［48］毛捷，徐军伟．中国地方政府债务问题研究的现实基础——制度变迁、统计方法与重要事实［J］．财政研究，2019（1）：3-23.

［49］毛锐，刘楠楠，刘蓉．地方债务融资对政府投资有效性的影响研究［J］．世界经济，2018，41（10）：51-74.

［50］毛锐，刘楠楠，刘蓉．地方政府债务扩张与系统性金融风险的触发机制［J］．中国工业经济，2018（4）：19-38.

［51］米尔顿·弗里德曼．资本主义与自由［M］．张瑞玉，译，北京：商务印书馆，2004.

［52］缪小林，伏润民．地方政府债务对县域经济增长的影响及其区域分化［J］．经济与管理研究，2014（4）：35-40.

［53］缪小林，伏润民．权责分离、政绩利益环境与地方政府债务超常规增长［J］．财贸经济，2015（4）：17-31.

［54］缪小林，高跃光．经济增长视角下地方政府债务负担率动态标准研究——基于西部 Y 省县域非线性 Panel Data 模型［J］．财经论丛，2016（3）：28-36.

［55］缪小林，向莉，张蓉．政府债务、财政赤字及其宏观经济效应——基于债务软约束视角分析［J］．财政科学，2017（1）：101-117.

［56］N. 格里高利·曼昆．宏观经济学［M］．卢远瞩，译．北京：中国人民大学出版社，2011.

［57］彭国华．中国地区收入差距、全要素生产率及其收敛分析［J］．经济研究，2005（9）：19-29.

［58］蒲丹琳，王善平．官员晋升激励、经济责任审计与地方政府投融资平台债务［J］．会计研究，2014（5）：88-93.

［59］钱海燕，李俊杰．我国地方政府债券的"挤入效应"与规模控制［J］．财政研究，2013（2）：23-26.

［60］钱先航，曹廷求，李维安．晋升压力、官员任期与城市商业银行的贷款行为［J］．经济研究，2011，46（12）：72-85.

［61］让·巴蒂斯特·萨伊．政治经济学概论［M］．陈福生，陈振骅，译，北京：商务印书馆，1997.

[62] 单君. 县乡政府债务问题分析与对策研究 [J]. 财政研究，2007 (5)：61 – 63.

[63] 尚航. 财政限制下政府债务与通货膨胀研究 [J]. 财经理论与实践，2016，37 (5)：94 – 99.

[64] 盛洪. 现代制度经济学 [M]. 北京：北京大学出版社，2004.

[65] 师博，任保平. 策略性竞争、空间效应与中国经济增长收敛性 [J]. 经济学动态，2019 (2)：47 – 62.

[66] 史朝阳. 经济增长视角下我国地方政府债务问题研究 [D]. 武汉：华中科技大学，2012.

[67] 史锦华. 公债学 [M]. 北京：中国社会科学出版社，2011.

[68] 宋立. 市政收益债券：解决地方政府债务问题的重要途径 [J]. 管理世界，2004 (2)：27 – 34.

[69] 孙付. 盘根错节的隐性债，披荆斩棘的雄关路——基于地方隐性债务政策的城投研究 [R]. 上海：浙商证券研究所，2018.

[70] 孙国峰. 货币创造的逻辑形成和历史演进——对传统货币理论的批判 [J]. 经济研究，2019，54 (4)：182 – 198.

[71] 唐可可. 从债务增量结构看县乡债务增长因素 [J]. 中国财政，2003 (5)：38 – 39.

[72] 汪碧瀛. 地方政府公共投资对区域经济差距影响的实证研究 [J]. 价值工程，2016，35 (2)：40 – 42.

[73] 汪德华. 如何认识审计工作报告揭示的地方政府债务问题 [J]. 中国财政，2018 (4)：42 – 43.

[74] 王斌斌，刘薇娜. 地方政府债务规模扩张与民生发展 [J]. 财经问题研究，2018 (1)：85 – 90.

[75] 王恩奉. 过分强调财力与事权相匹配可能对分税制改革造成误导 [J]. 地方财政研究，2011 (8)：26 – 30.

[76] 王国静，田国强. 政府支出乘数 [J]. 经济研究，2014，49 (9)：4 – 19.

[77] 王仕进，刘杰. 政府债务、期限溢价与货币政策选择 [J]. 财经研究，2017，43 (11)：128 – 139.

[78] 王永钦，戴芸，包特. 财政分权下的地方政府债券设计：不同发行方式与最优信息准确度 [J]. 经济研究，2015，50 (11)：65 – 78.

[79] 王有光. 货币政策有效性与货币供给内生性的关系研究 [J]. 经

济经纬，2009（4）：17-20.

[80] 魏涛. 从省级到市级的地方政府隐性债务测算 [R]. 北京：太平洋证券研究院，2018.

[81] 温忠麟，叶宝娟. 中介效应分析：方法和模型发展 [J]. 心理科学进展，2014，22（5）：731-745.

[82] 吴化斌，许志伟，胡永刚，等. 消息冲击下的财政政策及其宏观影响 [J]. 管理世界，2011（9）：26-39.

[83] 吴小强，韩立彬. 中国地方政府债务竞争：基于省级空间面板数据的实证研究 [J]. 财贸经济，2017，38（9）：48-62.

[84] 西斯蒙第. 政治经济学新原理 [M]. 何钦，译，北京：商务印书馆，1981.

[85] 徐长生，程琳，庄佳强. 地方债务对地区经济增长的影响与机制——基于面板分位数模型的分析 [J]. 经济学家，2016（5）：77-86.

[86] 徐家杰. 对分税制改革以来我国地方政府债务规模的估计——以浙豫疆三省区为例 [J]. 经济理论与经济管理，2014（9）：15-25.

[87] 许志伟，樊海潮，薛鹤翔. 公众预期、货币供给与通货膨胀动态——新凯恩斯框架下的异质性预期及其影响 [J]. 经济学（季刊），2015，14（4）：1211-1234.

[88] 亚当·斯密. 国民财富的性质和原因的研究 [M]. 郭大力，王亚南，译，北京：商务印书馆，2002.

[89] 闫衍，王新策，袁海霞. 中国地方政府债务风险指数研究 [J]. 财政科学，2018（9）：76-91.

[90] 姚洪心，李正宇. 我国地方政府债务与区域经济增长关系的计量研究——基于 112 个城市政府债务数据的实证分析 [J]. 金融经济，2017（6）：77-79.

[91] 尹启华，陈志斌. 地方政府债务资金运动的效应机制及其经济后果 [J]. 当代经济研究，2015（10）：71-74.

[92] 约翰·梅纳德·凯恩斯. 货币论 [M]. 北京：商务印书馆，2017.

[93] 约翰·梅纳德·凯恩斯. 就业、利息和货币通论 [M]. 北京：商务印书馆，1997.

[94] 曾康华. 古典经济学派财税理论研究 [M]. 北京：经济科学出版社，2009.

［95］詹姆斯·M. 布坎南. 民主财政论［M］. 穆怀朋，译，北京：商务印书馆，2002.

［96］张明喜. 我国地方财政支出对区域差距的影响［J］. 税务与经济，2007（2）：19－23.

［97］张润泽. 市政债券发债规模的马太效应研究——基于中国省级面板数据的实证分析［J］. 生产力研究，2013（5）：95－98.

［98］张晓斌. 地方政府债券置换对银行信贷及货币供给的影响［J］. 财经理论与实践，2016，37（6）：22－27.

［99］张雪莹，刘超. 政府债务、李嘉图等价与货币政策效应——基于动态随机一般均衡模型（DSGE）的分析［J］. 当代经济科学，2015，37（3）：39－46.

［100］张忆东，李彦霖. 地方债务清查及"排雷"风险［R］. 上海：兴业证券研究所，2013.

［101］张英杰，赵继志，辛洪波. 我国地方政府适度债务规模与偏离度问题研究［J］. 经济纵横，2014（8）：73－77.

［102］赵全厚. 我国地方政府性债务问题研究［J］. 经济研究参考，2011（57）：2－19.

［103］赵文哲，周业安. 基于省际面板的财政支出与通货膨胀关系研究［J］. 经济研究，2009，44（10）：48－60.

［104］郑玉歆. 全要素生产率的测度及经济增长方式的"阶段性"规律——由东亚经济增长方式的争论谈起［J］. 经济研究，1999（5）：57－62.

［105］郑志军. 重新定义"地方政府性债务"与其解决路径［J］. 中国财政，2017（18）：39－40.

［106］钟辉勇，陆铭. 财政转移支付如何影响了地方政府债务？［J］. 金融研究，2015（9）：1－16.

［107］周黎安. 中国地方官员的晋升锦标赛模式研究［J］. 经济研究，2007（7）：36－50.

［108］周亚虹，朱保华，刘俐含. 中国经济收敛速度的估计［J］. 经济研究，2009，44（6）：40－51.

［109］周业安，章泉. 参数异质性、经济趋同与中国区域经济发展［J］. 经济研究，2008（1）：60－75.

［110］朱文蔚. 中国地方政府性债务与区域经济增长的非线性关系研

究 [J]. 财经论丛, 2014 (12): 24 – 30.

[111] Afonso A, Jalles J T. Growth and Productivity: The Role of Government Debt [J]. International Review of Economics & Finance, 2013, 25: 384 – 407.

[112] Aghion P, Howitt P, Mayer – Foulkes D. The Effect of Financial Development On Convergence: Theory and Evidence [J]. Quarterly Journal of Economics, 2005, 120 (1): 173 – 222.

[113] Ahmed H, Miller S M. Crowding – Out and Crowding – In Effects of the Components of Government Expenditure [J]. Contemporary Economic Policy, 2000, 18 (1): 124 – 133.

[114] Akai N, Sato M. A Simple Dynamic Decentralized Leadership Model with Private Savings and Local Borrowing Regulation [J]. Journal of Urban Economics, 2011, 70 (1): 15 – 24.

[115] Akai N. Ricardian Equivalence for Local Government Bonds: Budget Constraint Approach [J]. Economics Letters, 1994, 44 (1): 191 – 195.

[116] Aschauer D A. Does Public Capital Crowd Out Private Capital [J]. Journal of Monetary Economics, 1989, 24 (2): 171 – 188.

[117] Barro R J. Economic Growth and Convergence, Applied to China [J]. China & World Economy, 2016, 24 (5SI): 5 – 19.

[118] Barro R J. Government Spending in a Simple Model of Endogeneous Growth [J]. Journal of Political Economy, 1990, 98 (5): 103 – 125.

[119] Barro R J. On the Determination of Public Debt [J]. Journal of Political Economy, 1979, 87 (5): 932 – 940.

[120] Barro R J, Salaimartin X. Convergence [J]. Journal of Political Economy, 1992, 100 (2): 223 – 251.

[121] Baskaran T. Soft Budget Constraints and Strategic Interactions in Subnational Borrowing: Evidence From the German States, 1975 – 2005 [J]. Journal of Urban Economics, 2012, 71 (1): 114 – 127.

[122] Baxter M, King R G. Fiscal – Policy in General Equilibrium [J]. American Economic Review, 1993, 83 (3): 315 – 334.

[123] Becker B, Ivashina V. Financial Repression in the European Sovereign Debt Crisis [J]. Review of Finance, 2018, 22 (1): 83 – 115.

[124] Bennett T, Mccallum. Are Bond – Financed Deficits Inflationary? A

Ricardian Analysis [J]. Journal of Political Economy, 1984, 92 (1): 123 – 135.

[125] Berben R, Brosens T. The Impact of Government Debt On Private Consumption in OECD Countries [J]. Economics Letters, 2007, 94 (2): 220 – 225.

[126] Bhattacharya R, Mukherjee S. Non – Keynesian Effects of Fiscal Policy in OECD Economies: An Empirical Study [J]. Applied Economics, 2013, 45 (29): 4122 – 4136.

[127] Bhattarai S, Lee J W, Park W Y. Inflation Dynamics: The Role of Public Debt and Policy Regimes [J]. Journal of Monetary Economics, 2014, 67: 93 – 108.

[128] Bohn H. The Behavior of US Public Debt and Deficits [J]. Quarterly Journal of Economics, 1998, 113 (3): 949 – 963.

[129] Borck R, Fossen F M, Freier R, et al. Race to the Debt Trap? — Spatial Econometric Evidence On Debt in German Municipalities [J]. Regional Science and Urban Economics, 2015, 53: 20 – 37.

[130] Bournakis I, Mallick S. TFP Estimation at Firm Level: The Fiscal Aspect of Productivity Convergence in the UK [J]. Economic Modelling, 2018, 70: 579 – 590.

[131] Broethaler J, Getzner M, Haber G. Sustainability of Local Government Debt: A Case Study of Austrian Municipalities [J]. Empirica, 2015, 42 (3): 521 – 546.

[132] Buettner T, Wildasin D E. The Dynamics of Municipal Fiscal Adjustment [J]. Journal of Public Economics, 2006, 90 (6 – 7): 1115 – 1132.

[133] Burgert M, Schmidt S. Dealing with a Liquidity Trap When Government Debt Matters: Optimal Time – Consistent Monetary and Fiscal Policy [J]. Journal of Economic Dynamics and Control, 2014, 47: 282 – 299.

[134] Calvo G A. Staggered Prices in a Utility – Maximizing Framework [J]. Journal of Monetary Economics, 1983, 12 (3): 383 – 398.

[135] Caner M, Grennes T, Koehler – Geib F. Finding the Tipping Point-when Sovereign Debt Turns Bad [J]. Social Science Electronic Publishing, 2010 (53): 91.

[136] Carlo R. Municipal Bonds and Monetary Policy: Evidence from the

Fed Funds Futures Market ［J］. Journal of Futures Markets, 2014, 34 (5):
434 – 450.

［137］Cavallo E, Daude C. Public Investment in Developing Countries: A
Blessing or a Curse? ［J］. Journal of Comparative Economics, 2011, 39 (1):
65 – 81.

［138］Checherita – Westphal C, Hallett A H, Rother P. Fiscal Sustainability Using Growth – Maximizing Debt Targets ［J］. Applied Economics, 2014,
46 (6SI): 638 – 647.

［139］Checherita – Westphal C, Rother P. The Impact of High Government Debt on Economic Growth and its Channels: An Empirical Investigation for
the Euro Area ［J］. European Economic Review, 2012, 56 (7): 1392 –
1405.

［140］Cho D, Rhee D. Nonlinear Effects of Government Debt On Private
Consumption: Evidence From OECD Countries ［J］. Economics Letters, 2013,
121 (3): 504 – 507.

［141］Christiano L J, Eichenbaum M, Evans C L. Nominal Rigidities and
the Dynamic Effects of a Shock to Monetary Policy ［J］. Journal of Political Economy, 2005, 113 (1): 1 – 45.

［142］Cochrane J H. Understanding Policy in the Great Recession: Some
Unpleasant Fiscal Arithmetic ［J］. European Economic Review, 2011, 55
(1): 2 – 30.

［143］Corsetti G, Kuester K, Meier A, et al. Sovereign Risk, Fiscal
Policy, and Macroeconomic Stability ［J］. Economic Journal, 2013, 123
(566F): 99 – 132.

［144］Cukierman A, Meltzer A H. A Political – Theory of Government
Debt and Deficits in a Neo – Ricardian Framework ［J］. American Economic Review, 1989, 79 (4): 713 – 732.

［145］Dell's Erba S, Hausmann R, Panizza U. Debt levels, debt composition, and sovereign spreads in emerging and advanced economies ［J］. Oxford
Review of Economic Policy, 2013, 29 (3): 518 – 547.

［146］Demirci I, Huang J, Sialm C. Government Debt and Corporate Leverage: International Evidence ［J］. Journal of Financial Economics, 2019,
133 (2): 337 – 356.

[147] Diamond P A. National Debt in a Neoclassical Growth Model [J]. American Economic Review, 1965, 55 (5): 1126 – 1150.

[148] Dotsey M. Some Unpleasant Supply Side Arithmetic [J]. Journal of Monetary Economics, 1994, 33 (3): 507 – 524.

[149] Dove J A. Financial Markets, Fiscal Constraints, and Municipal Debt: Lessons and Evidence From the Panic of 1873 [J]. Journal of Institutional Economics, 2014, 10 (1): 71 – 106.

[150] Dreger C, Reimers H. Does Public Investment Stimulate Private Investment? Evidence for the Euro Area [J]. Economic Modelling, 2016, 58: 154 – 158.

[151] Dymski G, Pollin R. Hyman Minsky as Hedgehog: The Power of the Wall Street Paradigm [J]. 1992.

[152] Eberhardt M, Presbitero A F. Public Debt and Growth: Heterogeneity and Non – Linearity [J]. Journal of International Economics, 2015, 97 (1): 45 – 58.

[153] Elmendorf, Douglas, Mankiw N G. Government Debt [Z]. NBER Working paper 6470, 1999.

[154] Eyraud L, Lusinyan L. Vertical fiscal imbalances and fiscal performance in advanced economies [J]. Journal of Monetary Economics, 2013, 60 (5): 571 – 587.

[155] Foley – Fisher N, Ramcharan R, Yu E. The Impact of Unconventional Monetary Policy on Firm Financing Constraints: Evidence From the Maturity Extension Program [J]. Journal of Financial Economics, 2016, 122 (2): 409 – 429.

[156] Frees E W. Assessing Cross – Sectional Correlation in Panel – Data [J]. Journal of Econometrics, 1995, 69 (2): 393 – 414.

[157] Fujiki H, Uchida H. Inflation Target and Debt Management of Local Government Bonds [J]. Japan and the World Economy, 2011, 23 (3): 178 – 189.

[158] Gertler M, Karadi P. A Model of Unconventional Monetary Policy [J]. Journal of Monetary Economics, 2011, 58 (1): 17 – 34.

[159] Graham J R, Leary M T, Roberts M R. How Does Government Borrowing Affect Corporate Financing and Investment? [J]. NBER Working paper,

2015.

[160] Greenwood R, Hanson S, Stein J C. A Gap – Filling Theory of Corporate Debt Maturity Choice [J]. Journal of Finance, 2010, 65 (3): 993 – 1028.

[161] Grobéty M. Government Debt and Growth: The Role of Liquidity [J]. Journal of International Money and Finance, 2018, 83: 1 – 22.

[162] Hatfield J W. Ricardian Equivalence for Local Government Bonds: A Utility Maximization Approach [J]. Economics Letters, 2010, 107 (2): 148 – 151.

[163] Herndon T, Ash M, Pollin R. Does High Public Debt Consistently Stifle Economic Growth? A Critique of Reinhart and Rogoff [J]. Cambridge Journal of Economics, 2014, 38 (2): 257 – 279.

[164] Hubbard E M E G. Federal Government Debt and Interest Rates [J]. NBER Macroeconomics Annual, 2004, 19: 83 – 138.

[165] Jensen M C, Meckling W H. Theory of the Firm: Managerial Behavior, Agency Costs and Ownership Structure [J]. Social Science Electronic Publishing, 1976, 3 (4): 305 – 360.

[166] Jensen R, Toma E F. Debt in a Model of Tax Competition [J]. Regional Science and Urban Economics, 1991, 21 (3): 371 – 392.

[167] Kameda K. Budget Deficits, Government Debt, and Long – Term Interest Rates in Japan [J]. Journal of the Japanese and International Economies, 2014, 32: 105 – 124.

[168] Kirchner M, Wijnbergen S V. Fiscal Deficits, Financial Fragility, and the Effectiveness of Government Policies [J]. Journal of Monetary Economics, 2016, 80: 51 – 68.

[169] Krishnamurthy A, Vissing – Jorgensen A. The Aggregate Demand for Treasury Debt [J]. Journal of Political Economy, 2012, 120 (2): 233 – 267.

[170] Krishnamurthy A, Vissing – Jorgensen A. The Impact of Treasury Supply On Financial Sector Lending and Stability [J]. Journal of Financial Economics, 2015, 118 (3): 571 – 600.

[171] Leith C, Wren-lewis S. Discretionary policy in a monetary union with sovereign debt [J]. SIRE Discussion Papers, 2010, 55 (1): 93 – 117.

[172] Liang Y, Shi K, Wang L, et al. Local Government Debt and Firm Leverage: Evidence From China [J]. Asian Economic Policy Review, 2017, 12 (2): 210 –232.

[173] Liu Z, Zha T, Waggoner D. Sources of Macroeconomic Fluctuations: A Regime – Switching DSGE Approach [J]. Quantitative Economics, 2011, 2: 251 –301.

[174] Mahdavi S, Westerlund J. Fiscal Stringency and Fiscal Sustainability: Panel Evidence From the American State and Local Governments [J]. Journal of Policy Modeling, 2011, 33 (6): 953 –969.

[175] Martin F M. Debt, Inflation and Central Bank Independence [J]. European Economic Review, 2015, 79: 129 – 150.

[176] Mitra S. Is the Quantity of Government Debt a Constraint for Monetary Policy? [R]. Washington DC: International Monetary Fund (IMF), 2007.

[177] Niggle C J. Understanding Modern Money: The Key to Full Employment and Price Stability [J]. Journal of Economic Issues, 2000, 34 (3): 739 – 746.

[178] Niggle C J, Wray L R. Horizontalists and Verticalists: The Macroeconomics of Credit Money [J]. Journal of Economic Issues, 1989, 23 (4): 1181 –1190.

[179] N S. The Revolutionary Character of Post Keynesian Economics [J]. Journal of Economic Issues, 1977, 11 (3): 541.

[180] Oconnell S A, Zeldes S P. Rational Ponzi Games [J]. International Economic Review, 1988, 29 (3): 431 –450.

[181] Ogawa H, Yano M. Local Public Debt with Overlapping Generations [J]. Economics of Governance, 2007, 8 (1): 51 –59.

[182] Palley T I. The Endogenous Money Supply: Consensus and Disagreement [J]. Journal of Post Keynesian Economics, 1991, 13 (3): 397 – 403.

[183] Panizza U, Presbitero A F. Public Debt and Economic Growth: Is There a Causal Effect? [J]. Journal of Macroeconomics, 2014, 41: 21 –41.

[184] Pan J, Huang J, Chiang T. Empirical Study of the Local Government Deficit, Land Finance and Real Estate Markets in China [J]. China Eco-

nomic Review, 2015, 32: 57 – 67.

[185] Polackova H. Contingent government liabilities: a hidden risk for fiscal stability [J]. Policy Research Working Paper, 1998.

[186] Pollin R. Two Theories of Money Supply Endogeneity: Some Empirical Evidence [J]. Journal of Post Keynesian Economics, 1991, 13 (3): 366 – 396.

[187] Qian Y Y, Roland G. Federalism and the Soft Budget Constraint [J]. American Economic Review, 1998, 88 (5): 1143 – 1162.

[188] Reinhart C M, Rogoff K S. Growth in a Time of Debt [J]. American Economic Review, 2010, 100 (2): 573 – 578.

[189] Robert P. Two Theories of Money Supply Endogeneity: Some Empirical Evidence [J]. Journal of Post Keynesian Economics, 1991, 13 (3): 366 – 396.

[190] Romer P M. Endogenous Technological – Change [J]. Journal of Political Economy, 1990, 98 (52): 71 – 102.

[191] Ru H. Government Credit, a Double – Edged Sword: Evidence from the China Development Bank [J]. Journal of Finance, 2018, 73 (1): 275 – 316.

[192] Samuels D. Fiscal Straitjacket: The Politics of Macroeconomic Reform in Brazil, 1995 – 2002 [J]. Journal of Latin American Studies, 2003, 35 (3): 545 – 569.

[193] Sargent T J, Wallace N. Some Unpleasant Monetarist Arithmetic [J]. Quarterly Review, 1981, 5 (3): 1 – 17.

[194] Schultz C, Sjostrom T. Local Public Goods, Debt and Migration [J]. Journal of Public Economics, 2001, 80 (2): 313 – 337.

[195] Solow R M. Technical Change and the Aggregate Production Function [J]. The Review of Economics and Statistics, 1957, 39 (3): 312 – 320.

[196] Stadelmann D, Eichenberger R. Consequences of Debt Capitalization: Property Ownership and Debt versus Tax Choice [J]. Southern Economic Journal, 2012, 78 (3): 976 – 998.

[197] Stadelmann D, Eichenberger R. Public Debts Capitalize Into Property Prices: Empirical Evidence for a New Perspective on Debt Incidence [J]. International Tax and Public Finance, 2014, 21 (3): 498 – 529.

[198] Sutherland A. Fiscal Crises and Aggregate Demand: Can High Public Debt Reverse the Effects of Fiscal Policy? [J]. Journal of Public Economics, 1997, 65 (2): 147 – 162.

[199] Temple J. Robustness Tests of the Augmented Solow Model [J]. Journal of Applied Econometrics, 1998, 13 (4): 361 – 375.

[200] Tsintzos P, Efthimiadis T. The Share of External Debt and Economic Growth [C]. International Atlantic Economic Conference, 2011.

[201] Van Hecke A. Vertical Debt Spillovers in EMU Countries [J]. Journal of International Money and Finance, 2013, 37: 468 – 492.

[202] Voss G M. Public and Private Investment in the United States and Canada [J]. Economic Modelling, 2002, 19 (PII S0264 – 9993 (00) 00074 – 24): 641 – 664.

[203] Weintraub S, Davidson P, Babibagahi H, et al. Keynes, Keynesians, and Monetarists [M]. Philadelphia: University of Pennsylvania Press, 1978.

[204] Wellisch D, Richter W F. Internalizing Intergenerational Externalities by Regionalization [J]. Regional Science and Urban Economics, 1995, 25 (6): 685 – 704.

[205] Woodford M. Fiscal Requirements for Price Stability [J]. Journal of Money Credit and Banking, 2001, 33 (3): 669 – 728.

[206] Woo J, Kumar M S. Public Debt and Growth [J]. Economica, 2015, 82 (328): 705 – 739.

[207] Wray L R. Modern Money Theory: A Primer on Macroeconomics for Sovereign Monetary Systems [M]. Second Edition. Published by: Palgrave Macmillan, 2015.

[208] Wu G L, Feng Q, Li P. Does Local Governments' Budget Deficit Push Up Housing Prices in China? [J]. China Economic Review, 2015, 35: 183 – 196.

[209] Xu C. The Fundamental Institutions of China's Reforms and Development [J]. Journal of Economic Literature, 2011, 49 (4): 1076 – 1151.

后　　记

中国地方债具有多面相。

中国地方债是为经济保驾护航的重要工具。回望历史，每一次危机都伴随着中国地方债的迅速增长。1997年亚洲金融危机后融资平台公司掀起发展热潮，2008年全球金融海啸后融资平台公司进入发展黄金期，2019年新冠肺炎疫情冲击后专项债券发行量激增。因此脱离时代背景和宏观环境，就难以体会中国地方债所肩负的职责和使命。

中国地方债是发挥举国体制优势、突破发展瓶颈的重要抓手。基础设施往往是后发国家的发展瓶颈，要想实现赶超，突破该瓶颈至关重要。中国在基础设施建设上取得了举世瞩目的成就，有力促进了社会发展并提升了人民生活水平和质量。基建项目需要大量的资金投入，其增益将惠及未来。无论是从跨越式发展需要还是从代际公平视角来说，中国地方债应然且实然成为支撑基础设施建设的重要资金来源。

中国地方债是中国特殊国情和制度特征的重要表象。尽管全球很多国家都早已存在地方债，但与之不同的是，伴随着中国经济的高速发展，中国地方债在较短时期内达到较大规模，并且在政府债务中占有较高比重。这与中国体制特征、增长模式及财政金融体系运行特点密切相关。当前中国地方债的发展产生了如隐性债务这样的问题，成为财政金融风险的重要隐患。这些债务形成过程中各参与方的个体理性自洽以整个系统的无序为代价，制度激励与体制约束的失衡是其滋生的根源。但失衡问题并非地方债产生后才有，只是从地方债诞生那刻起被金融杠杆裹挟着而成倍放大，让问题更加棘手。

中国地方债是发展道路中探索与完善螺旋式上升的典型案例。中国的发展道路是在探索和不断完善中逐渐形成的。没有探索，就没有开拓创新，就不能通过不断完善去应对和解决创新中产生的问题。中国地方债在经济发展的实际需求推动下探索形成，是开拓创新的产物，发挥了有益作用。但由于相关制度的相对滞后，也产生了一些问题。2015 年后，随着法律制度地逐渐健全，中国地方债管理更加规范，治理水平逐步提高。这印证了这样一句话：要用发展的眼光看问题，发展中产生的问题需要在发展中解决。